跨越——中国大型桥梁建设工程技术总结丛书
多塔连跨悬索结构及工程示范

# Multi－pylon Multi－span Suspension Bridge Technology: Model analysis and experimental Technigues

# 多塔连跨悬索桥模型试验与分析技术

张劲泉　李万恒　樊　平　等　编著

人民交通出版社

## 内 容 提 要

本书以国家科技支撑计划项目“多塔连跨悬索结构及工程示范”为依托，主要介绍了课题模型试验研究的主要内容，体现了项目组在国内外首次开展多塔连跨悬索桥静动力特性模型试验研究、抗震性能模型试验研究和抗风性能模型试验研究过程中，在结构体系分析理论、试验验证技术等方面取得的一系列原创性成果。

本书可供从事桥梁设计、科研、施工的技术人员参考使用。

**图书在版编目(CIP)数据**

多塔连跨悬索桥模型试验与分析技术 / 张劲泉等编著. — 北京 : 人民交通出版社, 2013.6

(多塔连跨悬索结构及工程示范)

ISBN 978-7-114-10738-2

Ⅰ. ①多… Ⅱ. ①张… Ⅲ. ①长跨桥 - 悬索桥 - 模型实验 Ⅳ. ①U448.25

中国版本图书馆 CIP 数据核字(2013)第 140452 号

跨越——中国大型桥梁建设工程技术总结丛书

多塔连跨悬索结构及工程示范

**书　　名:** 多塔连跨悬索桥模型试验与分析技术

**著 作 者:** 张劲泉　李万恒　樊　平　等

**责任编辑:** 周　宇

**出版发行:** 人民交通出版社

**地　　址:** (100011)北京市朝阳区安定门外外馆斜街 3 号

**网　　址:** http://www.ccpress.com.cn

**销售电话:** (010)59757973

**总 经 销:** 人民交通出版社发行部

**经　　销:** 各地新华书店

**印　　刷:** 北京交通印务实业公司

**开　　本:** 787 × 1092　1/16

**印　　张:** 10.5

**字　　数:** 240 千

**版　　次:** 2013 年 6 月　第 1 版

**印　　次:** 2013 年 6 月　第 1 次印刷

**书　　号:** ISBN 978-7-114-10738-2

**定　　价:** 30.00 元

# 《多塔连跨悬索桥模型试验与分析技术》

## 编写人员


| | | | | |
|---|---|---|---|---|
| 交通运输部公路科学研究所 | 张劲泉 | 李万恒 | 樊　平 | 吴寒亮 |
| | 王　陶 | 吕建鸣 | 宋建永 | 傅宇方 |
| | 陈　可 | 王兵见 | 毛　燕 | 曲兆乐 |
| | 杨　昀 | 曹一山 | 韩立中 | |
| 江苏省长江公路大桥建设指挥部 | 冯兆祥 | 阮　静 | 林海峰 | 陆　宇 |
| | 顾碧峰 | 周　畅 | 朱梦雅 | |
| 同济大学抗风课题组 | 马如进 | 陈艾荣 | 王达磊 | |
| 同济大学抗震课题组 | 李建中 | 彭天波 | 周　良 | 邓育林 |

# 前 言

在交通大发展的背景下,我国公路桥梁建设处于一个前所未有的繁荣期,期间涌现出许多新的结构体系,多塔连跨悬索桥便是其中之一。多塔连跨悬索桥是在传统两塔悬索桥的基础上增设若干个中间塔,使悬索桥具备更大的跨越能力。世界上第一座千米级多塔连跨悬索桥是中国泰州长江公路大桥。关于该类桥型的结构力学性能,现有研究仅为理论、数值分析,且存在较多的假设与简化,这对于该类桥型的技术成熟和应用推广是远远不够的,因此,开展模型试验研究意义重大,这也是本书的立意。

长期以来,模型试验一直是解决新型结构或复杂课题的重要手段之一。随着人类科学技术的发展,桥梁结构试验技术从初期的简单模拟、验证性工程行为,已经发展成为以先进量测技术、大吨位加载设备为试验手段,具备严格的模型相似理论体系,试验目的多样、试验进程精确可控的科学研究过程。面对多塔连跨悬索桥,如何开展模型试验,本身就是一个需要研究的问题。国家科技支撑计划课题“多塔连跨悬索结构及示范工程”首次对大跨度多塔连跨悬索桥结构开展了模型试验与分析技术研究。

本书以泰州长江公路大桥为试验原型,通过实验室模型试验对多塔连跨悬索桥的结构静动力特性、抗震性能及抗风性能进行研究,同时结合竣工验收,开展了实桥测试。本书详细介绍上述试验研究的具体过程与试验数据,并总结归纳了相关的试验技术与分析技术。

本书由交通运输部公路科学研究院张劲泉、李万恒、樊平等编著。

由于我们水平所限,编写时间比较紧迫,书中难免有不妥或疏漏之处,敬请读者批评指正。

**作者**

**2013 年 6 月于北京**

# 目　录

# 1 绪　论

## 1.1 桥梁模型试验概况

### 1.1.1 模型试验理论与方法

桥梁结构模型试验是将在一定作用下桥梁原型(实桥)的力学行为,缩小(或放大)到模型上,通过量测模型的响应(应力、应变、位移、速度及加速度等),推算出原型的力学行为,实现对原型桥力学性能的再现。同时,结合数值分析结果,对试验数据进行比较、分析及延展,实现对原型桥结构性能系统、深入的研究。以往经验表明,在模型试验研究中,正确的相似关系、合理的模型材料、可行可控的加载与量测方案,是试验研究成功的基本要求和保障前提。

1)模型相似理论

桥梁结构试验模型是仿照原型并按一定的比例关系复制而成的试验代表物,它具有实际结构的全部或部分特征。在试验研究过程中,第一步就是根据相似理论进行试验模型设计,最后一步则是按照相似理论来推算出原型的实际工作性能。因此,相似理论是桥梁结构模型试验研究的基础理论。

相似理论的基本原理是:当所研究对象的实际力学定律(如基本微分方程)已知时,如果据此导出的解析关系对模型和原型都同样适合,那么这些力学定律就可用于模型与原型之间的相互转换。以满足动力相似的两个质点系为例,其质量分别为 $m_i(i=1,2,\cdots)$ 和 $M_i$,作用力为 $f_i$ 和 $F_i$,位移为 $l_i$ 和 $L_i$,时间为 $t_i$ 和 $T_i$。在动力相似下,各同名物理量之间具有固定的比例常数(相似常数),即 $m_i/M_i=C_M$,$f_i/F_i=C_F$,$l_i/L_i=C_L$,以及 $t_i/T_i=C_T$。根据牛顿运动定律,有:

$$f_i = m_i \frac{\mathrm{d}^2 l_i}{\mathrm{d}t^2} \tag{1.1}$$

$$F_i = M_i \frac{\mathrm{d}^2 L_i}{\mathrm{d}t^2} \tag{1.2}$$

通过相似常数 $C_M$、$C_F$、$C_L$ 及 $C_T$,式(1.2)可表示为:

$$F_i \frac{C_M C_L}{C_F {C_T}^2} M_i \frac{\mathrm{d}^2 L_i}{\mathrm{d}t^2} \tag{1.3}$$

进一步可得:

$$\frac{m_i l_i}{f_i t^2} = \frac{M_i L_i}{F_i T^2} = \pi \tag{1.4}$$

可见,相似判据能把两个相似现象中的物理量联系起来,以判别两个现象是否相似,并实现将某一现象研究所得的结果推广到另一相似现象中去。因此,两个现象满足相似性要求的必要条件是相似判据相等。

相似判据可由方程式分析法或量纲分析法的推导得出。其中,方程分析法比较确实可靠,但现实中遇到的问题往往复杂而无法建立方程,如大跨缆索桥梁的力学方程,无法获得相似判据。与此不同,量纲分析法(也称为因次分析法),是根据方程量纲和谐的原理,不要求建立现象的方程,而只要确定哪些物理量参加所研究的现象,以及指导测量这些量的单位系统的量纲就够了,被普遍用于桥梁结构模型试验中。例如,设某一物理现象的物理方程为:

$$j = f(j_1, j_2, \cdots, j_k, \cdots, j_n) \tag{1.5}$$

其中 $j_1, j_2, \cdots, j_k$ 为该物理现象的 $k$ 个基本物理量,其量纲可表示为$[j_1]$,$[j_2]$,…,$[j_k]$,其余$(n-k)$个导出物理量的量纲为$[j^{p1i}]$,$[j^{p2i}]$,…,$[j^{pki}]$。

$$[j_i] = [j^{p1i}, j^{p2i}, \cdots, j^{pki}] \qquad (i = k+1, k+2, \cdots, n) \tag{1.6}$$

把几个物理量构成的物理方程无量纲化为$(n-k)$个无量纲群的关系式:

$$\pi_n = F(\pi_{k+1}, \pi_{k+2}, \cdots, \pi_j, \cdots, \pi_n) \tag{1.7}$$

由此即可确定相似判据。式(1.5)~式(1.7)为量纲分析的基本过程。

量纲分析法为许多复杂问题提供了相似判据确定的有效方法,应用中需要注意以下事项:①量纲分析要求研究者对试验问题受力特征具有充分的洞察力,能正确认定与问题相关的全部物理量,正确辨识独立物理量,并计入量纲分析中;②量纲分析没有考虑物理现象的单值条件。

2)模型材料

选择合适的模型材料是桥梁结构模型试验成功的先决条件,正确选取模型材料应满足以下基本要求:①符合试验目的要求,即根据试验目的来选取模型材料,如试验目的在于研究弹性阶段的应力状态,则模型材料应尽可能符合一般弹性理论的基本假定(匀质、各向同性、应力应变关系线性、泊松比不变等),如试验目的在于研究结构的破坏过程,则采用与原型材料相似度最大或相同的模型材料;②保证模拟的要求,即能满足模型设计中的相似准则,可将模型上量测的物理量换算成原型结构上相应的物理量;③保证量测的要求,即模型材料应具有适当的弹性模量,以产生足够的变形,使量测仪器(表)有足够的读数;④保证加工制作的要求,即具备良好的加工性能,价格适宜。目前,桥梁结构试验中常用的模型材料包括金属(钢、铝等)、细石混凝土、水泥砂浆、塑料(有机玻璃)、石膏、木材等。

3)模型加载与量测

模型试验荷载是对实际荷载进行比例缩小和等效处理后确定的,且应满足以下基本要求:①精确地体现原型荷载的大小和方向;②易于施加、卸除,重复性好;③不能对模型有约束作用;④应尽量避开测点位置;⑤应具有安全保护措施,必要时具备自动停止功能。

现代的测试技术涵盖了电学、电磁学、声学、光学、核物理学等多领域,可以说,模型试验的发展很大程度上受制于模型物理量的可测性、测试精度、稳定性及效率。桥梁结构模型试验中,需要量测的物理量通常包括:应变(应力)、变形(位移或转角)、裂缝、力、温度、徐变和收缩、动力响应(速度、加速度等)等,试验中应根据模型特点及精度要求选择合适的量测装备。

### 1.1.2 模型试验发展回顾

桥梁结构模型试验研究,最早开始于德国,1755 年德国工程师 Grubenmann 为了在莱茵河上修造木桥,首先借助模型试验验证了设计的可靠性。之后,Telford 提出了采用模型试验验证吊桥性能的必要性。1846 年英国 Stephenson 和 Fainbairn 为了修建横跨 Menai 海峡的 Britannia 桥,进行了 1/6 的桥梁结构模型试验;后来,又对另一座管形结构的 Conway 铁路桥做了模型试验。这些早期研究工作提高了桥梁建造和设计水平,为桥梁结构试验自身的发展奠定了基础。

20 世纪以来,随着光弹性学技术、机械和光学应变计、电阻应变计等测试技术的发展,大型、复杂加载设备的使用,以及计算机在试验设计和数据处理方面的应用,桥梁结构模型试验进入精细化、大比例化及数字化时代。国外已开展了大量桥梁结构试验(图 1.1),如里斯本国家工程试验室对世界上首座混凝土斜拉桥——委内瑞拉的 Lake Maracaibo 桥进行了结构试验等。自从 1940 年美国 Tacoma 桥遭受风灾后,大型风洞开始引入桥梁结构试验研究中,斜拉桥等缆索桥梁结构的气动效应试验广泛开展。20 世纪中后期发生的几次大地震,促使人们越来越关注桥梁的抗震性能,采用振动台作为加载设备的桥梁结构抗震试验为桥梁抗震设计提供了重要的基础数据。值得一提的是,日本在 20 世纪后期围绕"本州—四国"联络线,大规模、成系统地开展了长大桥梁试验研究,尤其在抗震能力、施工过程影响、疲劳性能、水—结构相互作用、气动效应及海洋环境耐久性等方面,这些试验研究有力地支撑了"本州—四国"联络线的建设,大大提高了日本在长大桥梁方面的建设和管养水平,也代表了桥梁模型试验的国际领先水平。

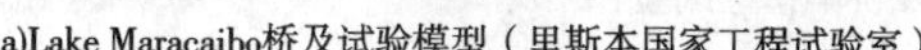
a)Lake Maracaibo桥及试验模型(里斯本国家工程试验室)

b)Tatara桥的风洞试验(本州—四国联络高速道路株式会社)

c)桥梁结构的振动台试验(美国国家地震工程研究中心,Bufflo)

图 1.1 国外的代表性桥梁模型试验

我国的桥梁结构试验始于20世纪五六十年代，原铁道部大桥局桥科院对我国首座大跨度的简支钢桁梁进行模型试验。随后，伴随着我国桥梁建设的蓬勃发展，国内相关研究院（所）和高校在吸收国际先进技术的同时，针对我国地理、地域特点，开展了大量桥梁结构模型试验研究（图1.2），尤其在混凝土简支梁桥、高墩弯桥、大跨拱桥、预应力混凝土斜拉桥等方面取得了丰硕成果。

a)混凝土简支梁桥试验（长安大学）

b)高墩弯桥试验（交通运输部公路科学研究所）

c)大跨拱桥试验（西南交通大学）

d)预应力混凝土悬索—斜拉桥试验（大连理工大学）

图1.2　国内的代表性桥梁模型试验

### 1.1.3　悬索桥模型试验实例

现代悬索桥的出现已有百余年历史，在这一过程中，国内外开展的悬索桥结构试验主要包括：面向设计需要的成桥静力试验、车载动力试验、风洞试验等，面向施工控制的施工阶段模拟试验、通车检定试验，以及长期观测试验等。表1.1列出了近年来国内外主要的悬索桥模型试验情况，其中国内近年来开展的悬索桥试验如图1.3所示。从已开展的试验研究可知，采用大缩尺比例（1/100左右）模型可以满足对结构基本静力、动力性能的试验要求，在模型材料选择方面，主缆和吊杆一般选用高强钢丝，桥塔选用钢材焊接成型（静动力、抗震）或有机玻璃（抗风），加劲梁可以选用钢板或铝合金制作，这些经验为开展多塔连跨悬索桥的模型试验研究提供了参考。

表 1.1

**国内外悬索桥结构模型试验概况**

| 序号 | 原型名称 | 几何缩尺比例 | 主要试验信息 | 模型材料 | 单位 |
|---|---|---|---|---|---|
| 1 | 日本关门桥<br>（主跨712m） | 1/100 | 研究加劲梁架设阶段桥跨结构各部分的变形状态，为施工架设顺序设计提供参考。<br>试验分两部分进行：第一部分仅有1根主缆，研究在加劲梁架设中竖向荷载作用下的行为；第二部分有2根主缆，研究架设过程中水平荷载作用下的行为 | 主缆：钢丝；<br>加劲梁：铝合金；<br>桥塔：钢板 | 本州—四国联络线公司，1970年 |
|  |  | 原型 | 车载、温度作用下桥跨变形和应力检定，桥跨的振动特性测定和行车试验测定（原型）。<br>风速、风向监测，地震监测，桥跨结构振动加速度测定，加劲梁结构位移测定等 | 不详 | 不详 |
| 2 | 汕头海湾大桥<br>（主跨452m） | 1/60 | 挂缆及加劲梁架设过程中的受力和位移状态，校核设计计算结果，为施工架设设计提供参考资料，探索成桥状态后在设计活载工况下的应力与位移。<br>加劲梁节段倒拆试验、正装试验，施工阶段横风试验 | 主缆：高强钢丝；<br>加劲梁：型钢（施工试验）；铝合金（成桥试验）；<br>桥塔：钢板；<br>吊杆：高强铝合金薄板 | 原铁道部大桥局桥科院 |
| 3 | 江阴长江公路大桥<br>（主跨1 399m） | 1/260 | 竖向荷载试验、横向荷载试验 | 主缆：钢绞线；<br>加劲梁：有机玻璃；<br>吊杆：钢丝 | 同济大学 |
| 4 | 日本东海道、东北新干线<br>（主跨范围：540m，800m，1 100m及1 400m） | 1/67～1/100 | 研究高速列车过桥的动力问题，获得冲击系数，并对动力模型的精度进行检定。<br>包括22个试验模型，在模型车＋轨道、附加弹簧质量的模型车、动轮偏心块锤击等加载方式下，加劲梁顺桥向位移、梁端转角位移等 | 主缆：钢丝绞扭；<br>加劲梁：钢板；<br>吊杆：钢丝；<br>桥塔：角钢；<br>中央扣：钢丝；<br>斜拉索：钢丝 | 平井敦、伊藤学，20世纪50年代末 |

续上表

| 序号 | 原型名称 | 几何缩尺比例 | 主要试验信息 | 模型材料 | 单位 |
|---|---|---|---|---|---|
| 5 | 加拿大阿·默里麦凯桥（主跨429m） | 1/320 | 在均匀气流和边界层紊流中作对比试验 | 不详 | 不详 |
| 6 | 日本明石海峡大桥（主跨1 991m） | 1/350 | 列车引起的振动，地震效应等 | 主缆：钢捻线；<br>加劲梁：内包刚性棒、外包薄钢板；<br>桥塔：内包刚性棒、外包薄钢板；<br>吊杆：聚酯纤维的钓鱼线 | 东京大学、石川岛播磨重工业株式会社（IHI）、日本钢管株式会社（NKK） |
| 7 | 美国金门大桥（主跨1 280m） | 原型 | 在车辆往来、风及海洋波浪等作用下的振动 | 不详 | 美国海岸及地质调查局，1933～1942年 |
| 8 | 润扬长江公路大桥（主跨1 490m） | 原型 | 台风情况下的抖振测量 | 不详 | 东南大学，2007年 |
| 9 | 某桥（主跨580m） | 1/100 | 研究损伤情况下加劲梁挠度、应变，主缆及吊杆应变，自振特性，包括加劲梁损伤（角钢失效）、主缆损伤（锚碇松弛）、吊杆损伤模拟（吊杆松弛） | 主缆：天然纤维芯钢丝；<br>加劲梁：角钢＋钢板；<br>桥塔：H型钢 | 大连海事大学，2009年 |
| 10 | 龙城大桥（主跨114m） | 1/20 | 测量各施工阶段模型主缆、加劲梁及线形变化及拱形桥塔变位，研究其变化规律，进而验证施工顺序的合理性。<br>通过使用阶段、空间受力特性及极端受力情况模型试验，测量主缆及加劲梁线形变化，斜拉索、主缆及吊杆的内力，桥塔及加劲梁在使用阶段的应力状态 | 主缆：平行钢丝；<br>加劲梁：钢、铝合金；<br>桥塔：混凝土、钢管混凝土 | 长安大学 |

续上表

| 序号 | 原型名称 | 几何缩尺比例 | 主要试验信息 | 模型材料 | 单位 |
|---|---|---|---|---|---|
| 11 | 江东桥<br>（主跨 260m） | 1/16 | 自锚式悬索桥的施工过程模拟及动力特性研究 | 钢 | 不详 |
| 12 | 虎门大桥<br>（主跨 888m） | 1/50 | 施工过程控制 | 主缆：高强钢丝；<br>吊杆：铝板；<br>加劲梁：铝合金；<br>桥塔：钢 | 交通运输部公路科学研究所 |
| 13 | 吉首矮寨特大悬索桥<br>（主跨 1 176m） | 1/23 | 结构性能试验（主缆线形、索鞍预偏、主缆锚点力）轨索张拉力 | 主缆：平行钢丝；<br>吊杆：高强钢丝；<br>加劲梁：钢管；<br>桥塔：钢板 | 长沙理工大学 |
| 14 | 大连湾跨海大桥<br>（主跨 400m） | 1/100 | 研究自锚式斜拉—悬索协作体系桥的结构性能，为实际工程提供计算和设计依据；<br>静载试验、动载试验，混合梁对动力特性的影响 | 主缆、斜拉索：钢丝；<br>加劲梁：铝合金；<br>吊杆：钢丝；<br>桥塔：钢管混凝土 | 大连理工大学，2009年 |
| 15 | 广州猎德大桥<br>（主跨 219m） | 1/10 | 自锚式双索面悬索桥的施工过程、静动力试验 | 钢 | 广州大学 |

a)广州猎德大桥

b)广州虎门大桥

c)吉首矮寨大桥

d)汕头海湾大桥

图 1.3　国内开展悬索桥的模型试验研究

## 1.2　多塔连跨悬索桥的特点

### 1.2.1　结构力学特点

悬索桥是一种柔性预应力结构，成桥后的静动力性能受主缆、吊杆的预(拉)应力影响很大，在车辆荷载下加劲梁和主缆都将产生较大的纵向、横向位移，且两者的变形不同步。与传统的双塔悬索桥相比，多塔连跨悬索桥最主要的结构变化是增加了中间塔。中间塔纵桥向两侧都是主跨，相比对边塔的约束作用，主缆对中间塔的约束要弱得多，引起了“中间塔效应”，即：一方面，中间塔要有一定的纵向刚度，来抵抗自身的弯曲变形，不至于造成加劲梁竖向位移过大；另一方面，中间塔也要有一定的纵向柔度，来协调鞍座两侧主缆的拉力比或紧松比，保证主缆与鞍座不产生相对滑移。图 1.4 为三塔两主跨悬索桥在单跨车辆荷载作用下的结构变形图。

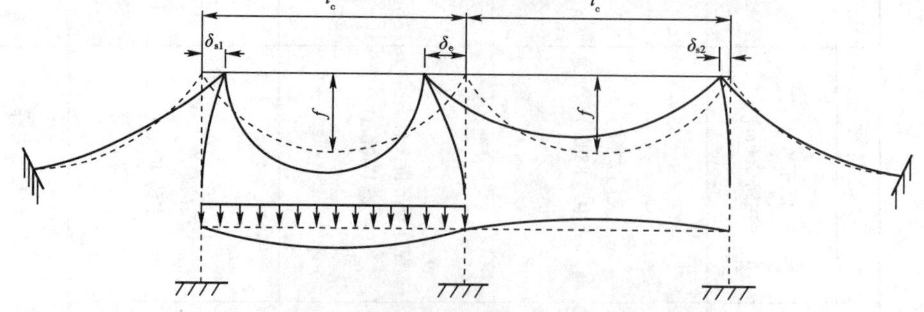


图 1.4　三塔两主跨悬索桥在单跨车辆荷载作用下的结构变形图

注：图中 $l_c$ 表示单跨跨度，$\delta_{s1}$ 和 $\delta_{s2}$ 表示边塔塔顶水平位移，$\delta_c$ 表示中间塔塔顶水平位移；$f$ 表示主缆垂度

另外,由于悬索桥的刚度较小,其基频一般很低,在风力作用或风-雨作用下,容易产生抖振、涡激振动、驰振、扭转颤振和弯曲扭转耦合颤振等现象。再者,由于悬索桥一般跨度较大,在地震作用下,具有明显的行波效应,并且加劲梁在纵向无约束时的纵向位移量比较大,可能发生碰撞。除上述成桥后的行为特征外,由于悬索桥的施工特点,主缆线形、内力随着加劲梁的架设而不断变化,因此施工过程对悬索桥的性能影响较大。

### 1.2.2 结构发展回顾

多塔悬索桥是在传统的双塔悬索桥基础上发展起来的一种新桥型,是跨越宽阔水域的理想桥型。多塔悬索桥的结构体系发展可分为以下三个阶段。

(1)第一阶段,通过共用锚碇将大跨度两塔悬索桥相连,本质上是几座独立受力的两塔悬索桥的组合,如旧金山奥克兰西海湾大桥(美国,1936 年)、本州—四国联络桥之南北备赞濑户大桥(日本,1988 年)以及来岛海峡大桥(日本,1998 年),见图 1.5。

a)奥克兰西海湾大桥

b)南北备赞濑户大桥

c)来岛海峡大桥

图 1.5 共用锚碇式的多塔悬索桥

(2)第二阶段,具有中间塔的小跨度多塔连跨悬索桥,真正实现了多塔连跨,如 Chateauneuf 桥(法国,1937 年)、Chatillon 桥(法国,1951 年)、小鸣门桥(日本,1961 年)、Save 桥(莫桑比克,1965 年),见图 1.6。

(3)第三阶段,大跨度多塔连跨悬索桥,主跨跨度飞跃式发展,实现了千米级的多塔连跨悬索桥,如已建成的泰州长江公路大桥(中国江苏,2012 年),在建的马鞍山长江公路大桥(中国安徽,2011 年开工)、鹦鹉洲长江大桥(中国湖北,2011 年开工)(见图 1.7),以及进行了方案设计的奥克兰西海湾大桥(美国)、Chacao 海峡大桥(智利)、墨西拿海峡大桥(意大利)、直布罗陀海峡大桥(西班牙),及国内的青岛海湾大桥、武汉阳逻长江大桥、郑州黄河四桥、南京长江四桥等。

a)Chateauneuf桥

b)Chatillon桥

c)小鸣门桥

d)Save桥

图 1.6　具有中间塔的小跨度多塔连跨悬索桥

a)泰州长江公路大桥

b)马鞍山长江公路大桥

c)鹦鹉洲长江大桥

图 1.7　千米级的多塔连跨悬索桥

### 1.2.3 国家科技支撑计划课题简介

2009年,国家科技部立项国家科技支撑项目“多塔连跨悬索结构及示范工程”(编号:2009BAG15B01),项目由交通运输部公路科学研究所承担,联合江苏省长江公路大桥建设指挥部、同济大学、同济大学建筑设计研究院(集团)有限公司、中交公路规划设计院有限公司等组成科技攻关团队。课题实施过程中,项目组在国内外首次开展了多塔连跨悬索桥静动力模型试验研究、抗震模型试验研究和抗风模型试验研究,在结构体系分析理论、试验验证技术等方面取得了一系列原创性成果。

### 1.2.4 依托试验工程“泰州长江公路大桥”简介

泰州长江公路大桥起于宁通高速公路宣堡枢纽,止于沪宁高速公路汤庄枢纽,是江苏省“五纵九横五联”高速公路网的组成部分。它连接京沪、沪陕和沪蓉三条国家高速公路,在长江三角洲地区的公路网中起着重要的作用,如图1.8所示。

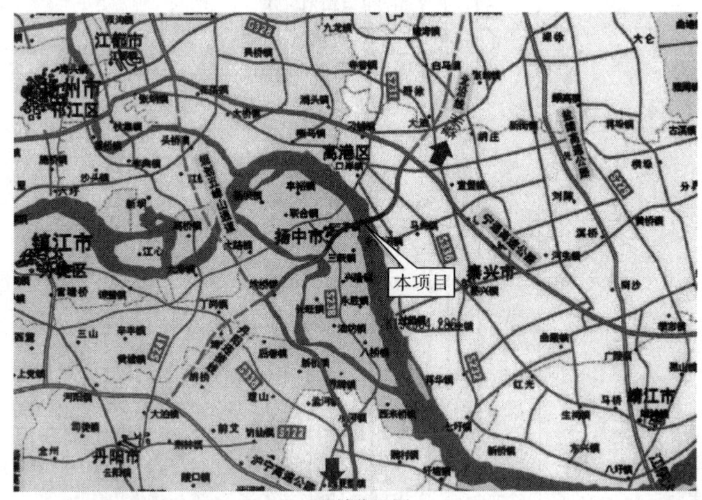


a)地域位置图

b)建设中的泰州长江公路大桥

图1.8 泰州长江公路大桥概况

泰州长江公路大桥的主桥采用三塔两跨连续加劲钢箱梁悬索桥,由桥墩来支承两边跨,桥跨布置为390m+2×1 080m+390m,如图1.9所示。桥梁主要结构参数如下。

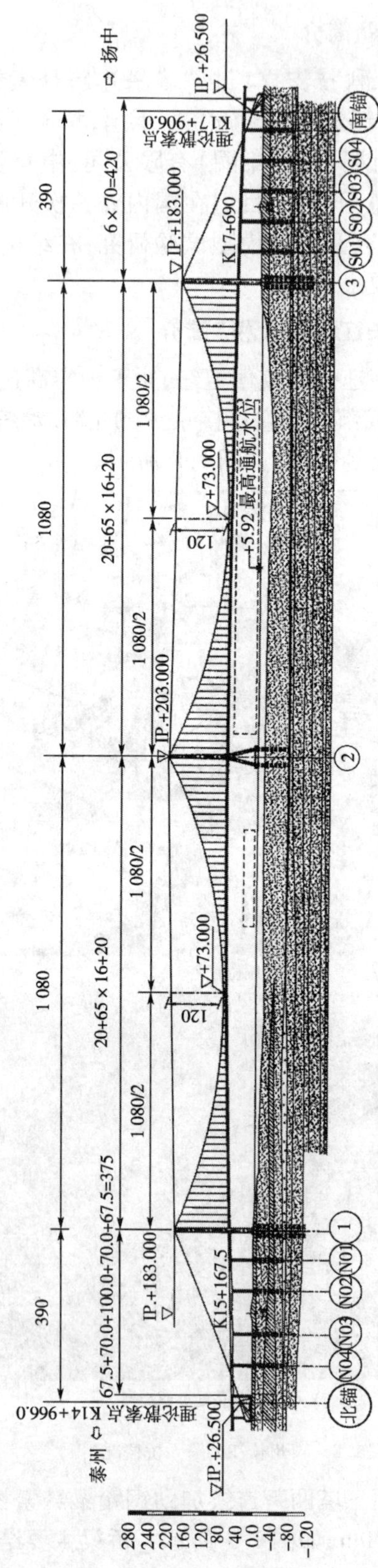


图1-9 泰州长江公路大桥总体布置图(尺寸单位：m)

(1)加劲梁:梁高 3.5m,标准节段长 16m。横断面为单箱三室构造,两侧边室为风嘴兼检修道,全宽 39.1m,梁顶面宽 36.7m。标准横断面如图 1.10 所示。

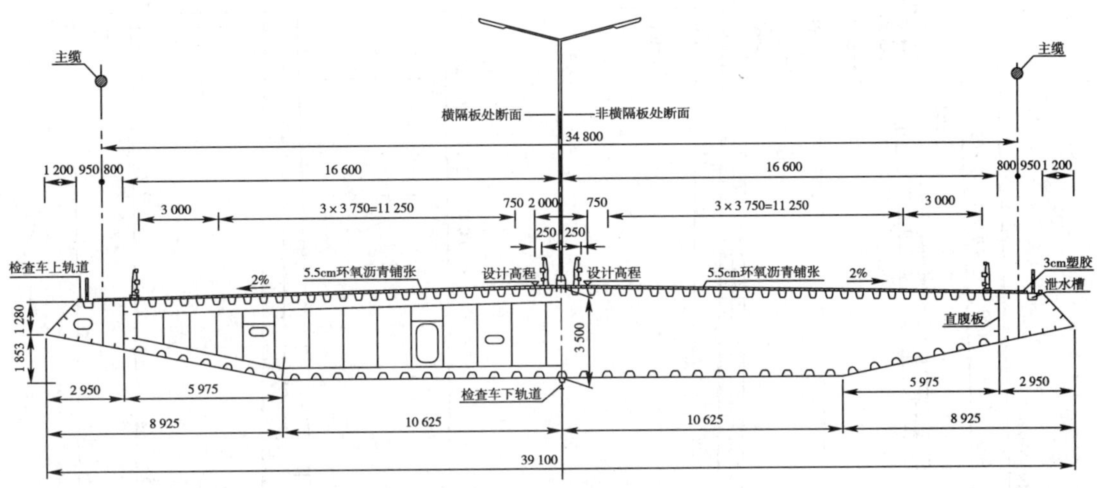


图 1.10 泰州长江公路大桥加劲梁标准断面图(尺寸单位:mm)

(2)主缆:采用预制平行钢股法,矢跨比 1/9。两根主缆横向中心距 34.8m,每根主缆由 169 股组成,每股由 91 束直径 5.2mm 的镀锌高强钢丝组成。

(3)桥塔:边塔塔柱为混凝土结构,塔柱顶中心高程 180.0m,塔柱底中心高程 8.3m,如图 1.11a)所示。中间塔塔柱为钢结构,纵向呈人字形,塔柱顶中心高程 200.0m,塔柱底中心高程 8.5m,如图 1.12b)所示。

泰州长江公路大桥的主要设计技术指标见表 1.2,地震加速度及抗震设防标准见表 1.3 和表 1.4。

**主要设计指标** 表 1.2

| 设计参数 | 指 标 |
| --- | --- |
| 公路等级 | 双向六车道高速公路 |
| 桥梁标准宽度 | 33m |
| 设计速度 | 100km/h |
| 桥梁结构设计基准期 | 100 年 |
| 汽车荷载等级 | 公路—I 级 |
| 桥面最大纵坡 | ≤3.0% |
| 桥面横坡 | 2% |
| 设计基本风速 | 地表 10m 高处 100 年重现期 10 分钟平均最大风速 31.83m/s |
| 抗风设计标准 | 运营阶段设计重现期:100 年;施工阶段设计重现期:10~30 年 |

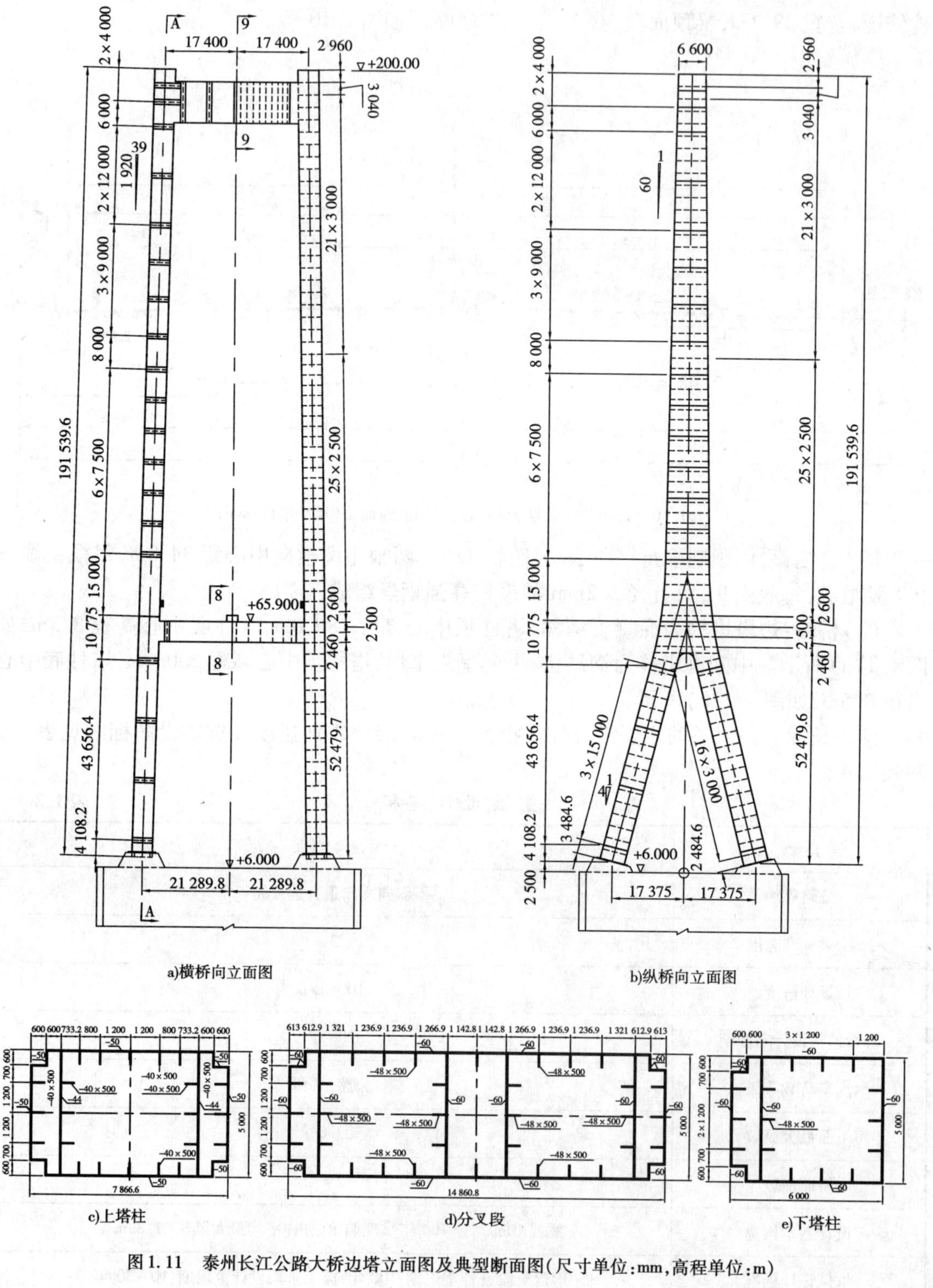

a)横桥向立面图

b)纵桥向立面图

c)上塔柱

d)分叉段

e)下塔柱

图 1.11　泰州长江公路大桥边塔立面图及典型断面图(尺寸单位:mm,高程单位:m)

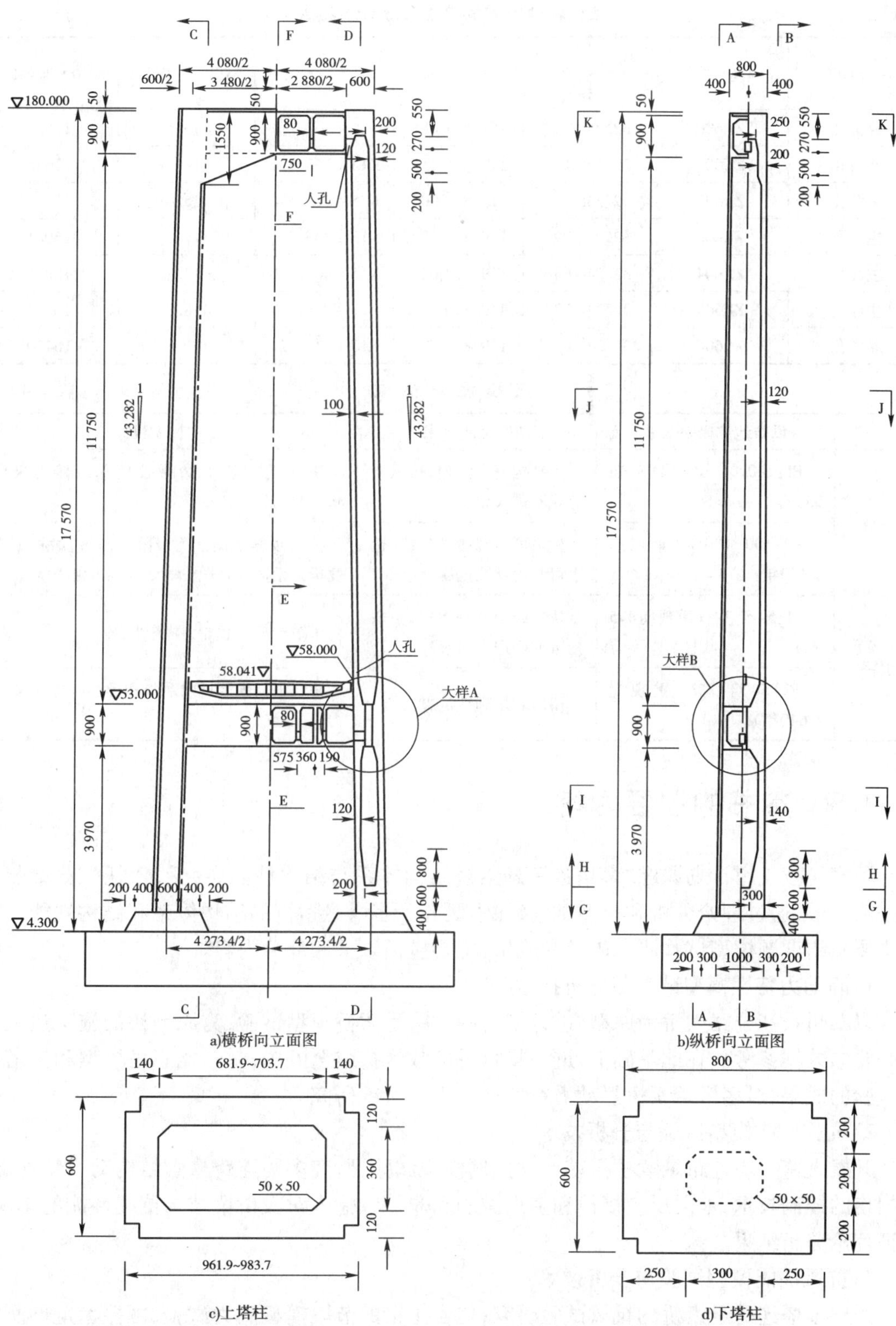


图1.12 泰州长江公路大桥中间塔立面图及典型断面图(尺寸单位:cm,高程单位:mm)

工程场地地震危险性分级计算结果　表 1.3

| 工程场地 | 对应钻孔 | 位　置 | | 里程(km) | 100 年 10% | 100 年 4% |
|---|---|---|---|---|---|---|
| | | 北纬 | 东经 | | | |
| 北锚孔 | ZK600 | 32.250 93° | 119.891 68° | | 113.5 | 154.7 |
| 北塔孔 | ZK601 | 32.249 10° | 119.886 51° | K15 +353.800 | 114.7 | 156.5 |
| 主江孔 | ZK602 | 32.248 78° | 119.837 90° | K15 +705.810 | 115.4 | 157.6 |
| 主江孔 | ZK603 | 32.246 79° | 119.876 50° | K15 +448.736 | 117.1 | 160.1 |
| 主江孔 | ZK604 | 32.246 64° | 119.877 04° | K16 +400.000 | 117.1 | 160.1 |
| 主江孔 | ZK605 | 32.244 88° | 119.870 20° | K17 +078.027 | 118.8 | 162.6 |
| 北塔孔 | ZK606 | 32.243 62° | 119.865 77° | K17 +515.221 | 119.8 | 164.0 |

抗震设防标准　表 1.4

| 桥　梁 | 设防地震概率水平 | 结构性能要求 | 结构校核目标 |
|---|---|---|---|
| 主桥 | P1:100 年 10%(重现期 950 年) | 主结构完好无损,边墩接近或刚进入屈服 | 桥塔校核应力,边墩校核承载能力极限状态 |
| | P2:100 年 4%(重现期 2 450年) | 桥塔可出现微小裂缝,边墩可利用延性抗震 | 桥塔校核承载能力极限状态,边墩根据强度折减系数和延性校核承载能力极限状态 |
| 引桥 | P1:50 年3%(重现期475 年) | 桥塔结构完好无损,桥墩接近或刚进入屈服 | 桥墩校核承载能力极限状态 |
| | P2:50 年 3%(重现期 1 640年) | 桥墩利用延性抗震 | 桥墩根据强度折减系数和延性校核承载能力极限状态 |

## 1.3 本书的主要内容

国家科技支撑计划课题“多塔连跨悬索桥结构体系与结构性能研究”,依托江苏泰州长江公路大桥,通过理论分析和模型试验,探索研究了多塔悬索桥的结构体系和结构性能。本书主要介绍课题模型试验研究内容和成果,主要包括以下四部分内容。

1)静动力特性模型试验与分析技术

以泰州长江公路大桥为原型,进行三塔两主跨悬索桥模型试验,为原型桥的施工过程提供必要的数据参考。在此基础上,进一步将桥塔数量扩展至五个,并对比三塔模型和五塔模型试验的成果,对多塔悬索桥静动力特性规律进行系统研究。

2)抗震性能模型试验与分析技术

开展大跨多塔连跨悬索桥振动台大比例模型试验,研究多塔连跨悬索结构动力特性、地震损伤的控制技术,地震反应规律和多点激励和非一致输入对大桥梁结构抗震性能的影响,验证理论分析结果。

3)抗风性能模型试验与分析技术

开展多塔连跨悬索桥的抗风试验研究,包含主梁的节段模型测力试验、颤振稳定性测振试验、涡激振动试验以及中塔节段模型测力试验,同时还包含桥塔气弹模型试验以及全桥气弹模型试验的全部内容。

4)实桥现场检测与分析技术

对依托工程——泰州长江公路大桥的初始成桥状态、静动载响应以及自振特性等进行测定,评价实桥设计指标符合性,检验施工质量。

上述试验研究工作的开展得到了"旧桥检测与加固技术" 交通行业重点实验室(北京)和"土木工程防灾国家重点试验室"的大力支持,在此表示感谢。

## 本章参考文献

[1] 江苏省交通规划设计院有限公司，中铁大桥勘测设计院有限公司，同济大学简述设计研究院. 泰州长江公路大桥 跨江大桥工程施工图设计 [R]. 2007.

[2] Nazir C P. Multispan balanced suspension bridge [J]. Journal of Structural Engineering, 1986, 112 (11): 2512-2527.

[3] Fukuda T. Multispan suspension bridges under torsional loading [C]. Proceeding of JSCE, 1975, (242): 91-103.

[4] Forsberg T. Multi – span suspension bridges [J]. Steel Structures, 2001:63-73.

[5] Yoshida O, Okuda M, Moriya T. Structural characteristics and applicability of four – span suspension bridge [J]. Journal of Bridge Engineering, 2004, 9 (5): 453-463.

[6] Yoshida O, Moriya T. Structural characteristics and feasibility of four span suspension bridge [C]// 构造工学论文集,1993,43A:1197-1208.

[7] Yoshida O, Yamada H. Analytical study on flutter characteristics of 4 – span suspension bridge [C]// 构造工学论文集,2007, 53A: 658-665.

[8] 万保田,王忠彬,韩大章,罗喜恒. 泰州长江公路大桥三塔悬索桥中间塔结构形式的选取[J]. 世界桥梁,2008(1): 1-4.

[9] 李元俊, 徐利平. 多塔悬索桥中间塔设计的新概念[J]. 结构工程师,2009,25 (1):9-13.

[10] 胥润东,郑凯锋,栗怀广. 多主跨悬索桥塔顶纵向刚度对活载挠度的影响[J]. 四川建筑科学研究,2010,36 (4):47-50.

[11] 阮静, 吉林, 祝金鹏. 三塔悬索桥中间塔结构选型分析[J]. 山东大学学报: 工学版, 2008,38 (2): 106-111.

[12] 焦常科,李爱群,王浩. 3 塔悬索桥动力特征参数分析[J]. 公路交通科技, 2010 , 27 (4):51-55.

[13] Ge Y J, Xu L S, Zhang W M, Zhou Z Y. Dynamic and aerodynamic characteristics of new suspension bridges with double main span [C]. The Seventh Asia – Pacific Conference on Wind Engineering. Taipei, 2009: 8-12.

# 2　多塔连跨悬索桥静动力特性模型试验研究

## 2.1　引言

多塔连跨悬索桥的结构静动力性能与两塔悬索桥有较大不同，主要体现在以下四方面：①由于中间塔缺少有效的纵向约束，在荷载作用下，如中间塔刚度过低，塔顶会产生较大的纵向位移，加劲梁产生过大挠度，使结构难以满足行车舒适及安全等设计要求；相反，如中间塔刚度过大，虽可减小塔顶纵桥向位移，但对基础的要求提高，增加了基础施工的技术难度及工程造价；②中间塔刚度增大使其两侧主缆的不平衡拉力增大，导致主缆在鞍槽内的抗滑安全系数降低；③多塔连跨悬索桥桥塔的受力是通过塔顶鞍座将主缆恒、活载拉力传递至塔身，再传递到基础，在这一过程中，相邻桥塔之间相互影响，桥塔的受力分配比较难以确定；④由于多塔连跨悬索桥比两塔悬索桥更柔，一般还需通过一些辅助措施来改善结构受力状况，如在加劲梁与主缆之间设置中央扣，加劲梁与中间塔之间采用连续或非连续、弹性或固结等支承方式（如泰州长江公路大桥采用弹性索支承，马鞍山长江公路大桥采用固结支承），这些都使得结构受力更加复杂。

本章中，针对多塔连跨悬索桥的上述特点，以泰州长江公路大桥为原型，进行三塔两主跨悬索桥模型试验，为原型桥的施工过程提供必要的数据参考。在此基础上，进一步将桥塔数量扩展至五个，并对比三塔模型和五塔模型试验的成果，对多塔悬索桥静动力特性规律进行系统研究。

## 2.2　研究目的与内容

### 2.2.1　研究目的

本次模型试验的主要目的有三点：一是通过施工模拟试验为原型桥加劲梁安装架设施工过程提供数据参考；二是为原型桥竣工荷载试验提供技术支撑；三是获得多塔连跨悬索桥的静动力特性规律。

### 2.2.2　研究内容

1）静动力试验模型设计、制作与量测技术的研究。

重点研究确定几何尺寸、材料特性、荷载、内力、位移和支承条件等的相似准则与相似条件，以及模型制作、安装与架设工艺等，制订静动力模型设计方法与制作、安装实施方案。在考虑施工过程、荷载作用等的基础上，进行确定模型安装过程、荷载模拟、加载方案、测试内容与方法，以及试验规则等相关试验验证方法的研究。

2）静动力模型试验验证与体系效应影响分析研究

为了验证数值分析（有限元法）的计算结果，有必要开展两个方面的验证工作：一方面验证施工过程几何非线性计算的可靠性与准确性，另一方面验证运营过程线性化分析方法的合理性。另外，为了掌握多塔连跨悬索桥的结构体系特点，需研究不同边界条件对结构静动力性能的影响规律，以及多塔效应、连跨效应及桥塔空间受力特性等。

## 2.3　三塔模型试验研究

### 2.3.1　模型设计

1）静力模型相似分析

悬索桥静力分析中相关的物理量有：几何尺寸、线位移、角位移、面积，应力、弹性模量、泊松比、相对密度、应变，集中荷载、线荷载、弯矩等，相关的物理量及量纲如表2.1所示。对于静力问题，本模型将以弹性模型进行设计，采用量纲分析法，以几何相似常数（$C_L$）和弹性模量相似常数（$C_E$）为给定值，其他相似常数都由这二者推导得出。

三塔连跨悬索桥弹性静力模型的物理量及量纲　　表2.1

| 部件 | 编号 | 物理量 | 符号 | 量纲 | 部件 | 编号 | 物理量 | 符号 | 量纲 |
|---|---|---|---|---|---|---|---|---|---|
| 桥塔 | 1 | 线位移 | $\delta_t$ | L | 主缆 | 21 | 泊松比 | $\mu_c$ | — |
| | 2 | 截面应力 | $\sigma_t$ | $FL^{-2}$ | | 22 | 几何尺寸 | $L$ | L |
| | 3 | 塔身轴向力 | $N_t$ | F | 加劲梁 | 23 | 截面应力 | $\sigma_g$ | $FL^{-2}$ |
| | 4 | 塔身弯矩 | $M_t$ | FL | | 24 | 线位移 | $\delta_g$ | L |
| | 5 | 自重 | $G_t$ | F | | 25 | 截面弯矩 | $M_g$ | FL |
| | 6 | 塔肢横截面面积 | $A_t$ | $L^2$ | | 26 | 自重 | $G_g$ | F |
| | 7 | 塔肢横截面惯性矩 | $I_t$ | $L^4$ | | 27 | 抗弯刚度 | $E_hI_h$ | $FL^2$ |
| | 8 | 塔肢横截面抗弯模量 | $W_t$ | $L^3$ | | 28 | 轴压刚度 | $E_gA_g$ | F |
| | 9 | 重力密度 | $\gamma_t$ | $FL^{-3}$ | | 29 | 抗扭刚度 | $G_gI_{gd}$ | $FL^2$ |
| | 10 | 泊松比 | $\mu_t$ | — | | 30 | 重力密度 | $\gamma_g$ | $FL^{-3}$ |
| | 11 | 弹性模量 | $E_t$ | $FL^{-2}$ | | 31 | 泊松比 | $\mu_g$ | — |
| | 12 | 几何尺寸 | $L$ | L | | 32 | 几何尺寸 | $L_g$ | L |
| 主缆 | 13 | 线位移 | $\delta_c$ | L | 吊索 | 33 | 伸长量 | $\delta_h$ | L |
| | 14 | 主鞍在塔顶纵向位移 | $\delta_a$ | L | | 34 | 应力 | $\sigma_h$ | $FL^{-2}$ |
| | 15 | 散索鞍转角 | $\varphi_c$ | — | | 35 | 索力 | $T_h$ | F |
| | 16 | 主缆拉力 | $T_c$ | F | | 36 | 自重 | $G_h$ | F |
| | 17 | 自重 | $G_c$ | F | | 37 | 抗拉刚度 | $E_hA_h$ | F |
| | 18 | 主鞍座自重 | $G_a$ | F | | 38 | 重力密度 | $\gamma_h$ | $FL^{-3}$ |
| | 19 | 抗拉刚度 | $E_cA_c$ | F | | 39 | 泊松比 | $\mu_h$ | — |
| | 20 | 重力密度 | $\gamma_c$ | $FL^{-3}$ | | 40 | 几何尺寸 | $L$ | L |

用量纲分析方法确定相似准则，若将各部件的几何相似常数取为同一值，则上述所涉及的物理参数的一般函数形式为：

$$f(\delta_t,\delta_g,\delta_c,\delta_s,\delta_a,\phi_s,\sigma_t,\sigma_h,\sigma_g,C_t,C_c,C_h,C_g,C_a,M_t,M_g,N_t,T_c,T_h,E_gA_g,E_gI_g,G_gI_{gd},\\ E_hA_h,E_cA_c,W_t,A_t,I_t,E_t,\gamma_t,\gamma_c,\gamma_h,\gamma_g,\mu_t,\mu_c,\mu_h,\mu_g,L_t,L_c,L_h,L_g,E_c)=0 \tag{2.1}$$

将式(2.1)展开成幂级数形式，并用其中任一项除以幂级数中的各项，则描述悬索桥结构物理现象的式(2.1)可写成无量纲方程形式，如下式：

$$\pi=f[\delta_t^{a},\delta_g^{a2},\delta_c^{a3},\delta_s^{a4},\delta_a^{a5},\phi_s^{a6},\sigma_t^{b1},\sigma_h^{b2},\sigma_g^{b3},G_t^{c1},G_c^{c2},G_h^{c3},G_g^{c4},G_a^{c5},\\ M_t^{d1},M_g^{d2},N_t^{e1},T_c^{e2},T_h^{e3},(E_gA_g)^{f1},(E_gI_g)^{f2},(G_gI_{gd})^{f3},(E_cA_c)^{f5},\\ W_t^{g1},A_t^{h1},I_t^{i1},E_t^{j1},\gamma_t^{k1},\gamma_c^{k2},\gamma_h^{k3},\gamma_g^{k4},\mu_t^{l1},\mu_c^{l2},\mu_h^{l3},\mu_g^{l4},L_t^{m1},E_c^{n1}] \tag{2.2}$$

量纲矩阵如下：

$$\begin{bmatrix} a_1 & a_2 & a_3 & a_4 & a_5 & a_6 & b_1 & b_2 & b_3 & c_1 & c_2 & c_3 \\ 1 & 1 & 1 & 1 & 1 & 0 & -2 & -2 & -2 & 0 & 0 & 0 \\ 0 & 0 & 0 & 0 & 0 & 0 & 1 & 1 & 1 & 1 & 1 & 1 \\ c_4 & c_5 & d_1 & d_2 & e_1 & e_2 & e_3 & f_1 & f_2 & f_3 & f_4 & f_5 \\ 0 & 0 & 1 & 1 & 0 & 0 & 0 & 0 & 2 & 2 & 0 & 0 \\ 1 & 1 & 1 & 1 & 1 & 1 & 1 & 1 & 1 & 1 & 1 & 1 \\ g_1 & h_1 & i_1 & j_1 & k_1 & k_2 & k_3 & k_4 & l_1 & l_2 & l_3 & l_4 \\ 3 & 2 & 4 & -2 & -3 & -3 & -3 & -3 & 0 & 0 & 0 & 0 \\ 0 & 0 & 0 & 1 & 1 & 1 & 1 & 1 & 0 & 0 & 0 & 0 \\ m_1 & n_1 & 0 & 0 & 0 & 0 & 0 & 0 & 0 & 0 & 0 & 0 \\ 1 & -2 & 0 & 0 & 0 & 0 & 0 & 0 & 0 & 0 & 0 & 0 \\ 0 & 1 & 0 & 0 & 0 & 0 & 0 & 0 & 0 & 0 & 0 & 0 \end{bmatrix}$$

根据各指数间关系建立联立方程：

$$\left.\begin{aligned} &a_1+a_2+a_3+a_4+a_5-2b_1-2b_2-2b_3+d_1+d_2+2f_2+2f_3+3g_1+\\ &2h_1+4i_1-2j_1-3k_1-3k_2-3k_3-3k_4+m_1-2n_1=0\\ &b_1+b_2+b_3+c_1+c_2+c_3+c_4+c_5+d_1+d_2+e_1+e_2+e_3+f_1+f_2+\\ &f_3+f_4+f_5+j_1+k_1+k_2+k_3+k_4+n_1=0 \end{aligned}\right\} \tag{2.3}$$

静力模型共包含38个物理量，因采用力量系统，有两个基本量纲，所以上述联立方程组共有36个独立解。若取 $E_c$ 和 $L$ 为两个基本物理参数，则由上述联立方程组可求得相似准则，则得相似判据为：

$$\pi_1=\frac{\delta_t}{L},\pi_2=\frac{\delta_g}{L},\pi_3=\frac{\delta_c}{L},\pi_4=\frac{\delta_s}{L},\pi_5=\frac{\delta_a}{L},\pi_6=\phi,\pi_7=\frac{\sigma_t}{E_c},\pi_8=\frac{\sigma_h}{E_c},$$

$$\pi_9=\frac{\sigma_g}{E_c},\pi_{10}=\frac{G_t}{E_cL^2},\pi_{11}=\frac{G_c}{E_cL^2},\pi_{12}=\frac{G_h}{E_cL^2},\pi_{13}=\frac{G_g}{E_cL^2},\pi_{14}=\frac{G_a}{E_cL^2},$$

$$\pi_{15}=\frac{M_t}{E_cL^3},\pi_{16}=\frac{M_g}{E_cL^2},\pi_{17}=\frac{N_t}{E_cL^2},\pi_{18}=\frac{T_c}{E_cL^2},\pi_{19}=\frac{T_h}{E_cL^2},\pi_{20}=\frac{E_gA_g}{E_cL^2},$$

$$\pi_{21}=\frac{E_gI_g}{E_cL^4},\pi_{22}=\frac{G_gI_{gd}}{E_cL^4},\pi_{23}=\frac{E_hA_h}{E_cL^2},\pi_{24}=\frac{E_cA_c}{E_cL^2},\pi_{25}=\frac{W_t}{L^3},\pi_{26}=\frac{A_t}{L^2},$$

$$\pi_{27}=\frac{I_t}{L^4},\pi_{28}=\frac{E_t}{E_c},\pi_{29}=\frac{\gamma_tL}{E_c},\pi_{30}=\frac{\gamma_cL}{E_c},\pi_{31}=\frac{\gamma_hL}{E_c},\pi_{32}=\frac{\gamma_gL}{E_c},$$

$$\pi_{33} = \mu_t, \pi_{34} = \mu_c, \pi_{35} = \mu_h, \pi_{36} = \mu_g$$

令模型的几何相似常数为 $C_L = L_p/L_m$ 和 $C_E = E_{cp}/E_{cm}$，其中角标 p、m 分别代表原型和试验模型。由量纲分析可得三塔两主跨悬索桥各构件的变形、应力、内力和截面特性等物理参数的相似关系，如表 2.2 ~ 表 2.5 所示。

**静力模型桥塔的主要物理参数相似关系** 表 2.2

| 序号 | 参数名称 | 相似关系 |
|---|---|---|
| 1 | 应力 | $\sigma_{tm} = \frac{E_{cm}}{E_{cp}} \sigma_{tp}$ |
| 2 | 截面积 | $A_{tm} = \frac{E_{cm} E_{tp}}{E_{cp} E_{tm}} \left( \frac{1}{C_L} \right)^2 A_{tp}$ |
| 3 | 自重 | $G_{tm} = \frac{E_{cm}}{E_{cp}} \left( \frac{1}{C_L} \right)^2 G_{tp}$ |
| 4 | 弯矩 | $M_{tm} = \frac{E_{cm}}{E_{cp}} \left( \frac{1}{C_L} \right)^3 M_{tp}$ |
| 5 | 截面惯性矩 | $I_{tm} = \frac{E_{cm} E_{gp}}{E_{cp} E_{gm}} \left( \frac{1}{C_L} \right)^4 I_{tp}$ |
| 6 | 轴力 | $N_{tm} = \frac{E_{cm}}{E_{cp}} \left( \frac{1}{C_L} \right)^2 N_{tp}$ |

**静力模型主缆的主要物理参数相似关系** 表 2.3

| 序号 | 参数名称 | 相似关系 |
|---|---|---|
| 1 | 应力 | $\sigma_{cm} = \frac{E_{cm}}{E_{cp}} \sigma_{cp}$ |
| 2 | 拉力 | $T_{cm} = \frac{E_{cm}}{E_{cp}} \left( \frac{1}{C_L} \right)^2 T_{cp}$ |
| 3 | 截面积 | $A_{cm} = \frac{E_{cm}}{E_{cp}} \left( \frac{1}{C_L} \right)^2 A_{cp}$ |
| 4 | 线位移 | $\delta_{cm} = \frac{1}{C_L} \delta_{cp}$ |
| 5 | 自重 | $G_{cm} = \frac{E_{cm}}{E_{cp}} \left( \frac{1}{C_L} \right)^2 G_{cp}$ |

**静力模型吊杆的主要物理参数相似关系** 表 2.4

| 序号 | 参数名称 | 相似关系 |
|---|---|---|
| 1 | 应力 | $\sigma_{hm} = \frac{E_{cm}}{E_{cp}} \sigma_{hp}$ |
| 2 | 拉力 | $T_{hm} = \frac{E_{cm}}{E_{cp}} \left( \frac{1}{C_L} \right)^2 T_{hp}$ |
| 3 | 自重 | $G_{hm} = \frac{E_{cm}}{E_{cp}} \left( \frac{1}{C_L} \right)^2 G_{hp}$ |
| 4 | 截面积 | $A_{hm} = \frac{E_{cm} E_{hp}}{E_{cp} E_{hm}} \left( \frac{1}{C_L} \right)^2 A_{hp}$ |

静力模型加劲梁的主要物理参数相似关系　　表2.5

| 序　号 | 参数名称 | 相似关系 |
|---|---|---|
| 1 | 应力 | $\sigma_{gm}=\dfrac{E_{cm}}{E_{cp}}\sigma_{gp}$ |
| 2 | 弯矩 | $M_{gm}=\dfrac{E_{cm}}{E_{cp}}\left(\dfrac{1}{C_L}\right)^3 M_{gp}$ |
| 3 | 自重 | $G_{gm}=\dfrac{E_{cm}}{E_{cp}}\left(\dfrac{1}{C_L}\right)^2 G_{gp}$ |
| 4 | 截面积 | $A_{gm}=\dfrac{E_{cm}E_{gp}}{E_{cp}E_{gm}}\left(\dfrac{1}{C_L}\right)^2 A_{gp}$ |
| 5 | 截面惯性矩 | $I_{gm}=\dfrac{E_{cm}E_{gp}}{E_{cp}E_{gm}}\left(\dfrac{1}{C_L}\right)^4 I_{gp}$ |

2)动力模型相似分析

动力结构模型的模拟关系,应取的基本模拟量为几何相似常数($C_L$)和弹性模量相似常数($C_E$)以及重力加速度相似常数($C_g$),由于试验模型与原型都处于同一引力场,因此重力加速度的模拟系数的取值为1。与静力模型分析相同,以相似常数为给定值,其他相似常数都由这二者推导得出。在弹性动力分析问题中,除表2.1所列物理量外,尚应增加频率($\omega$,单位:次/s)、速度($v$,单位:m/s)及加速度($a$,单位:m/s$^2$)等动力参数。与静力模型推导方法一样,得到动力模型的相似判据如下:

$$\pi_1=\frac{\sigma l^2}{F},\pi_2=\varepsilon,\pi_3=\frac{El^2}{F},\pi_4=\mu,\pi_5=\frac{\rho l^4}{Ft^2}$$

$$\pi_6=\frac{gt^2}{l},\pi_7=\delta l^{-1},\pi_8=\frac{vt}{l},\pi_9=\omega t,\pi_{10}=\frac{at^2}{l}$$

进一步可得相似常数为:

应力:

$$C_\sigma=\frac{\sigma_p}{\sigma_m}=C_E \tag{2.4}$$

应变:

$$C_E=\frac{\varepsilon_p}{\varepsilon_m}=1 \tag{2.5}$$

泊松比:

$$C_\mu=\frac{\mu_p}{\mu_m}=1 \tag{2.6}$$

质量密度:

$$C_\rho=\frac{\rho_p}{\rho_m}=\frac{C_t^2C_E}{C_LC_L^2}=\frac{C_E}{C_gC_L} \tag{2.7}$$

时间:

$$C_t=\frac{t_p}{t_m}=\sqrt{\frac{C_L}{C_g}} \tag{2.8}$$

线位移：

$$C_\delta = \frac{\delta_p}{\delta_m} C_L \tag{2.9}$$

速度：

$$C_v = \frac{v_p}{v_m} = \frac{C_L}{C_t} \tag{2.10}$$

加速度：

$$C_a = \frac{a_p}{a_m} = C_g \tag{2.11}$$

频率：

$$C_\omega = \frac{\omega_p}{\omega_m} = \frac{1}{C_t} = \frac{1}{\sqrt{C_g C_L}} \tag{2.12}$$

3)模型选材

根据对以往悬索桥模型试验的总结分析，主缆一般采用高强钢丝、钢绞线等，吊杆根据试验测试内容不同选择的材料有高强钢丝、铝合金条等，加劲梁与桥塔通常采用铝合金、有机玻璃和钢材等。至此，可以确定模型材料及其相关材料特性参数，如表 2.6 所示。

**静动力模型的材料参数** 表 2.6

| 构件类型 | 材料类型 | 弹性模量(MPa) | 泊松比 | 质量密度($kg/m^3$) |
|---|---|---|---|---|
| 主缆 | 高强钢丝 | $1.95\times10^5$ | 0.3 | $7.85\times10^3$ |
| 加劲梁 | 铝合金 | $0.7\times10^5$ | 0.3 | $7.0\times10^3$ |
| 吊杆 | 高强钢丝 | $0.7\times10^5$ | 0.3 | $7.85\times10^3$ |
| 中间塔 | 钢材 | $2.10\times10^5$ | 0.3 | $7.85\times10^3$ |
| 边塔 | 钢材 | $2.10\times10^5$ | 0.3 | $7.85\times10^3$ |

4)模型尺寸及截面设计

对于单跨超千米的多塔连跨悬索桥的整体模型，一方面，受试验场地、加载能力等限制条件影响，模型缩尺比例不能太大；另一方面，模型比例如果太小，会使一些构造细节无法模拟，如薄钢板的焊接等。因此在选择材料时需考虑所使用材料满足强度与刚度等要求，同时要考虑构件的加工与安装。根据泰州长江公路大桥的实际尺寸及结构特点，并考虑其扩展至五塔连跨悬索桥，结合模型实验室条件，最终选定试验模型缩尺比例为 1∶80。模型主体结构尺寸如表 2.7 和图 2.1 所示。

**静动力模型主体结构尺寸** 表 2.7

| 序号 | 主要参数 | 尺寸 |
|---|---|---|
| 1 | 模型全长(m) | 36.750(三塔模型) 63.750(五塔模型) |
| 2 | 主跨跨度(m) | 13.500 |
| 3 | 边跨跨度(m) | 4.875 |
| 4 | 主缆垂度(m) | 1.500 |

续上表

| 序　号 | 主要参数 | 尺　寸 |
|---|---|---|
| 5 | 边塔高度(m) | 2.229 |
| 6 | 中间塔高度(m) | 2.431 |
| 7 | 主缆中心距(mm) | 435 |
| 8 | 吊杆间距(mm) | 200 |

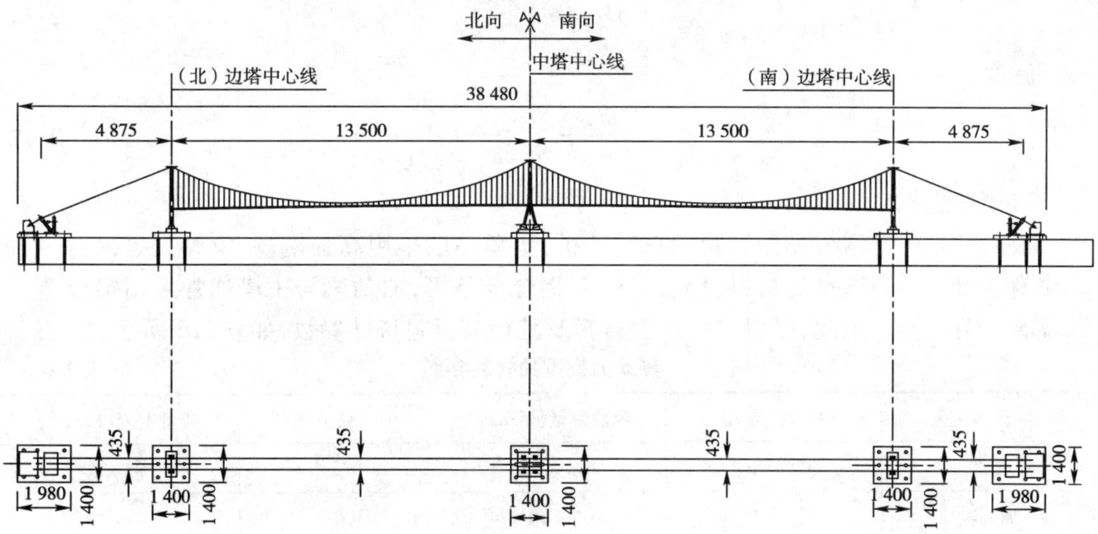


图 2.1　三塔模型总体布置图(尺寸单位:mm)

模型桥桥塔(包括边塔、中间塔)设计的原则是以保证纵桥向桥塔竖向抗弯刚度为重点而进行截面设计。即:一是保证纵桥向竖向抗弯刚度,二是保证塔的整体和局部稳定性。模型桥边塔塔肢和横梁均为箱形梁,如图 2.2 所示,图中 $x$ 轴为桥跨方向宽度($a$),$y$ 轴为横桥向宽度($b$)。边塔的截面几何特性见表 2.8。

**静动力模型边塔截面特征实际值**　　　　表 2.8

| 截面 | $a$ (mm) | $b$ (mm) | $t$ (mm) | $A$($mm^2$) | | $I_x$($mm^4$) | | $I_y$($mm^4$) | |
|---|---|---|---|---|---|---|---|---|---|
| | | | | 实际 | 需求 | 实际 | 需求 | 实际 | 需求 |
| *A*－*A* | 79.0 | 65.0 | 3.0 | 828 | 806 | 757 961 | 1 272 718 | 558 559 | 536 835 |
| *B*－*B* | 92.0 | 65.0 | 3.0 | 906 | 819 | 1 090 618 | 1 352 622 | 633 576 | 548 852 |
| *C*－*C* | 93.0 | 65.0 | 3.5 | 1 050 | 625 | 1 249 623 | 750 406 | 723 415 | 420 008 |
| *D*－*D* | 95.0 | 65.0 | 3.5 | 1 071 | 688 | 1 350 333 | 1 094 761 | 743 293 | 481 560 |
| *E*－*E*(横梁) | 75.0 | 90.0 | 3.0 | 954 | 753 | 864 500 | 1 230 897 | 1 148 202 | 1 146 046 |
| *F*－*F*(横梁) | 58.0 | 95.0 | 3.0 | 882 | 757 | 501 794 | 1 254 326 | 1 089 114 | 1 086 942 |

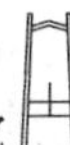

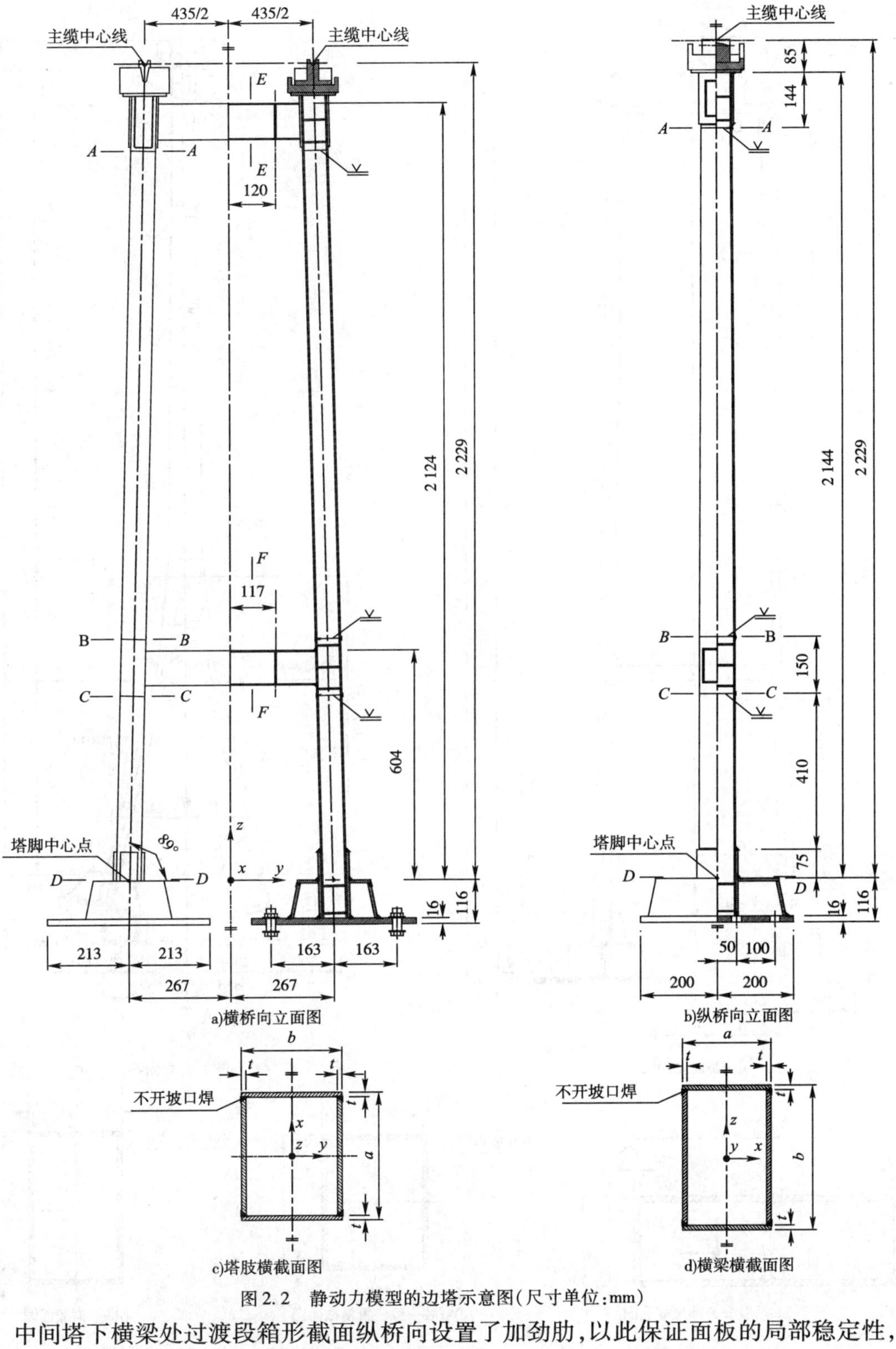

a)横桥向立面图



b)纵桥向立面图



c)塔肢横截面图



d)横梁横截面图

图 2.2 静动力模型的边塔示意图(尺寸单位:mm)

中间塔下横梁处过渡段箱形截面纵桥向设置了加劲肋,以此保证面板的局部稳定性,见图 2.3。中间塔的截面几何特性见表 2.9。

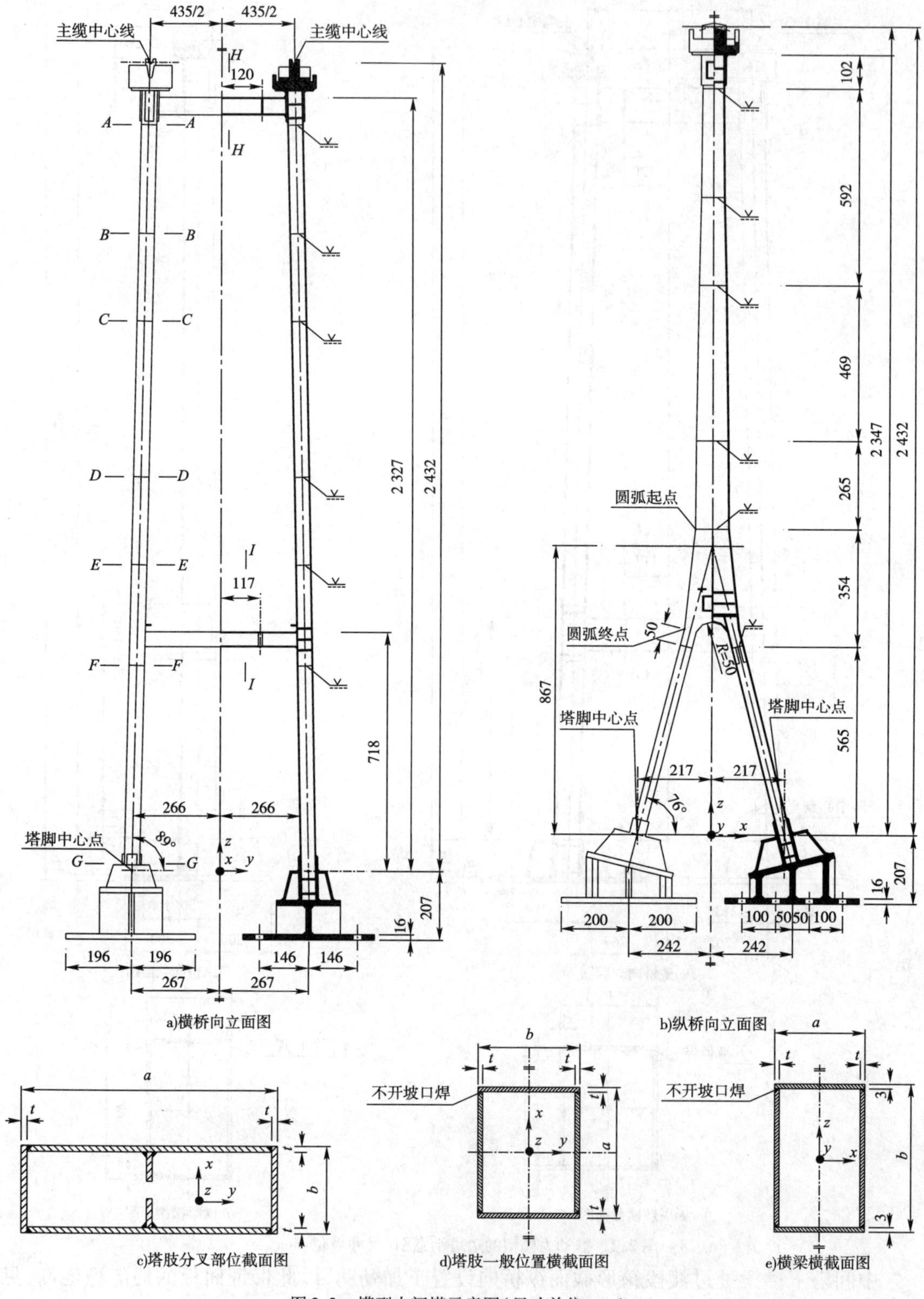


图 2.3　模型中间塔示意图(尺寸单位:mm)

静动力模型中间塔截面特征实际值　　表 2.9

| 截面 | $a$ (mm) | $b$ (mm) | $t$ (mm) | $A$(mm$^2$) | | $I_x$(mm$^4$) | | $I_y$(mm$^4$) | |
|---|---|---|---|---|---|---|---|---|---|
| | | | | 实际 | 需求 | 实际 | 需求 | 实际 | 需求 |
| $A-A$ | 64.0 | 45.0 | 3.0 | 616 | 520 | 198 480 | 185 739 | 344 873 | 344 873 |
| $B-B$ | 69.0 | 45.0 | 3.0 | 646 | 335 | 211 768 | 184 362 | 414 916 | 414 916 |
| $C-C$ | 82.0 | 45.0 | 3.0 | 725 | 426 | 246 536 | 236 286 | 637 573 | 637 573 |
| $D-D$ | 95.0 | 45.0 | 3.0 | 802 | 515 | 280 457 | 280 444 | 914 868 | 914 868 |
| $E-E$ | 100.0 | 45.0 | 3.0 | 1 082 | 673 | 404 409 | 391 040 | 2 533 691 | 2 533 691 |
| $F-F$ | 132.0 | 45.0 | 3.0 | 1 082 | 306 | 404 409 | 167 226 | 2 533 691 | 227 429 |
| $G-G$ | 36.0 | 45.0 | 2.0 | 306 | 306 | 88 660 | 167 226 | 620 508 | 227 429 |
| $H-H$（横梁） | 45.0 | 52.0 | 3.0 | 546 | 229 | 210 938 | 178 974 | 167 485 | 852 514 |
| $I-I$（横梁） | 57.0 | 45.0 | 3.0 | 576 | 104 | 180 738 | 38 212 | 263 358 | 105 190 |

原桥加劲梁截面形式共有 5 种，为方便制作模型，以原桥标准截面为准采用统一截面形式。加劲梁采用铝合金材料制作，截面详细参数见表 2.10。加劲梁截面见图 2.4。

静动力模型加劲梁特征参数　　表 2.10

| 宽(mm) | 高(mm) | 顶板厚(mm) | 腹板厚(mm) | 底板厚(mm) | 面积(mm$^2$) | $I_x$(mm$^4$) | $I_y$(mm$^4$) |
|---|---|---|---|---|---|---|---|
| 415 | 40 | 0.80 | 0.50 | 0.50 | 608<br>(608) | 209 223<br>(203 345) | 10 098 108<br>(9 628 356) |

注：表中括号内值为截面需求面积及惯性矩值。

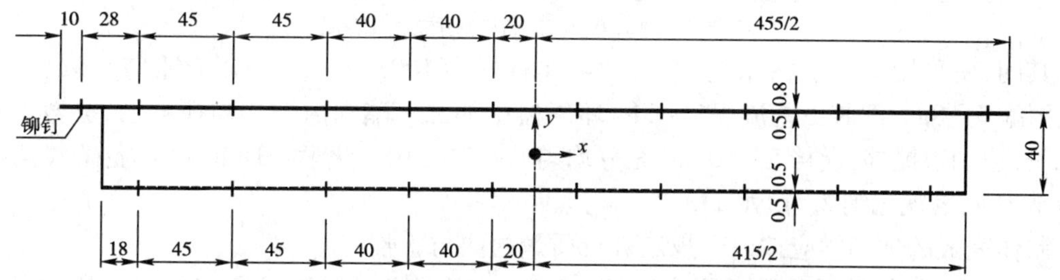

图 2.4　静动力模型加劲梁截面（尺寸单位：mm）

主缆采用高强钢丝制成，包括直径 2.0mm 和 1.5mm 两种规格，其中 2.0mm 钢丝共计 13 根，1.5mm 共计 6 根，排列方式如图 2.5 所示。经计算，模型主缆横截面面积为 51.44mm$^2$，符合相似性要求（51.03mm$^2$）。

吊杆采用高强钢丝，对应于原桥中的三种类型吊杆分别采用 1mm、2mm 和 3mm 的高强钢丝。

R=2.0　R=1.5

图 2.5　静动力模型主缆钢丝布置图（尺寸单位：mm）

### 2.3.2　模型制作与安装

受场地因素，模型构件截面尺寸较小，即使对截面进行了一定简化，在制作、加工上仍存在困难。针对本次试验所选材料，模型在制作过程中需要解决的关键技术问题主要有：薄钢板的焊接、桥塔与加劲梁的拼装，以及

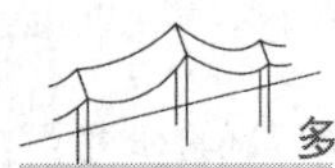


主缆的下料制作等。

1)加劲梁的制作

加劲梁采用铝合金材料,先制作成若干箱形节段,然后拼装而成。每一节段主要由两块板件拼组成,为保证节段横向抗弯刚度及板材的稳定,每一节段设置加劲肋。节段采用的铝合金板材最小厚度为0.5mm,由于铝合金薄板焊接困难,因此加劲梁板件之间的连接采用铆接方式,同时为了保证板与板之间紧密相连,先利用环氧树脂胶将被连接板粘好,然后再进行铆接,制作的工艺流程见图2.6。

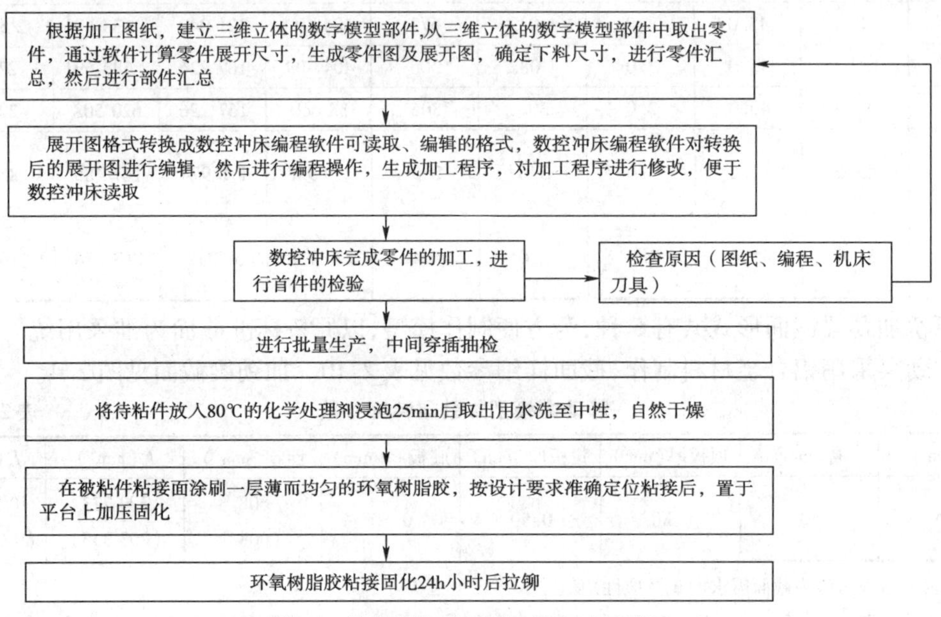


图2.6 静动力模型加劲梁制作工艺流程图

其间,所采用的环氧树脂配方为:E44环氧树脂100g、乙二胺(分析纯)7~9g、二丁酯10g、丙酮5~8g。配胶工艺流程为:E44环氧树脂加二丁酯和丙酮均匀搅拌后,分数次加入乙二胺,边加边搅拌,搅拌5~10min充分均匀后及时使用。化学处理剂配方为:碳酸钠50g、铬酸钠15g、氢氧化钠2.5g,水1L。

制作完成的加劲梁应按以下规定进行质量检测与验收:

(1)下料时,加劲梁节段长度应采用-0.2mm的负公差。图示所有弯折板均需模压弯折成型。组装成型后的加劲梁节段高度和宽度公差应控制在+1mm以内,但加劲梁的高度和宽度应保持一致。

(2)在制作加劲梁节段端连接栓孔时,应满足梁段互换拼接的要求,宜采用模具板配套打孔成型。

2)桥塔的制作

桥塔分为塔脚、塔身与鞍座三个部分。鞍座采用整块钢锭进行机加工制作而成。塔身分解为塔柱与横梁,塔柱与横梁焊接成型后,在台座上固定好后进行焊接组拼。塔脚主要由锚板、垫板及加劲板组成,采用焊接组成。边塔塔脚较为简单,由锚板及加劲肋组成。由于中间塔塔肢需保持一定角度,所以将垫板放置在四块梯形肋板上形成角度,再在肋板下焊接锚固板。塔脚与塔身焊接成型后,在固定台座进行组焊拼接。

边塔塔柱采用厚度为3mm和3.5mm,中间塔塔柱采用厚度为3mm和2mm的钢板组焊成型。施焊时设刚性内模,固定于台座上采用逆焊法焊接,以控制焊接变形和扭转翘曲,减小焊接应力。见图2.7。以中间塔为例给出了中间塔整体图与部分构件局部三维视图。

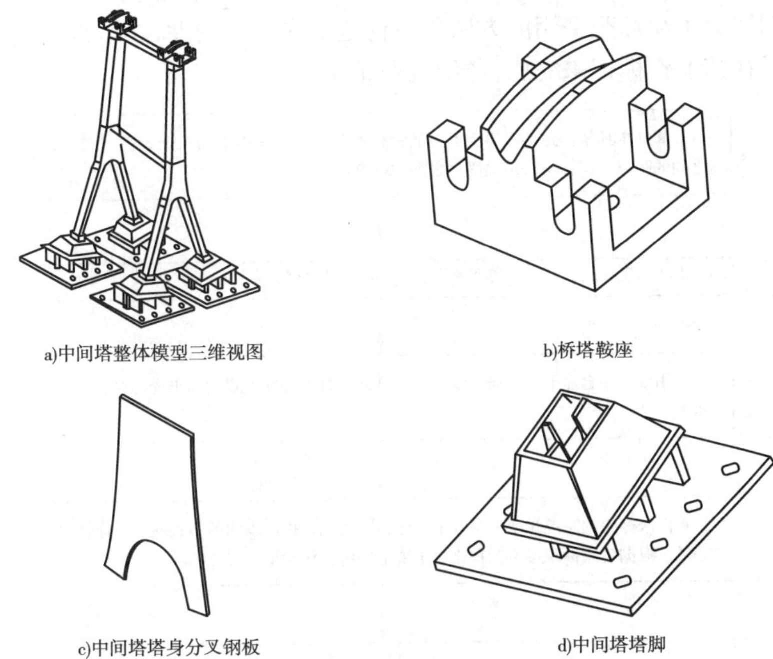

a)中间塔整体模型三维视图　b)桥塔鞍座

c)中间塔塔身分叉钢板　d)中间塔塔脚

图2.7　静动力模型塔柱部件图

桥塔的制作工艺流程见图2.8。

制作完成的桥塔应按以下规定进行质量检测与验收:

(1)双柱组焊成塔后,两塔柱的平行度宜控制在1mm以内。

(2)塔柱与上、中和下横梁应保持垂直,塔柱两底座的下平面应处于同一平面上,其平面度应在1mm以内。

(3)塔柱各侧面对底座下平面的垂直度应小于3mm。

(4)组焊成型后的塔柱的直线度应小于2mm。

(5)组焊成型的桥塔构件应采用低温回炉、抛丸或其他方法消除塔身焊接应力。

3)主缆的制作

主缆的制作分两个主要部分,一是编丝,二是标距。编丝是指将主缆钢丝按照一定的排列编成一束;标距是指将主缆锚固点、散索点、塔顶锚固点及索夹锚固点等位置标识出来。

主缆编丝工艺步骤较为简单,采用活端固定、卷盘移动的方法。首先根据设计准备好钢丝盘,每一根钢丝

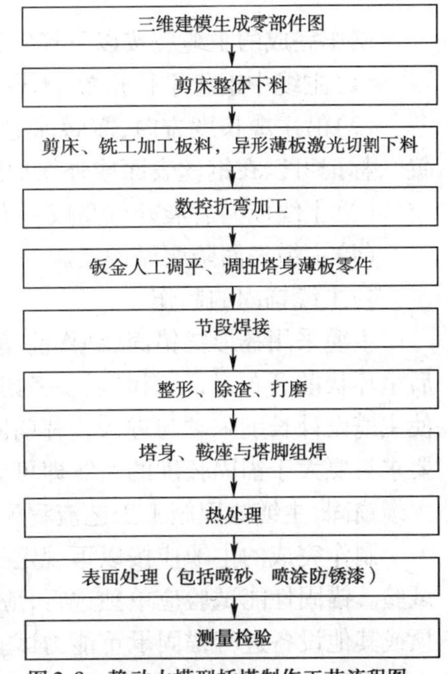


图2.8　静动力模型桥塔制作工艺流程图

盘成一卷,将主缆所有钢丝按设计的排列穿过分丝板,活端固定在台座上,移动卷盘向前移动一段距离后,将主缆钢束外表侧一根钢丝涂上颜色,然后与其余钢丝集成束并用胶带捆紧,间隔 30cm 捆扎一次,然后继续前移直至整根束制作完成,在这过程中要求涂颜色钢丝保持直线,不得翻转。主缆标距采用的方法是在台座上先标好刻度,然后以此刻度作为"尺子"去量主缆,然后在其上作标记来完成,详细流程见图 2. 9。

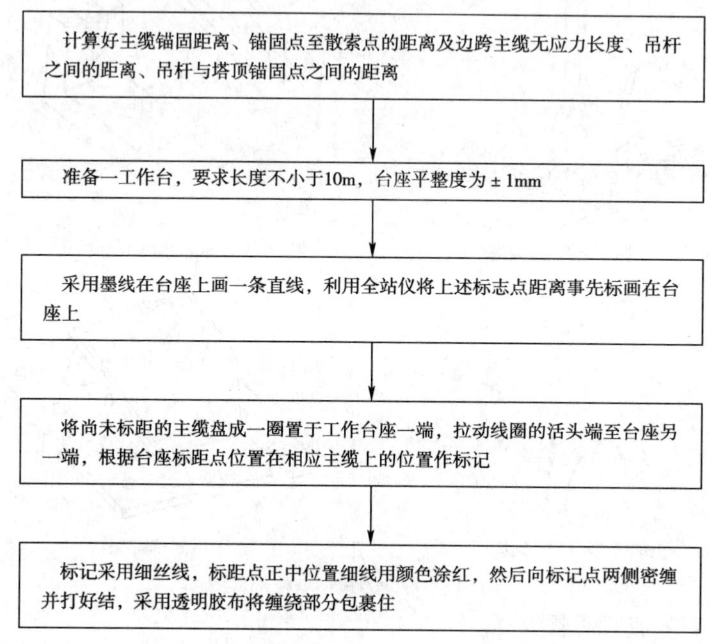


图 2. 9　静动力模型主缆制作工艺流程图

制作完成的主缆应按以下规定进行质量检测与验收:

(1)主缆中钢丝平行布置,不得出现扭转。

(2)沿主缆长度方向,需做标记(标注主缆在散索鞍 2 个、塔鞍座 5 个、索夹 264 个等位置),标记可以在钢丝表面或外保护层上。

(3)主缆成型后展开或盘成一卷,成卷直径大于 2m。

(4)主缆表面防腐保护层。

4)主缆锚固的制作

主缆采用杯形锚锚固,制作前需要精确进行主缆下料。主缆在锚杯里需要进行弯折,然后呈环状散开布置,下料时需要考虑这一部分尺寸。在往锚杯内填充环氧进行固化时,必须使主缆设计长度末端与进入锚杯前断面重合,以保证主缆下料长度的精度,锚杯内主缆长度要求只要大于锚固长度的 4/5 即可。因操作空间限制,主缆制作分两次完成,每次完成一侧主缆锚固,主缆锚固施工工艺流程见图 2. 10。

制作完成的主缆应按以下规定进行质量检测与验收:主缆锚固制作前应进行锚固性能试验。锚固性能试验应单独进行,应采用同样的锚杯及环氧砂浆配方制作试件,并采用千斤顶或其他设备进行锚固承重能力试验,要求主缆达到破断拉力断裂后,而锚杯内钢丝不允许产生滑移或被拔出。

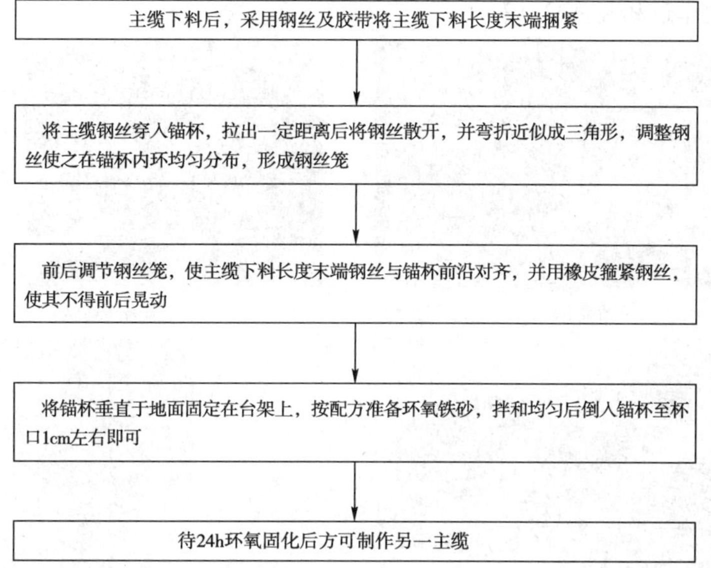


图 2.10 静动力模型主缆锚固制作工艺流程图

5）吊杆的制作

吊杆上端通过索夹连接主缆，下端连接加劲梁。上端锚头的锚固方式为在索夹上穿一直径为 6mm 孔，采用长 20mm、直径为 5mm 钢丝为轴，将吊杆端部钢丝绕成圈套进索夹的轴里，这样吊杆不但能承受很大拉力而且此处吊杆可以转动。与加劲梁的连接是采用机床在一根长 150mm、直径为 5mm 的钢棒一端穿一小孔，将吊杆钢丝穿过此孔并缠绕紧使其牢固。详细工艺流程见图 2.11。

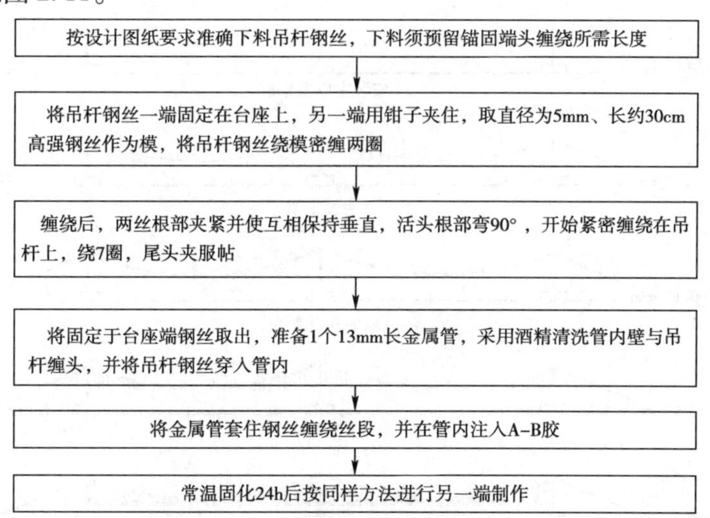


图 2.11 静动力模型吊杆制作工艺流程图

制作完成的主缆应按以下规定进行质量检测与验收：

（1）长度误差要求小于 1mm。

（2）制作完成后采用吊重测试吊杆锚固的承载能力，要求不小于吊杆破断拉力。

模型加工制作过程见图 2.12。

a)加劲梁节段

b)主梁配重防腐

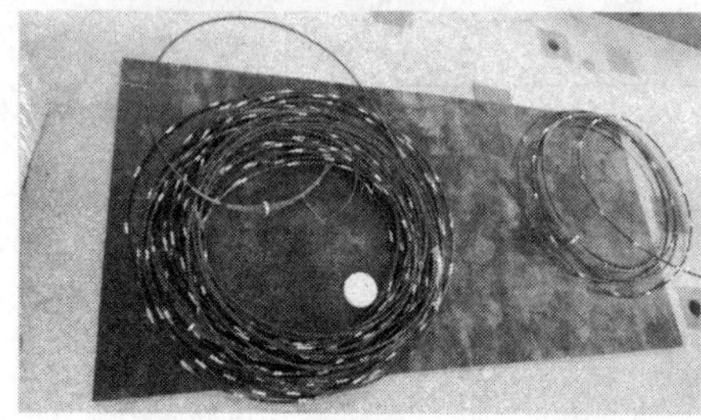
c)主缆

d)桥塔

图 2.12　模型加工制作过程

6)模型安装

模型安装顺序大致为先进行桥塔、锚碇施工,然后架设主缆索及加劲梁。三塔模型的安装过程如图 2.13 所示。

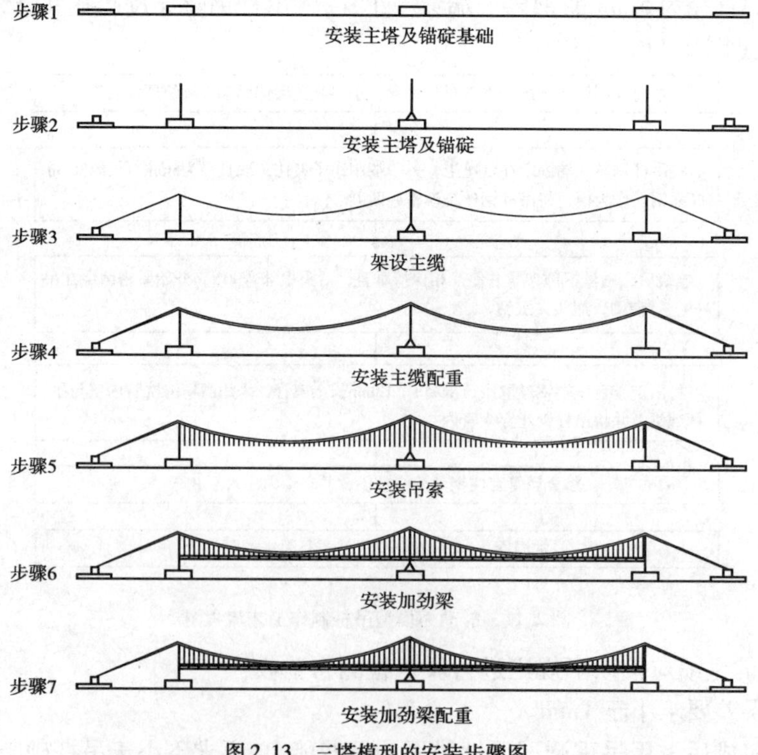


图 2.13　三塔模型的安装步骤图

安装过程中，尚需注意以下几方面：

（1）桥塔、锚碇的基座由钢板（20mm 厚）焊接而成，每个约有 1t 重。安装定位需分两步进行，先是进行初步定位，然后是精确定位。初步定位采用卷尺测量，定位后在安装位置做上标记，然后待基座运至试验室后采用吊车将其就位，然后进行精确定位。精确定位较为复杂，需采用全站仪测量，首先应确定两个锚定基座的位置，将两基座中心线调整到一条直线上，这条直线即为桥梁的轴线，然后将桥塔基座分别放置在轴线上，并确保相互之间的距离满足设计要求。精确定位一般需要经过反复多次调整，保证偏离轴线精度与平面度不大于 1mm，轴线方向误差小于 2mm，高程精度控制在 2mm 以下。

（2）桥塔与锚碇安装前，须先在塔身关键点贴上反射片。采用全站仪测试各关键点坐标并与理论值进行比较，必要时可采用垫片以保证塔顶垂直度。桥塔及锚碇与基座采用高强螺栓连接，其单栓预紧力不宜小于 120kN。桥塔和锚碇在纵桥向误差不得大于 10mm，桥塔安装垂直度宜控制在 2mm 以下，两桥塔中心距的相对安装精度为 1/3 000，高程精度控制在 2mm 以下。

（3）主缆架设前，应先将压力传感器安装就位。主缆锚固后，通过调整缆索长度，将主缆上标记好的相应位置依次就位于锚板、散索鞍、桥塔鞍座，随后将桥塔鞍座顶的主缆卡紧固定，并将塔顶鞍座调整塔顶中心点并固定。

（4）主缆配重须对称安装，即同时从两主跨跨中向两边行进，进度相差不得超过两个加劲梁梁段，且两根主缆亦须同步进行。同时，应尽量避免过大振动而导致模型损坏。配重安装完成后采用全站仪测量空缆线形，如不满足要求可通过锚固螺杆进行调节，要求误差小于 2mm。

三塔模型的安装过程见图 2. 14。

a)模型架设主缆

b)主缆施加配重

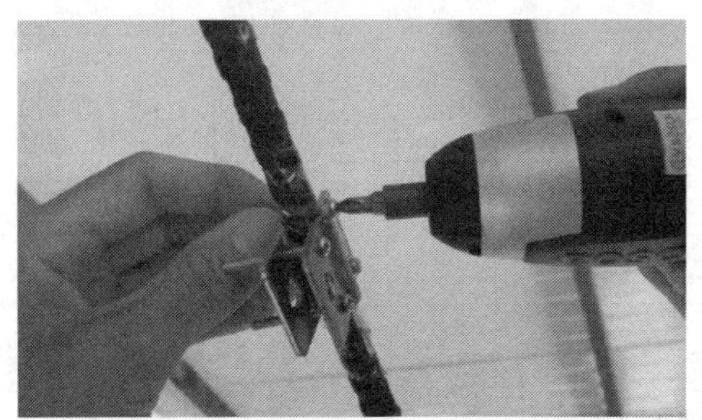

c)主缆索夹

d)主缆锚定

图 2. 14　三塔模型的安装过程

### 2.3.3 模型试验方案

1)试验工况

根据三塔连跨悬索桥的结构特点,考虑静力和动力两类试验工况。其中,静力试验包括成桥状态下和施工阶段,动力试验仅针对成桥状态。

成桥状态下的静力试验工况包括:①中间塔最不利工况,即单跨均布荷载满载、单跨空载;②12 种控制工况,用以测试控制截面最大位移及内力,如表 2.11 所示;③影响线工况,用以验证三塔连跨悬索桥在活载作用下的静力行为特性,影响线的变化规律是否与计算值相符,以及有限元程序中采用影响线来处理活载加载方法的合理性。在上述试验工况中,同时考虑加劲梁与桥塔及主缆的不同连接方式,设置了 4 类边界条件,详见表 2.12。

**三塔连跨悬索桥成桥状态下的试验工况** 表 2.11

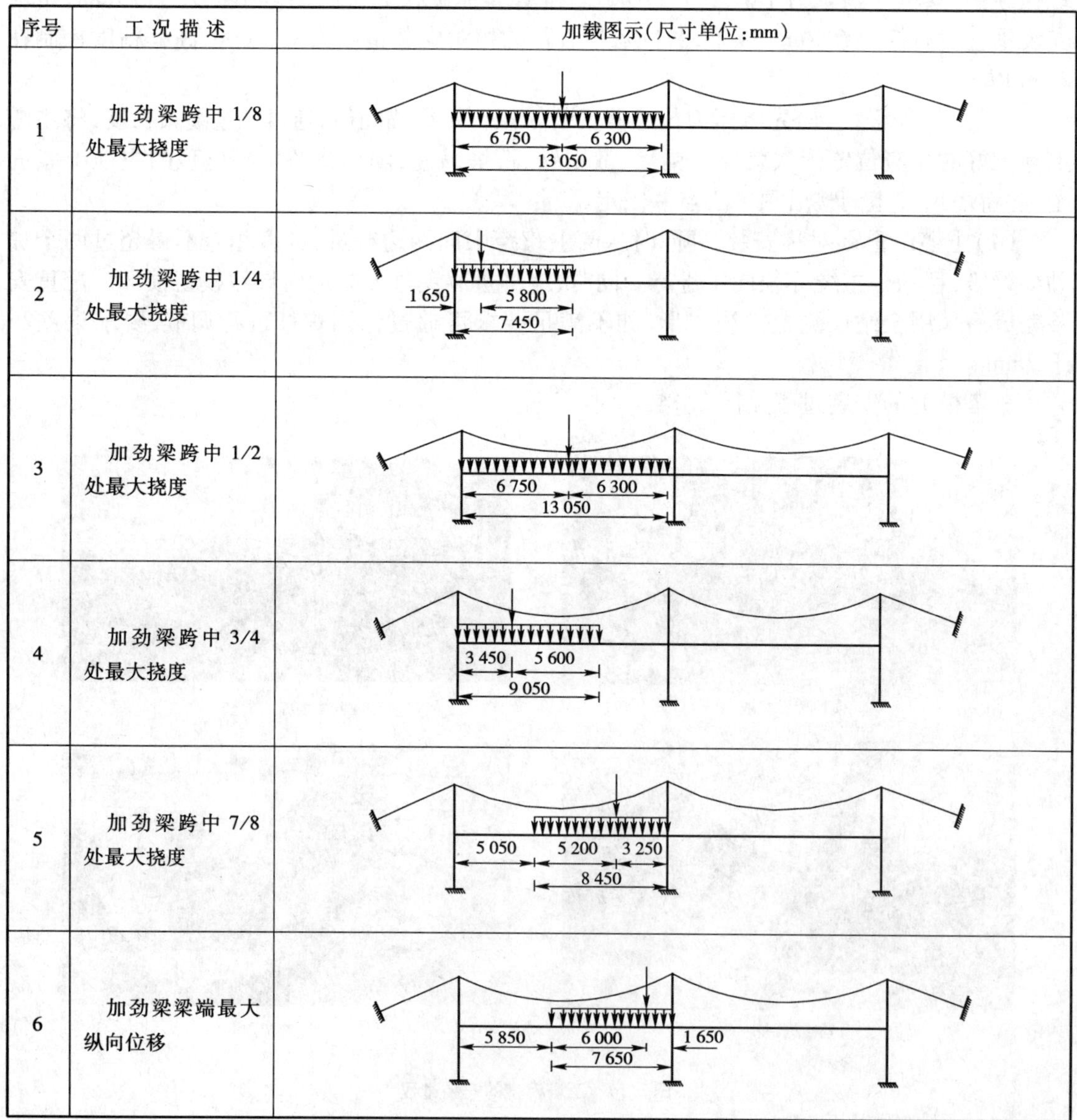


| 序号 | 工况描述 | 加载图示(尺寸单位:mm) |
|---|---|---|
| 1 | 加劲梁跨中 1/8 处最大挠度 | |
| 2 | 加劲梁跨中 1/4 处最大挠度 | |
| 3 | 加劲梁跨中 1/2 处最大挠度 | |
| 4 | 加劲梁跨中 3/4 处最大挠度 | |
| 5 | 加劲梁跨中 7/8 处最大挠度 | |
| 6 | 加劲梁梁端最大纵向位移 | |

续上表

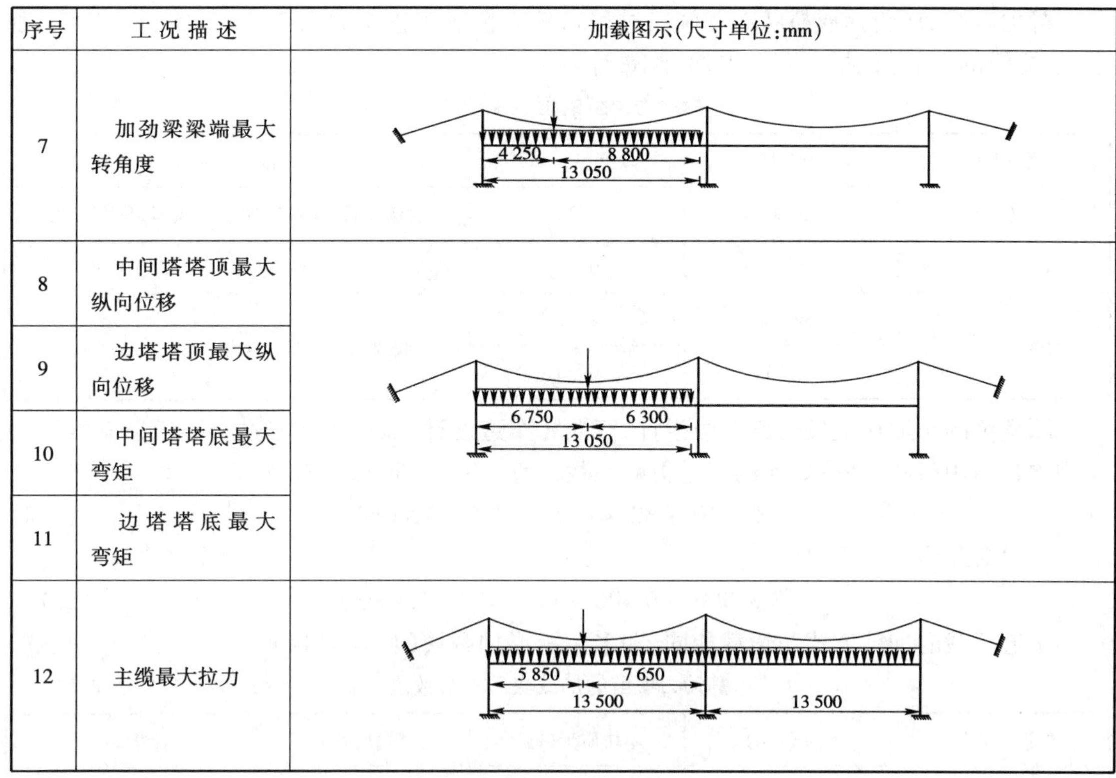

| 序号 | 工 况 描 述 | 加载图示(尺寸单位:mm) |
|---|---|---|
| 7 | 加劲梁梁端最大转角度 | 4 250　8 800　13 050 |
| 8 | 中间塔塔顶最大纵向位移 | 6 750　6 300　13 050 |
| 9 | 边塔塔顶最大纵向位移 | |
| 10 | 中间塔塔底最大弯矩 | |
| 11 | 边塔塔底最大弯矩 | |
| 12 | 主缆最大拉力 | 5 850　7 650　13 500　13 500 |

**静动力模型的结构体系边界条件**　　表 2.12

| 序　号 | 边界条件 | |
|---|---|---|
| | 弹　性　索 | 中　央　扣 |
| 1 | × | × |
| 2 | √ | × |
| 3 | × | √ |
| 4 | √ | √ |

施工阶段的试验工况包括:加劲梁吊装倒拆与正装,用以对结构设计计算分析程序以及原型桥上部结构施工过程的跟踪和结构进行验证。其中,倒拆试验的具体试验步骤如下:首先形成成桥设计状态,然后按照与施工过程完全相反的顺序分步拆除二期恒载和各箱梁节段,直至空缆状态为止,在这一试验过程中,主要观测各工况下结构的行为是否与设计计算结果相一致,测定倒拆后的空缆线形,以利于与设计空缆线形相比较。正装试验的步骤为:在倒拆试验完成后,形成设计的空缆线形,然后按照施工架设过程顺序吊装架设钢箱梁节段,直至形成成桥设计状态。正装试验的各工况应与倒拆试验工况完全相同,只是实施这些工况的顺序是完全相反。这样便于两个过程的相互对比分析,在这一过程中,应侧重观测研究结构施工行为的表征以及状态控制参数的改变,完成从空缆到成桥的主缆线形的测定,并与理论计算值进行比较。

成桥状态下的动力试验工况包括对模型桥的振型和频率等模态参数进行量测。

2)加载方法

静力试验时(包括成桥状态和施工过程),模型恒载配重按表2.2~表2.5计算确定,加劲梁、主缆的恒载(包括一期和二期)配重计算见表2.13。

静动力模型的恒载配重方案　表2.13

| 项目名称 | | 原型(kN/m) | 模型(kN/m) | 备　注 |
|---|---|---|---|---|
| 主缆(主跨) | | 25.80 | 0.32 | 含缆索系统附属工程设备重量,见图2.15 |
| 主缆(边跨) | | 26.40 | 0.33 | 含索夹重量,见图2.15 |
| 加劲梁 | 一期 | 156.21 | 1.91 | 模型自身重量为0.04kN/m,见图2.16 |
| | 二期 | 48.20 | 0.60 | |

原型桥的车道荷载按公路一级设计,双向8车道设计,通过相似变换将车道荷载换算为模型均布作用荷载,并按0.5的车道折减系数计算(不计车道纵向折减):

$$8 \times 10 \div 80 \times 0.5 = 0.50(\text{kN/m}) \tag{2.13}$$

集中荷载为:

$$8 \times 360 \div 6\,400 \times 0.5 = 0.225(\text{kN}) \tag{2.14}$$

车道荷载的加载方式与恒载相同,即采用矩形加载块(见表2.14)。

静动力模型的加载块尺寸及数量　表2.14

| 配重块类型 | 尺寸(mm) | 单块质量(kg) | 数量(块) | 合计(t) |
|---|---|---|---|---|
| 加劲梁恒载配重 | 40×320×125 | 12.5 | 560 | 7.0 |
| 加劲梁活载配重 | 40×340×100 | 10.5 | 136 | 1.428 |
| 主缆恒载配重 | $\phi$160×40 | 1.562 5 | 1 100 | 1.72 |

静力试验之前,为消除主缆、吊杆及桥塔等的非弹性形变,应将主缆及加劲梁配重施加于模型上进行预压,每次预压时间不小于24h。在预压过程中,应对主缆、加劲梁各控制点的竖向位移以及桥塔塔顶的纵向水平位移进行观测。若相邻两次预压试验实施后,测试结果基本相同(其相对误差在3%以内),即认为模型结构非弹性形变已经消除,然后才能进行正式试验。一般预压试验不宜少于3次。

图2.15　静动力模型主缆的恒载加载

图2.16　静动力模型加劲梁的恒载、车道荷载加载

分级加载时应从两方面考虑因素确定荷载大小,一是从全桥整体受力考虑,分级加载要

能代表活载水平,二是荷载也不能太大以防止加载处加劲梁弯矩过大使加劲梁发生局部损坏。分级加载位置可任意选取具有代表性的加载点。

动力试验中,由于三塔连跨悬索桥的中间塔约束少、刚度小,以及室内缺乏环境激励,且难以找到匹配的力锤或激振器,本次采用人工激励的方法测试桥梁的模态参数。具体的操作步骤是:首先选择一个激励点,安排一人在激励点通过手臂力量在桥面施加力,使加劲梁产生竖向晃动,幅度逐渐变大,待到加劲梁的晃动接近共振时,突然撤出激励并采集数据,直至加劲梁趋于静止。如此重复,采集足够分析之用的数据后停止试验。试验过程中,应对中间塔控制截面应变进行监测,当达到屈服应变的60%时应无条件停止激励。

### 2.3.4 模型量测方案

1)测点布设

静力性能试验中主要测试了各种工况下加劲梁挠度、梁端位移、桥塔水平位移、锚碇变形,以及主缆和加劲梁线形。同时,对桥塔内力、主缆拉力、加劲梁应力和内力进行量测。测试项目及所采用量测方法详见表2.15。

静动力模型试验的测试项目及方法　　表2.15

| 序号 | 测试项目 | 测试方法 |
|---|---|---|
| 1 | 桥塔塔顶位移 | 拉线位移传感器 |
| 2 | 主缆位移和加劲梁的竖向位移 | 拉线位移传感器与全站仪 |
| 3 | 主缆索力 | 应变式压力传感器 |
| 4 | 桥塔塔身应力 | 电阻式应变片 |
| 5 | 加劲梁应力 | 电阻式应变片 |
| 6 | 吊杆索力 | 压力传感器 |

加劲梁测点主要包括竖向挠度测点及纵向位移测点,布置于加劲梁吊杆锚箱底部,与吊杆拉力测点对应。竖向挠度测点分别以跨中为中心,向两侧每隔3个吊杆布置一个测点,如图2.17所示。

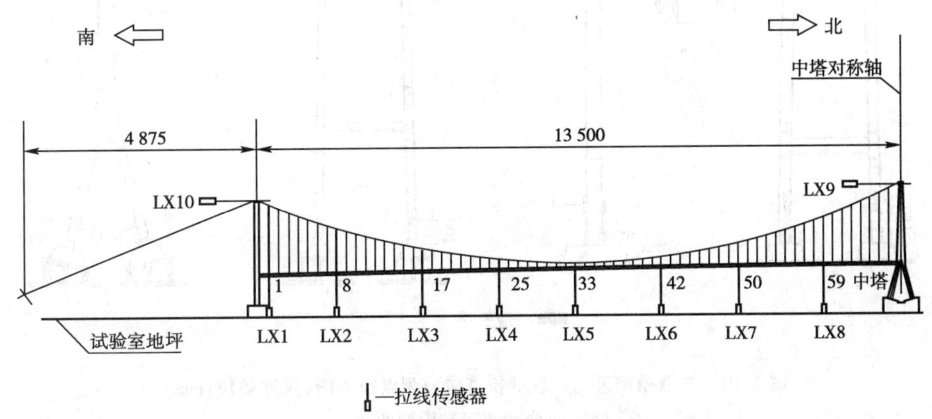


图2.17　三塔模型静力试验的加劲梁挠度和桥塔水平位移测点布置图(尺寸单位:mm)

主缆上布置反光片，桥轴中线两侧主缆横向对称布置，以中间塔为中线桥跨两侧主缆对称布置。采用全站仪进行测试，主缆测点布置如图 2.18 所示。

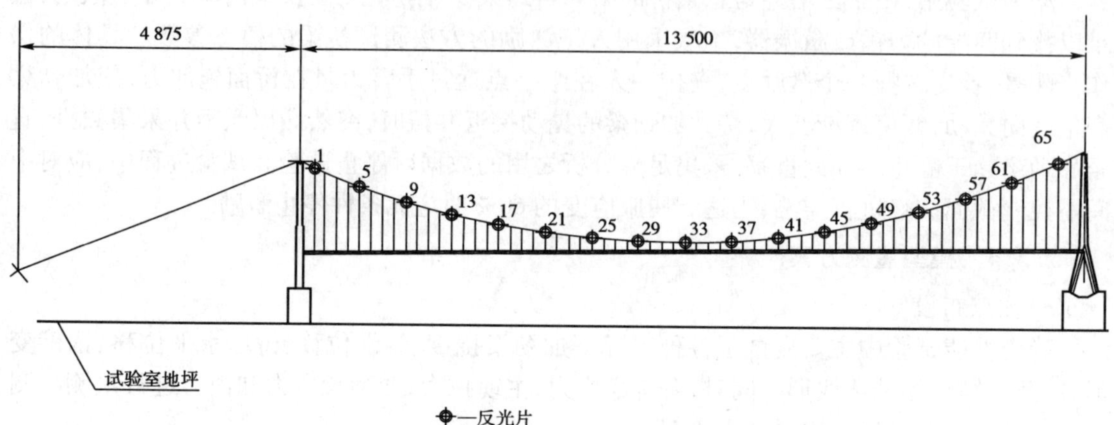


图 2.18　三塔模型静力试验的主缆测点布置(尺寸单位:mm)

吊杆内力测试测点布置以跨中为中心纵桥向分别向两侧每隔 3 个吊杆布置一个测试断面，每一个断面对称布置两个测点，总共 134 个测点。

桥塔位移测点布置为桥塔塔顶两个鞍座中心线处分别布置一个拉线位移传感器。桥塔应变测点:边塔设置一个测试断面，每一测试断面布置 4 个应变测点，每一根塔柱布置 2 个电阻式应变片；中间塔沿高度设置 2 个应变测试断面，“人”字形塔分叉点以下的塔肢底部和塔肢上端分别布置一个测试断面，每一测试断面布置 8 个应变测点，每一塔肢内外侧布置一个电阻式应变片，详细布置见图 2.19。

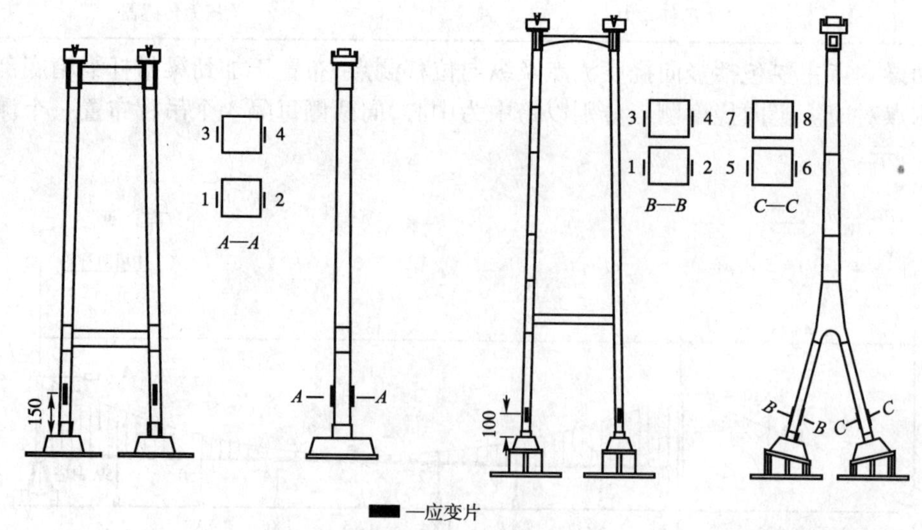


图 2.19　三塔模型静力试验的桥塔应力测点布置图(尺寸单位:mm)

注:应变片布置在模型两侧

散索鞍的撑杆和立柱分别布置纵桥向与横桥向位移传感器。锚碇锚固面板斜面上，在主缆孔侧偏离 50mm 处各布置 1 个位移传感器。

动力性能试验中主要测试加劲梁在振动过程中的动挠度，测点沿纵桥向均匀、对称布置，如图 2.20 所示。

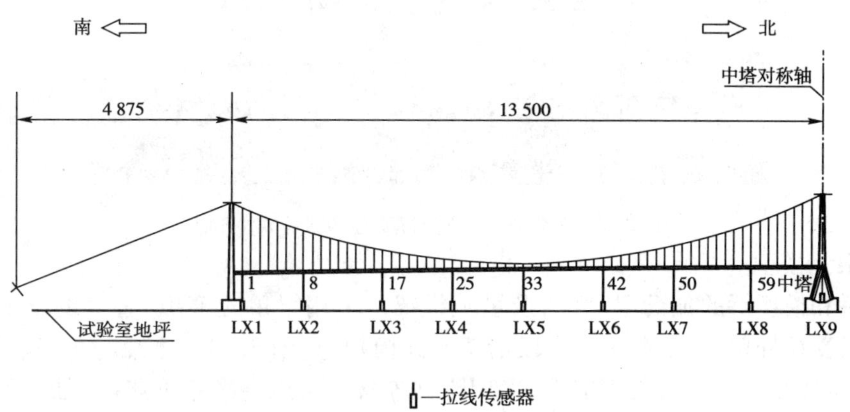


图 2.20　模态试验传感器测点布置图（尺寸单位：mm）

注：拉线传感器布置在模型两侧

2）采集仪器

静力测试主要采用了“共和 UCAM－60B”数据测试系统完成，动力测试采用的是“东华 DH5922”动态信号测试分析系统，如图 2.21 所示。动力测试的基本原理如图 2.22 所示。

a）“东华DH5922”动态信号采集仪

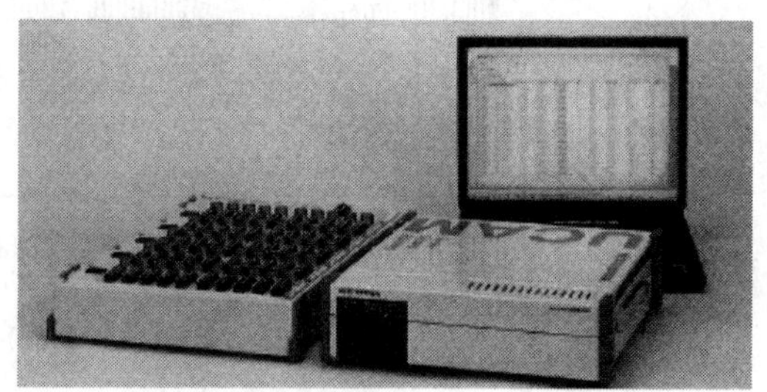

b）“共和UCAM-60B”静态数据采集仪

图 2.21　数据采集仪

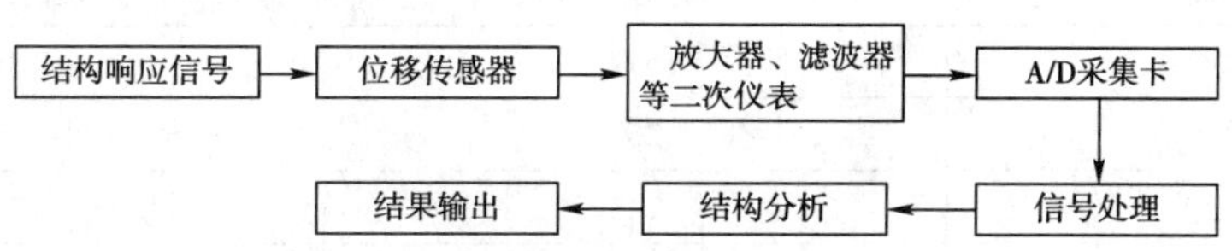


图 2.22　振动测试系统框图（尺寸单位：mm）

### 2.3.5　数值分析

采用交通运输部公路科学研究院研发的“悬索桥非线性分析系统（SBNA）”对原型桥和

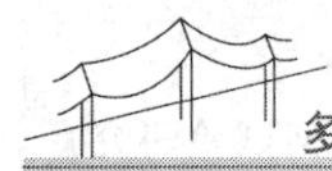


模型试验桥进行三维有限元计算分析,软件界面如图2.23所示。

图2.23 悬索桥非线性分析系统(SBNA)软件界面

1)有限元模型

原型桥和模型桥的加劲梁、索塔及塔上横梁均采用梁单元模拟(普通的 Bernoulli 梁),吊杆采用只受拉杆单元,主缆采用多段桁架单元模拟,见图2.24。主缆与桥塔、吊杆与加劲梁、吊杆与主缆在连接处用共用节点,采用刚性连接。考虑主缆垂度影响,加劲梁和塔上的拉索锚端重量用等重的节点荷载作用在加劲梁上。加劲梁单元按照加劲梁施工阶段、横梁位置、主缆吊杆在梁上锚固点等划分;主缆与桥塔顶端采用的是刚臂连接,保证位移的移动;主缆两端与地面的连接采用的是固结模拟悬索桥的锚碇;桥墩在地面的入土处假设为固结,中间塔底部与加劲梁连接处采用弹性索连接,有限元模拟采用杆系单元来模拟。三塔连跨悬索桥原型与试验模型的有限元模型信息见表2.16。

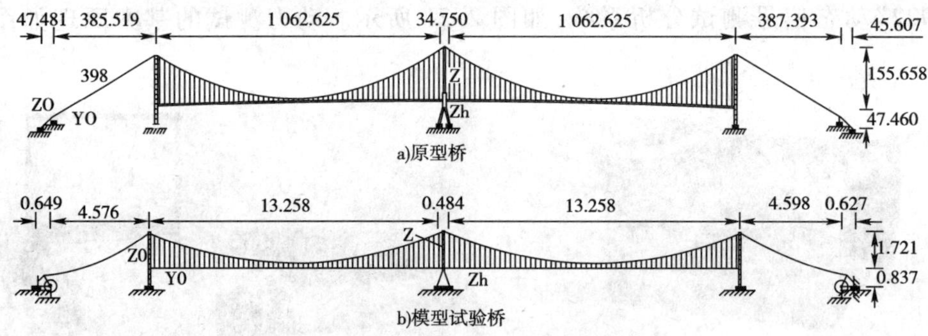


图2.24 三塔连跨悬索桥的有限元模型结构离散图(单位:m)

三塔连跨悬索桥的有限元模型信息　　表2.16

| 截　面 | 原 型 桥 | 模型试验桥 |
|---|---|---|
| 单元总数 | 677 | 599 |
| 加劲梁单元数 | 269 | 186 |
| 桥塔单元数 | 128 | 71 |
| 吊杆单元 | 272 | 290 |
| 支承单元 | 8 | 12 |

多塔连跨悬索桥在施工阶段和运营阶段表现的结构行为不同,在施工过程中主缆与加劲梁的几何形状变化很大,结构表现出明显的非线性,而运营阶段非线性特点则不显著。因

此，有限元软件在进行施工阶段分析时采用了大位移几何非线性方法进行计算，而在活载计算时为了简化与方便，在初始平衡状态下构件的内力转换为几何刚度后采用了线性化分析的方法。

2）计算结果比较分析

静力分析包括两种典型工况，一是单跨满载，二是全跨满载，重点考察加劲梁挠度及中间塔塔顶水平位移，计算结果如图2.25及表2.17所示。

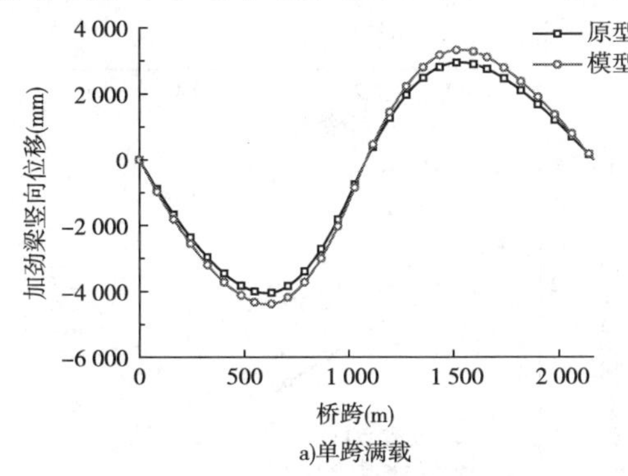

a)单跨满载

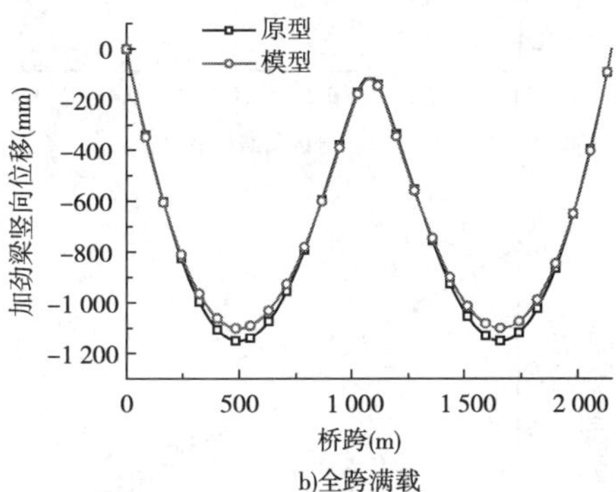

b)全跨满载

图2.25　原型桥与模型桥的加劲梁竖向挠度

**单跨满载时原型与模型中间塔水平位移**　表2.17

| 工　况 | 中间塔塔顶位移（mm） | | 误差（%） |
|---|---|---|---|
| | 原型桥 | 模型桥（相似换算值） | |
| 单跨满载 | 1 729.2 | 22.3（1 784） | 3 |

根据相似理论，模型与原型振动频率相似常数理论值为 $C_{\omega}=0.11$，两种模型的计算结果取前5阶模态进行比较，见表2.18。比较分析表明，试验模型能反映原型桥静动力特性，满足相似性要求，所采用的设计方法、材料的选择等恰当。

**原型桥与模型试验桥模态参数计算结果**　表2.18

| 模态编号 | 振动频率（Hz） | | 相似常数 | 误差（%） |
|---|---|---|---|---|
| | 原桥 | 模型 | | |
| 1 | 0.049 9 | 0.410 1 | 0.12 | 11 |
| 2 | 0.078 1 | 0.608 8 | 0.13 | 17 |
| 3 | 0.088 2 | 0.676 2 | 0.13 | 19 |
| 4 | 0.123 7 | 1.023 0 | 0.12 | 10 |
| 5 | 0.126 1 | 1.040 2 | 0.12 | 10 |
| 振型 | 各阶一致 | | | |

### 2.3.6　成桥状态下静力试验过程及结果分析

1）活载模拟试验结果分析

通过分级加载验证模型在荷载作用下结构响应的非线性程度。在南跨34号吊杆处加劲梁上进行加载，加载步骤分为9步进行，荷载大小依次为0.0kN、0.1kN、0.20kN、0.25kN、0.3kN、0.35kN、0.40kN、0.45kN、0.50kN。通过在加劲梁布置测点测试加劲梁竖向挠度，以此得到位移—荷载曲线。图2.26表示加劲梁各测试断面竖向挠度与荷载的关系曲线。

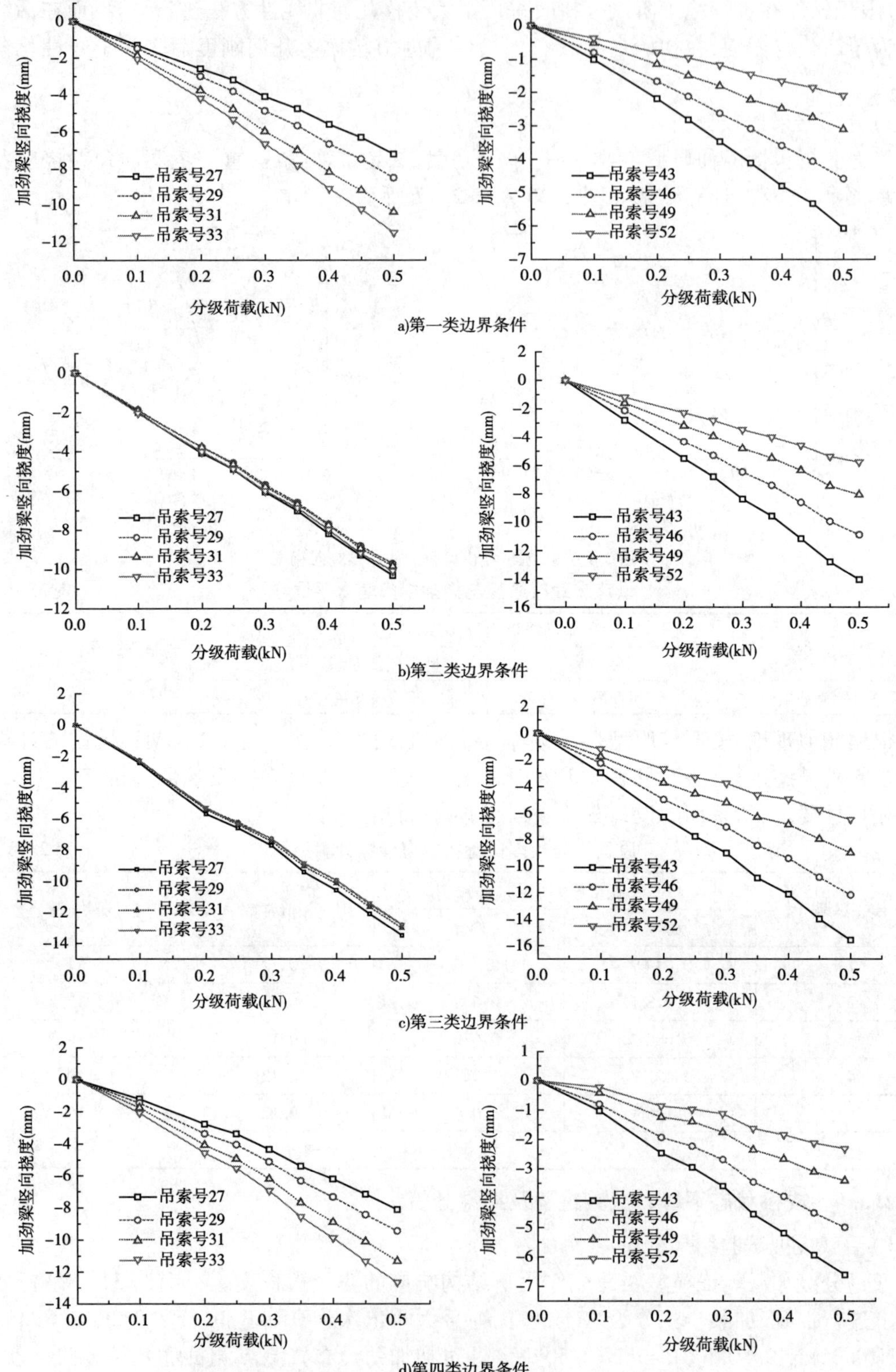


图 2.26　不同边界条件下的加劲梁控制截面位移—荷载曲线

上述结果表明，在活载作用下三塔悬索桥的响应基本呈线性，仅有在加劲梁与主缆采用中央扣连接时，在临近桥塔的加劲梁控制断面线性程度较差。

2）影响线试验结果分析

根据上述试验的结论，可以采用影响线加载的方法进行截面控制内力的计算，且可以通过加载影响线来测试控制截面内力及位移。为了验证在各种工况下影响线的变化趋势的计算值与测试值的符合程度，采用沿加劲梁不同位置加载的方法测试控制截面响应，据此绘制影响线，并与计算值进行比较。模拟荷载重为 0.225kN，其形式如图 2.27 ~ 图 2.38 所示。

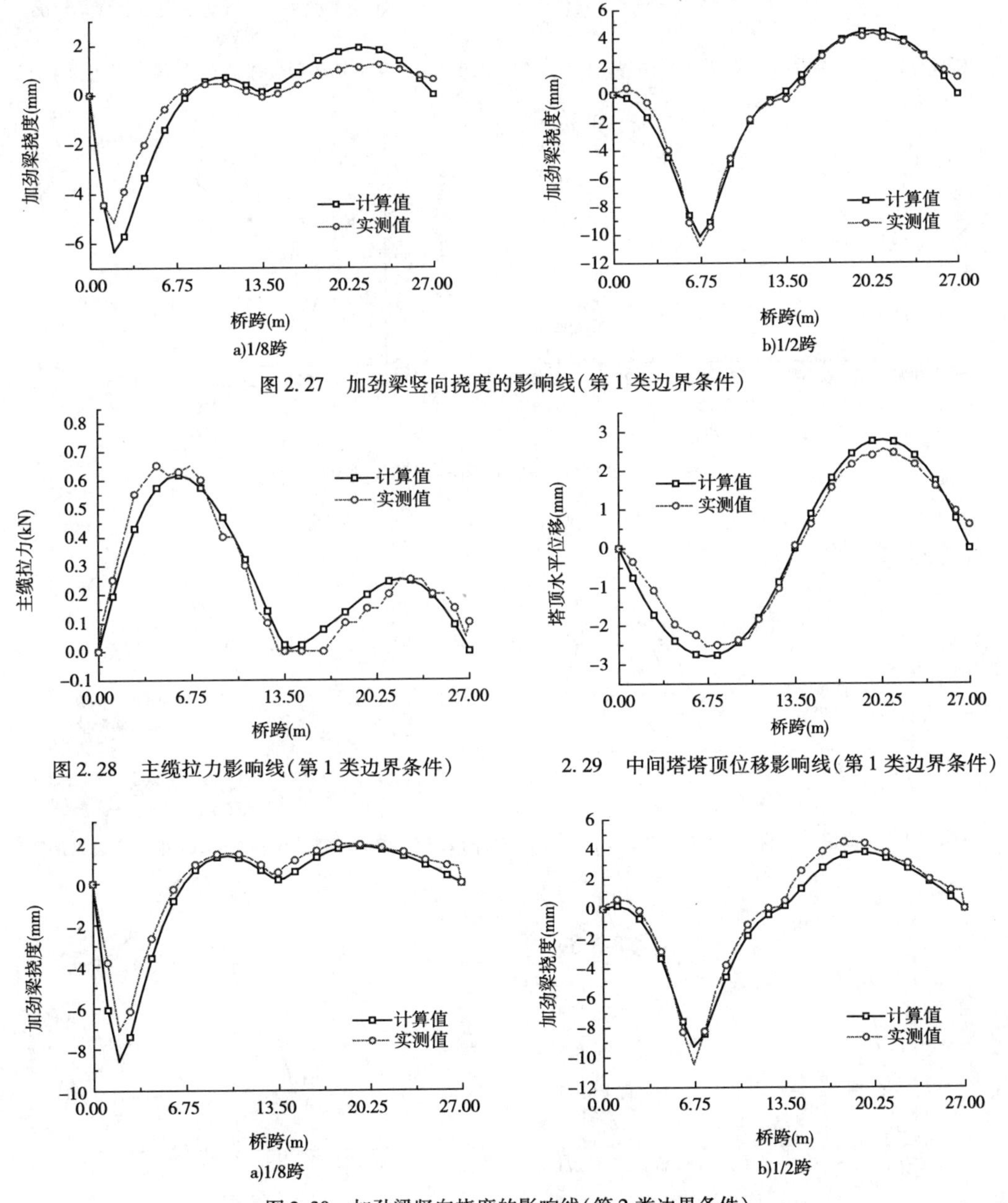


图 2.27 加劲梁竖向挠度的影响线（第 1 类边界条件）

图 2.28 主缆拉力影响线（第 1 类边界条件）

2.29 中间塔塔顶位移影响线（第 1 类边界条件）

图 2.30 加劲梁竖向挠度的影响线（第 2 类边界条件）

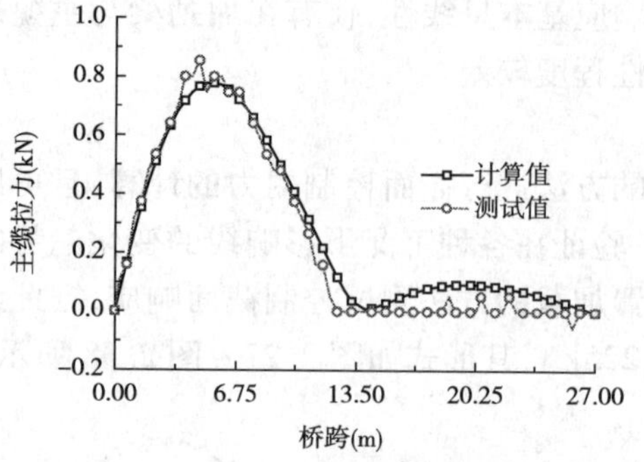

图 2.31　主缆拉力影响线(第 2 类边界条件)

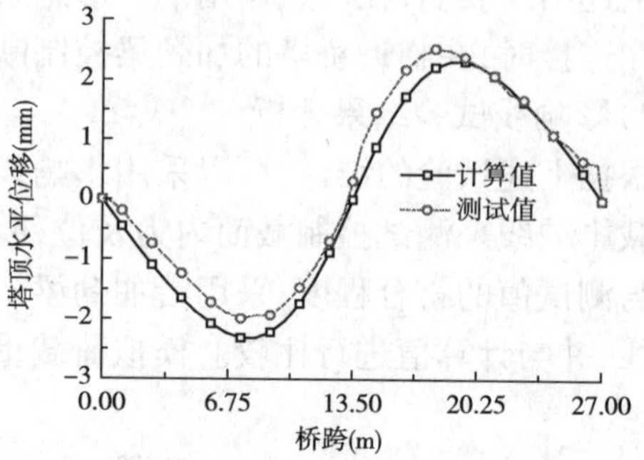

图 2.32　中间塔塔顶位移影响线(第 2 类边界条件)

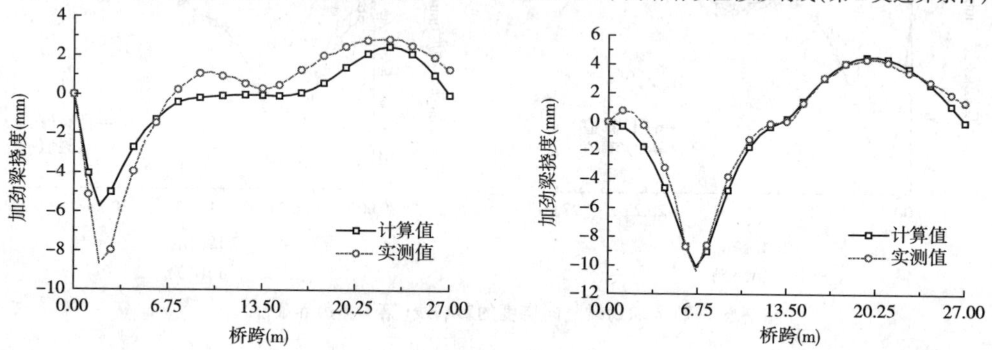

a)1/8跨

b)1/2跨

图 2.33　加劲梁竖向挠度的影响线(第 3 类边界条件)

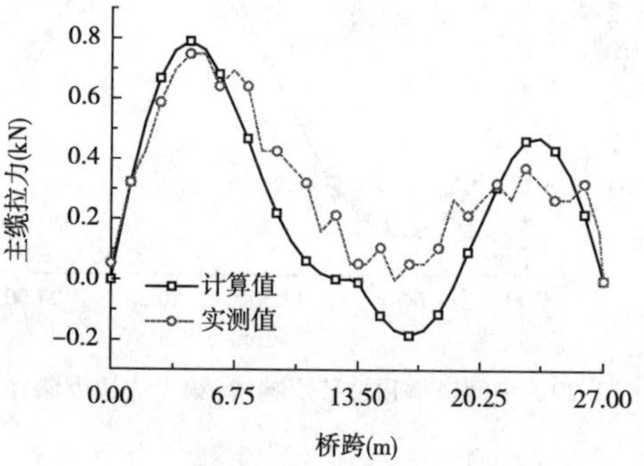

图 2.34　主缆拉力影响线(第 3 类边界条件)

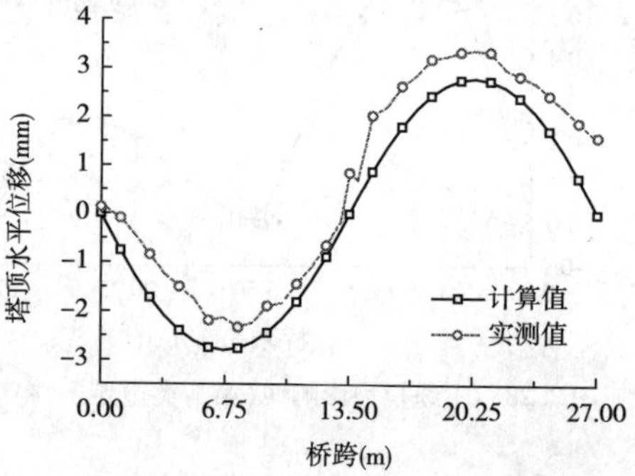

图 2.35　中间塔塔顶位移影响线(第 3 类边界条件)

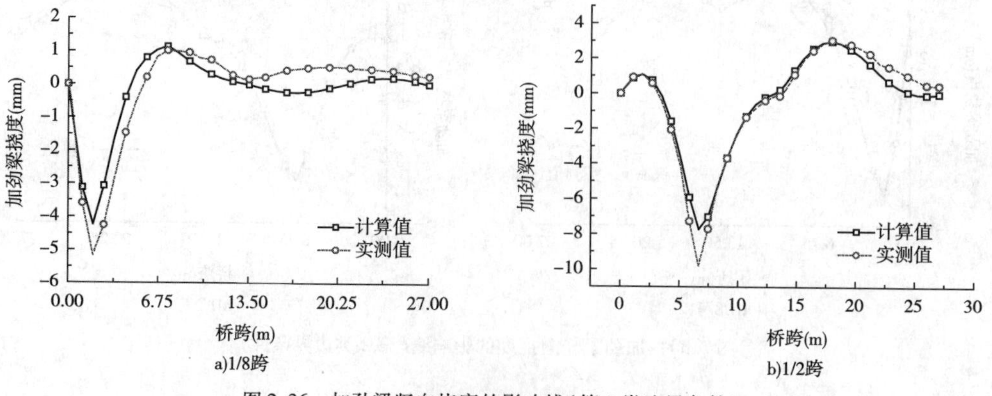

a)1/8跨

b)1/2跨

图 2.36　加劲梁竖向挠度的影响线(第 4 类边界条件)

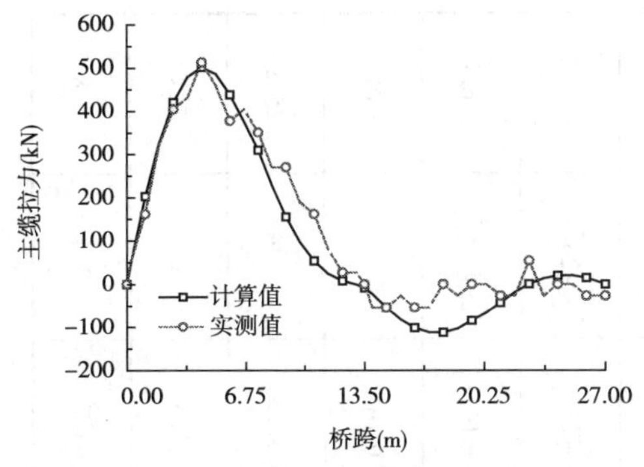


图 2.37 主缆拉力影响线(第 4 类边界条件)

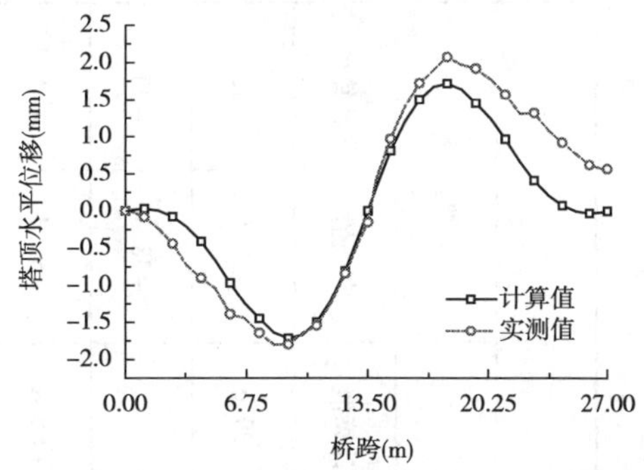


图 2.38 中间塔塔顶位移影响线(第 4 类边界条件)

上述结果表明,对于三塔连跨悬索桥加劲梁的影响线测试结果与计算结果符合程度都很好,尽管三塔悬索桥较之两塔悬索桥更柔,但是在进行活载效应计算或试验加载时仍可以采用影响线法获得控制截面活载的最不利作用位置。

3)截面内力与位移测试结果及分析

表 2.19 列出了不同边界条件下三塔模型试验的加劲梁、桥塔、主缆各控制截面位移内力测试结果计算值与实测值。图 2.39 给出了在不同边界条件下、综合工况 1 ~ 5 的加劲梁挠度计算值与测试值包络图(图中加劲梁只给出了一跨加劲梁的竖向变形,另一跨相对于中间塔对称)。比较结果表明,在弹性索与中央扣组合的情况下测试与计算的差异平均在 20% 左右,其他 3 种边界条件下的测试值与计算值的符合程度都很好,差别在 10% 以内。表 2.20 给出了单跨(南侧)满载时,中塔与边塔应变测试值与计算值,从表中可以看出应变测试值与计算值吻合程度较好。

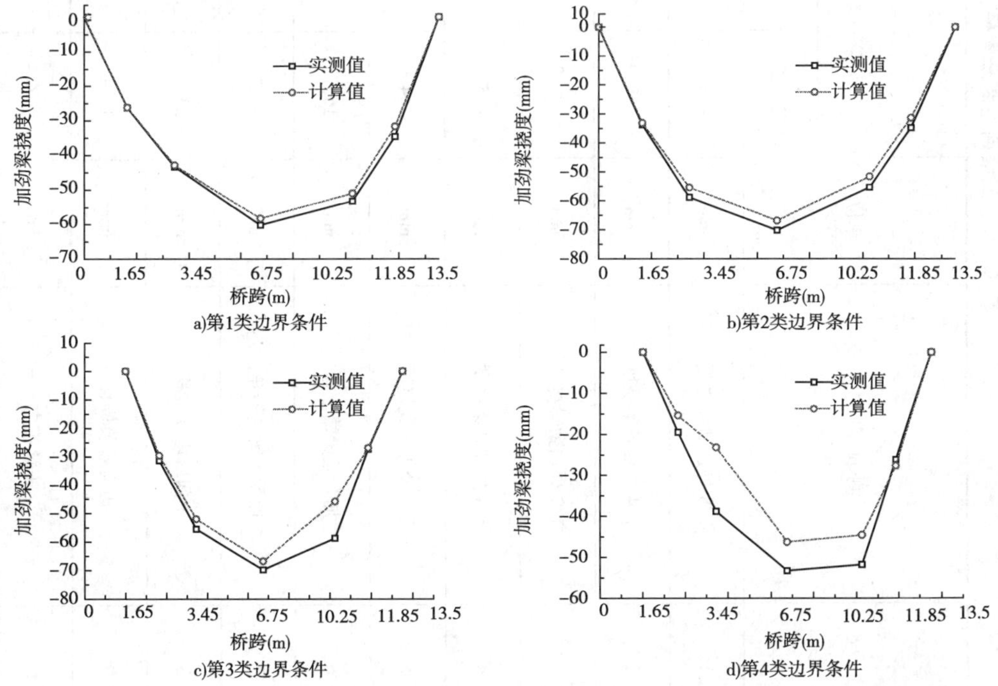


图 2.39 加劲梁竖向挠度包络图

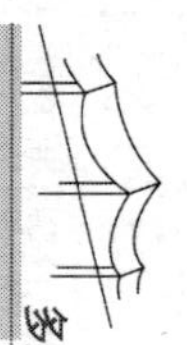



**三塔两主跨悬索桥在不同边界条件下控制截面挠度**　　表 2.19

| 工况 | 测试内容 | 单位 | 边界条件 | | | | | | | |
|---|---|---|---|---|---|---|---|---|---|---|
| | | | 第一类 | | 第二类 | | 第三类 | | 第四类 | |
| | | | 实测值 | 计算值 | 实测值 | 计算值 | 实测值 | 计算值 | 实测值 | 计算值 |
| 1 | 1/8 处加劲梁挠度 | mm | -33.8 | -33.2 | -26.3 | -26.2 | -31.4 | -29.6 | -19.5 | -15.4 |
| 2 | 1/4 处加劲梁挠度 | mm | -58.9 | -55.4 | -43.3 | -42.9 | -55.5 | -52 | -38.8 | -23.2 |
| 3 | 1/2 处加劲梁挠度 | mm | -70.2 | -66.9 | -60.2 | -58.3 | -69.8 | -66.8 | -53.3 | -46.3 |
| 4 | 3/4 处加劲梁挠度 | mm | -55.4 | -51.6 | -53.3 | -51 | -58.7 | -45.8 | -51.8 | -44.6 |
| 5 | 7/8 处加劲梁挠度 | mm | -34.8 | -31.4 | -34.6 | -31.7 | -27.4 | -26.9 | -26.2 | -27.7 |
| 6 | 加劲梁梁端位移 | mm | 16.7 | 15.6 | -5.2 | -1.6 | -16.1 | -14.7 | -7 | -6.1 |
| 7 | 加劲梁梁端转角 | rad | 0.02 | 0.019 | 0.013 | 0.012 | 0.018 | 0.018 | 0.017 | 0.018 |
| 8 | 中间塔塔顶位移 | mm | 33.7 | 32.5 | -25.8 | 25.8 | 33 | 32.5 | 21.4 | 25.8 |
| 9 | 边塔塔顶位移 | mm | 1.94 | 1.73 | 2.07 | 1.9 | 1.7 | 1.6 | 2.3 | 2.4 |
| 12 | 主缆拉力 | kN | 3.4 | 3.8 | 3.42 | 3.89 | 3.1 | 3.7 | 3.4 | 3.8 |

表 2.20

**单跨加载时不同边界条件的桥塔控制截面应变**(单位：$\times 10^{-6}$)

| 工况 | 测点 | 边界条件 | | | | | | | |
|---|---|---|---|---|---|---|---|---|---|
| | | 第一类 | | 第二类 | | 第三类 | | 第四类 | |
| | | 实测值 | 计算值 | 实测值 | 计算值 | 实测值 | 计算值 | 实测值 | 计算值 |
| 南塔塔底应变 | 1 | 42 | 31 | 54 | 40 | 37 | 19 | 62 | 61 |
| | 2 | 34 | 31 | 45 | 40 | 39 | 19 | 50 | 61 |
| | 3 | -82 | -56 | -103 | -68 | -80 | -26 | -108 | -126 |
| | 4 | -71 | -56 | -85 | -68 | -68 | -26 | -88 | -126 |
| 中间塔塔底应变 | 1 | 552 | 635 | 321 | 425 | 492 | 636 | 249 | 202 |
| | 2 | -1 341 | -1 107 | -998 | -876 | -1 282 | -1 107 | -820 | -1 067 |
| | 3 | — | 1 073 | — | 848 | -786 | -664 | — | 1 007 |
| | 4 | -627 | -664 | -406 | -454 | 434 | 1 074 | -273 | -258 |
| | 5 | -813 | -1 742 | -587 | -1 371 | — | 1 271 | -483 | -1 636 |
| | 6 | 483 | 1 271 | 308 | 919 | -690 | -1 743 | 283 | 769 |
| | 7 | -745 | -1 300 | — | -950 | -805 | -1 300 | -395 | -1 067 |
| | 8 | 1 343 | 1 709 | 1 170 | 1 340 | 1 234 | 1 710 | 825 | 202 |

图2.40给出了4种边界条件作用下加劲梁挠度测试值曲线，从图中可以看出仅设置中央扣时，加劲梁挠度和不设弹性索时加劲梁各控制截面挠度值接近。设置弹性索后加劲梁跨中最大挠度比不设或只设置中央扣时减小约15%。同时设置弹性索与中央扣时加劲梁跨中最大挠度与不设或只设弹性索相比要减小达25%。

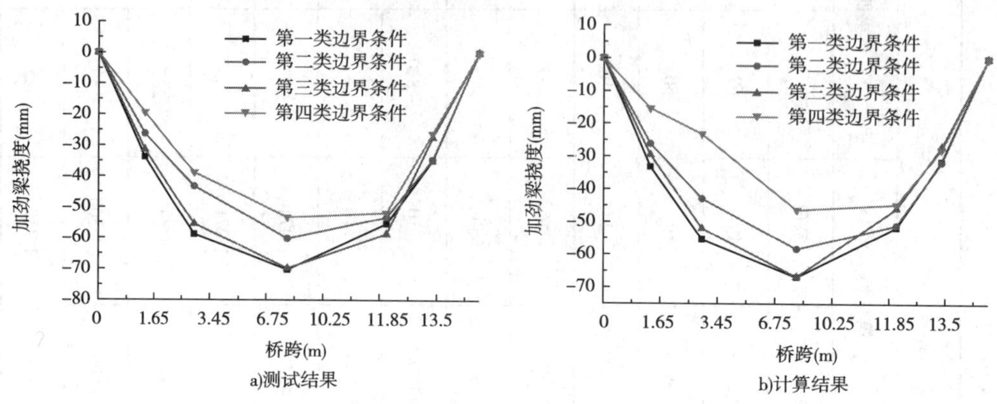


图2.40 不同边界条件下加劲梁的竖向挠度包络图

综合上述试验结果与分析，当加劲梁与中间塔之间设置弹性索时，产生的影响主要包括以下几方面：①加劲梁挠度明显减小，1/4跨截面处减小最显著，达到26%，跨中截面约减小14%，挠度减小的规律沿加劲梁方向不一致，接近中间塔处的控制截面很小，挠度几乎没有减小，靠近边塔该值也变小，其变化规律为由跨中附近向中间塔与边塔方向挠度减小量逐渐减小；②弹性索对加劲梁梁端转角具有显著的影响，设置弹性索后梁端转角减小35%；③设置弹性索对加劲梁纵向位移的影响非常大，两种情况相比无弹性索时加劲梁梁端位移增大68%，可见弹性索对于限制加劲梁纵向位移具有非常明显的效果；④可有效减小中桥塔顶的活载纵向位移，特别对于中间塔，与无弹性索相比，中间塔塔顶纵向位移减小23%，加劲梁与中桥塔间纵向设弹性索约束后中间塔纵向位移减小17%，弹性索对于边塔的影响稍小，边塔纵向位移有无弹性索时相差约6%；⑤对主缆的拉力几乎没有影响。

当加劲梁与主缆之间设置中央扣时，产生的影响主要包括以下几方面：①对结构的位移响应影响较小，加劲梁各控制截面设置中央扣后挠度大约减小0.5%～7%，其中跨中为0.5%，几乎没有变化；②挠度沿加劲梁的变化规律是由跨中向中间塔和边塔方向该增量逐渐增加，这正好与设置弹性索时的情况相反；③中央扣的设置对桥塔和主缆的影响很微小。

当同时设置弹性索和中央扣时，对结构性能的影响并非上述的简单叠加，具体为：①较之于无弹性索和无中央扣的情况，加劲梁挠度显著减小，加劲梁1/8处加劲梁挠度减小约42%，跨中处减小24%，比弹性索单独作用时加劲梁挠度减小比例还多10%；②加劲梁梁端位移减小约58%；③设置弹性索与中央扣组合时对加劲梁梁端转角几乎没有影响；④桥塔纵向位移也显著减小，与不设相比中间塔纵向位移减小约36%，与只设弹性索相比，中间塔纵向位移减小17%，边塔纵向位移实测值反而增大18%；⑤主缆拉力受影响很小。

### 2.3.7 施工阶段试验过程及结果分析

1）正装试验

加劲梁正装试验模拟了实际施工过程中的施工工序，即在设计空缆状态的基础上，按照施工架设顺序吊装钢箱梁及其相应的配重，直至成桥状态。正装试验过程中测试的项目有加劲梁下缘开口量、主缆几何形态变化、加劲梁挠度、桥塔应变等三塔悬索桥在施工过程中表征结构行为的控制参数。正装施工工序见图 2.41。

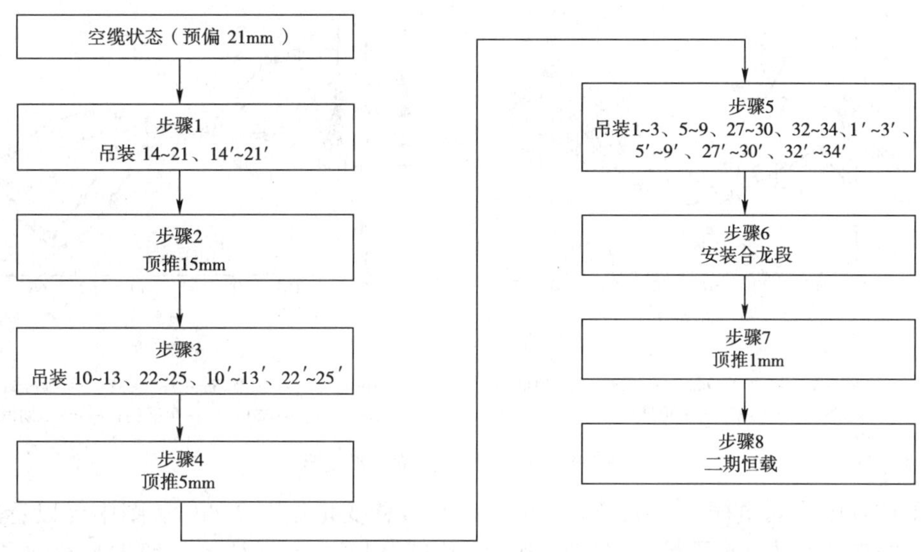


图 2.41 正装施工步骤图

试验过程中，选择 9 个特定状态进行数据量测，各状态下的基本信息如表 2.21 所示。

**正装试验过程施工特定观察状态** 表 2.21

| 施工阶段 | 工况名称 | 描 述 |
|---|---|---|
| 1 | 空缆状态 | 空缆状态 |
| 2 | CS4 | 吊装 14~17、18~21 和 14′~17′、18′~21′节段 |
| 3 | 顶推 1 | 两边跨向中间塔方向顶推鞍座 15mm |
| 4 | CS8 | 吊装 10~13、22~25 和 10′~13′、22′~25′节段 |
| 5 | 顶推 2 | 两边跨向中间塔方向顶推鞍座 5mm |
| 6 | CS12 | 吊装 6~9、26~29 和 6′~9′、26′~29′节段 |
| 7 | CS15 | 吊装 1~5、30~34 和 1′~5′、30′~34′节段 |
| 8 | 顶推 3 | 两边跨向中间塔方向顶推鞍座 1mm |
| 9 | 二期恒载 | 加载二期恒载 |

以下分别给出主缆、加劲梁、桥塔等三类构件的测试结果，并结合数值计算结果对其进行比较分析。

(1) 主缆位移

图 2.42 给出了施工过程中主缆竖向和水平方向的变形规律。从图中可以看出，主缆在第 2 施工阶段后主缆大部分节点发生较大的竖向挠度，之后则逐渐减小，到第 6 施工阶段主缆竖向挠度变化趋于平缓。在主跨大约四分点和跨中位置主缆发生的竖向挠度最大，八分

点位置和边、中间塔方向缓慢减小，主缆在四分点最大位移为 61.6mm，$z$ 在跨中处为 −135.6mm。而主缆水平位移的绝对值则在大约四分点处最大，靠近跨中与边、中间塔变小，最大值为 38mm。

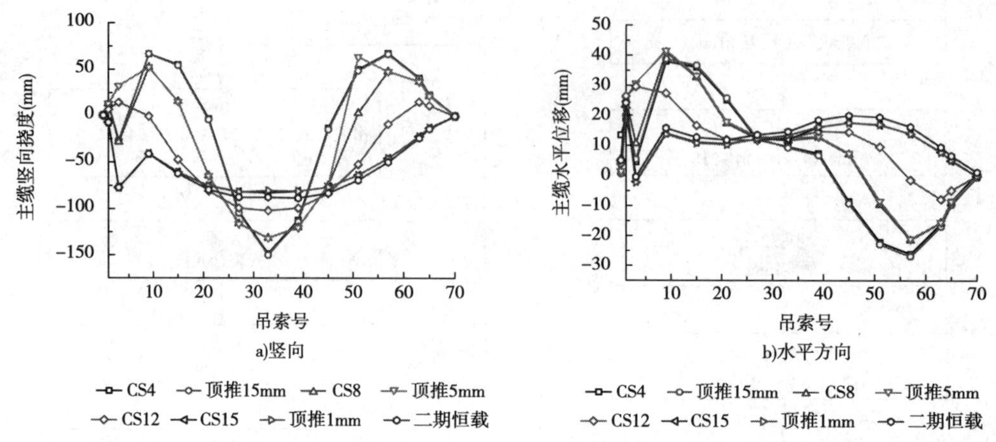


图 2.42 正装试验过程的主缆变形

施工过程中不同吊杆处主缆竖向挠度和水平位移变化见图 2.43，从图中可以看出，2 号吊杆处主缆变化很小，66 号吊杆尽管离中间塔很近，但是在第 2 施工阶段和第 6 施工阶段也产生了较大的竖向位移，这说明边塔受到的约束比中间塔受到的约束大。

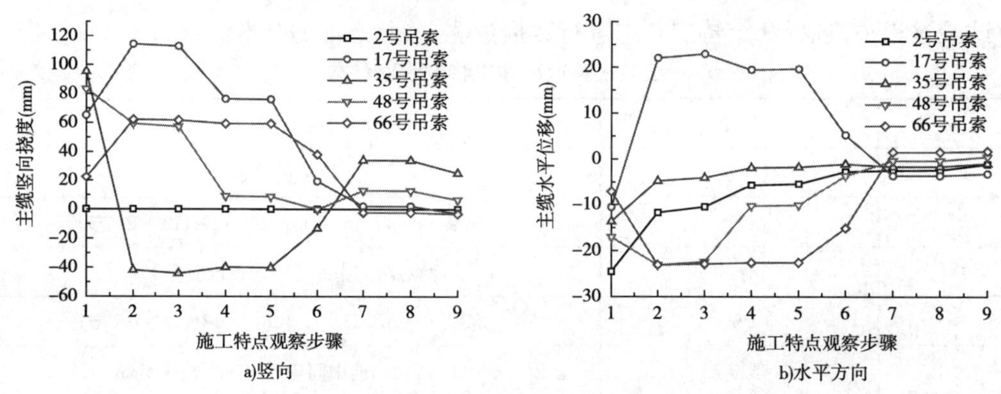


图 2.43 正装试验中不同阶段的主缆变形

(2)加劲梁下缘开口量

正装试验过程中对钢箱梁下缘开口进行了测试，在每一个箱梁节段安装完成并加载完配重后测量已经安装到位的每一个节段下缘开口的张开量。施工过程中钢箱梁下缘张开量测试结果如图 2.44 所示。

从图 2.44 可以看出，当加劲梁节段吊装施工第 1 步至第 4 步加劲梁下缘开口张开量呈快速增长趋势，之后则变化趋于平缓。由于对称吊装，南北跨张开量变化趋势基本一致。跨中节段张开量最大，向两侧变小。这说明在从跨中向两侧对称施工过程中，加劲梁线形随吊装节段的前进由下挠逐渐变为上拱，最终达到成桥线形。

图 2.45 给出了正装过程加劲梁下缘张开量包络图，从图中可以看出加劲梁开口量跨中大，每一跨两端变化量小。

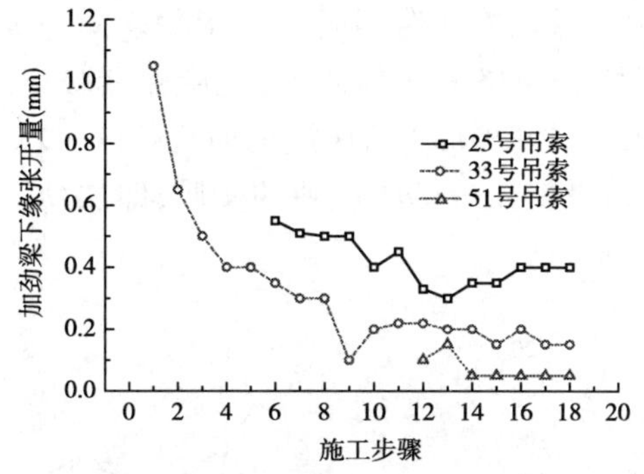


图 2.44 正装试验过程的加劲梁下缘开口张开量量测值

图 2.45 正装试验过程的加劲梁下缘张开量包络图

(3)加劲梁挠度

加劲梁吊装顺序为:两主跨分别从跨向桥塔行进。在前 3 步时加劲梁位移变化很大,到第 2 步时已经超过 120mm,随后加劲梁竖向挠度曾缓慢增长趋势,直到第 6 步吊装 13、22 与 13′、22′节段时到达最大。从第 7 步开始随着吊装的前进,加劲梁竖向挠度逐渐减小,到第 12 步时减小的幅度急剧增大,详见图 2.46。

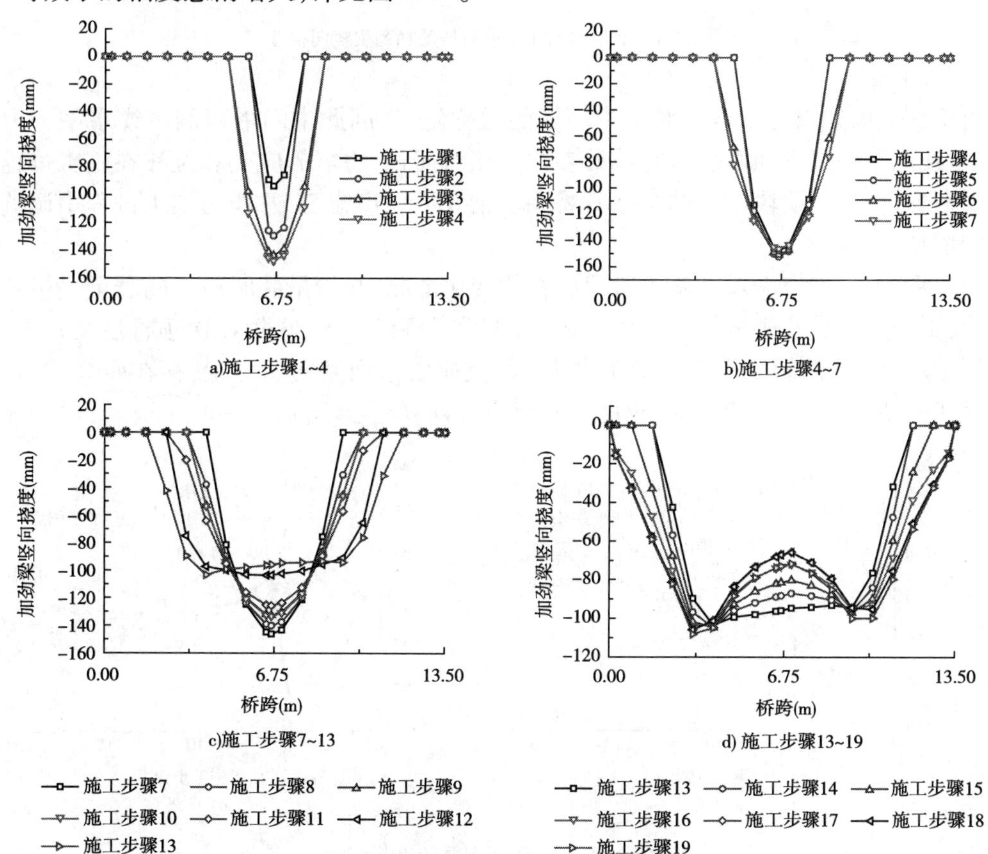


图 2.46 正装试验过程的加劲梁竖向挠度

在施工过程中,加劲梁竖向挠度变化情况见图 2.47。加劲梁竖向挠度变化较大的是跨中梁段,其变化趋势与整体变化趋势相同,只是跨中梁段在吊装过程中产生的竖向挠度较之其他梁段变化显著。从第1步至第6步,跨中梁段竖向挠度达到最大,之后逐渐减小,而且变化趋缓。在前4步竖向挠度变化基本达到最大值的90%,之后缓慢增加,到第6步开始逐渐减小,并向上回复。这正好符合加劲梁下缘开口量变化规律所反映的实质,即加劲梁线形由开始的下挠逐渐变为上拱。

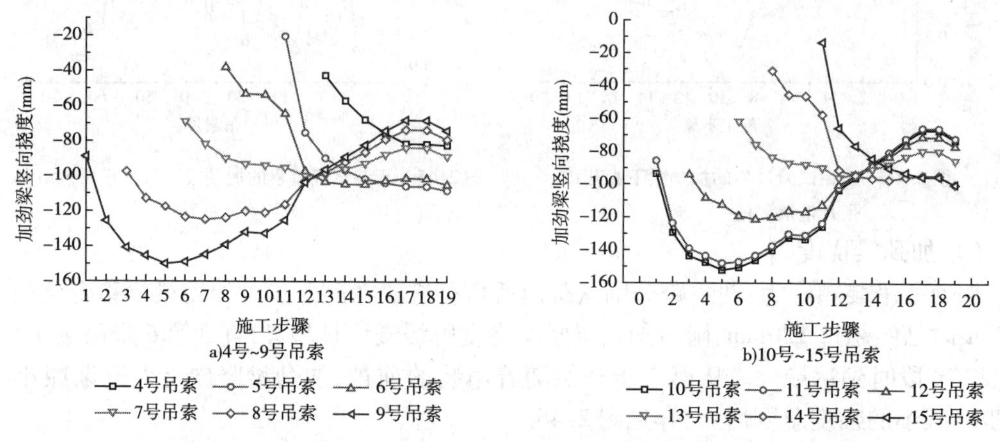


图2.47　正装试验中不同阶段的加劲梁竖向挠度

(4)桥塔

由于加劲梁架设时采取相对于中间塔的对称施工,因此中间塔两侧主缆水平分力差相差很小,在此不列出中间塔应变与位移参数。相对而言,边塔的应变和位移在施工过程成为控制因素,每一施工阶段的数据结果都将用于指导下一步施工,并作为施工过程中调整施工方案的依据。

图2.48表示边塔塔顶在施工阶段应变的变化情况,开始吊装时应变随着梁段吊装逐渐增大,到了鞍座顶推步骤桥塔应变急剧减小,随后又逐渐增大,在第二次顶推后又减小,几乎减小到零,然后逐渐增大,最后一次顶推后,测点应力未回到初始位置,存在残余应力,说明主缆存在残余预偏量。同时应指出两个测点应变恢复程度不同。

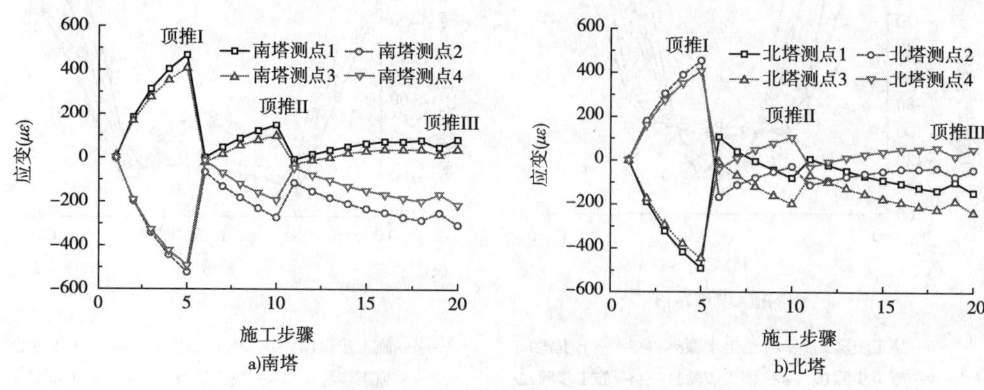


图2.48　正装试验过程的边塔应变

图2.49表示施工过程中边塔塔顶位移的变化情况,结合图2.46可以看出位移与应变的变化规律一致,表明三塔连跨悬索桥两跨对称吊装加劲梁时两边塔的协调工作性能较好。

2）倒拆试验

倒拆试验的具体试验步骤为：首先形成成桥设计状态，然后按照与施工过程完全相反的顺序分步拆除二期恒载和各箱梁节段，直至空缆状态为止。在这一过程中，主要观测各阶段的结构行为是否与设计计算结果相一致，测定倒拆后的空缆线形并与设计空缆线形相比较。倒拆施工阶段见图 2.50。

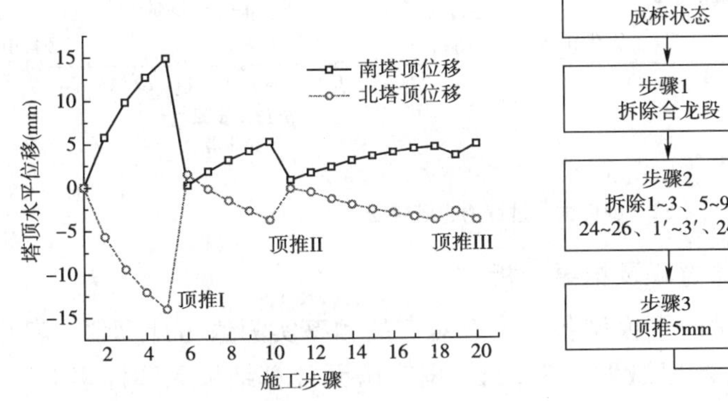


图 2.49　正装试验过程的边塔塔顶纵向位移

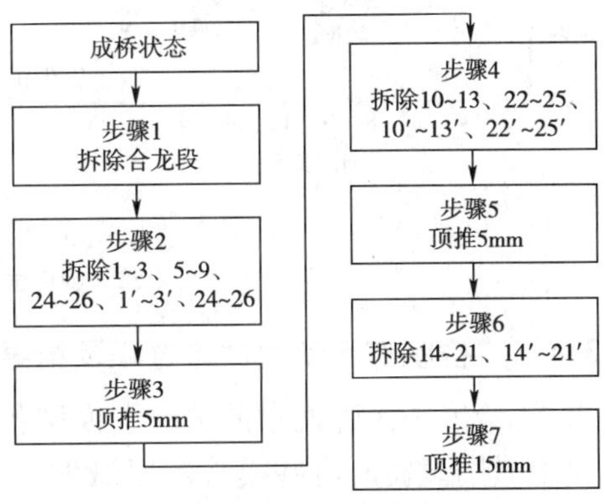


图 2.50　倒拆施工步骤图

倒拆过程中，主缆竖向挠度与正装施工阶段正相反，拆除二期恒载后主梁上挠，合龙段拆除后主梁跨中向下挠曲，单跨四分点处产生向上的拱度。随着加劲梁卸载向跨中移动，这种趋势越明显。值得注意的是合龙段拆除和加劲梁跨中最后一个梁段拆除后主梁的变形存在较大的突变，见图 2.51a）所示。在整个倒拆施工阶段，与正装施工阶段一致，主梁水平位移在跨中变化幅度较小，四分点处变化幅度较大，见图 2.51b）。

同正装试验相比，倒拆过程中边塔应变和位移的变化规律正好相反，边塔应变起初由小变大，达到约 $200\mu\varepsilon$ 时进行了一次顶推，顶推量为 5mm，顶推后桥塔应变几乎回到初始值；随后边塔应变又慢慢增加，直至接近 $200\mu\varepsilon$ 左右，进行第二次顶推，顶推量为 5mm（为与正装过程一致），此时进行第二次顶推，边塔应变又恢复到初始状态附近；最后进行余下加劲梁的拆除，边塔应变增加到接近 $600\mu\varepsilon$，并进行第三次顶推，如图 2.52 所示。从图中可以看出倒拆完成后，边塔仍存在一定的残余应变。

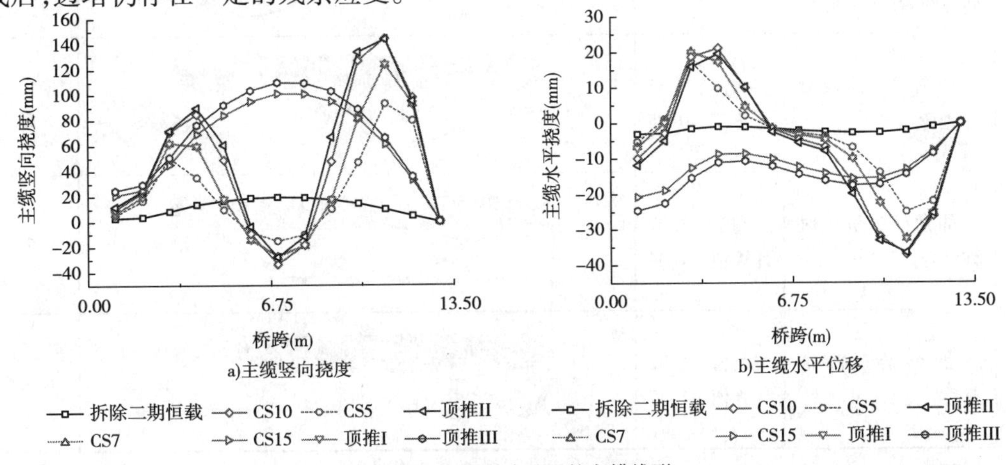


图 2.51　倒拆试验过程的主缆线形

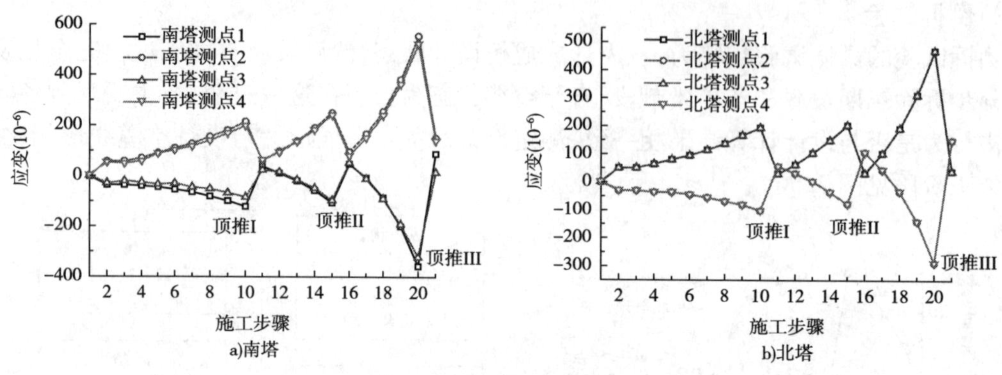


图 2.52 倒拆试验过程的边塔应变

### 2.3.8 成桥状态下动力试验过程及结果分析

表 2.22 给出了无弹性索的情况下模型各阶模态对应的频率实测值与计算值。其中,由于采用人工激励试验时有些模态难以激发出来,如根据有限元计算结果无弹性索时第三阶模态应是正对称横向受弯,但是在试验时人工激励很难控制,测试没有得到这种模态。因此,此处仅给出了实际中测试出的模态。可以看出在无弹性时,各阶频率实测值与计算值的误差都很小,小于 5% ,除第一阶模态为横向受弯外,第二阶模态为加劲梁一阶反对称竖弯 + 纵向漂移 + 中间塔纵弯,随后的三阶模态都是加劲梁竖向弯曲模态,说明由于中间塔纵向约束较小,使加劲梁乃至整个结构体系竖向抗弯刚度降低。

三塔模型的振动特性参数(无弹性索) 表 2.22

| 序号 | 模态振型 | 频率(Hz) | 振型图 | 误差(%) |
|---|---|---|---|---|
| 1 | 加劲梁第一阶正对称横向受弯 | 实测值 0.44<br>计算值 0.41 | | 4.8 |
| 2 | 加劲梁一阶反对称竖弯 + 纵向漂移 + 中间塔纵弯 | 实测值 0.56<br>计算值 0.58 | | 3.4 |
| 3 | 加劲梁二阶反对称竖弯 | 实测值 0.85<br>计算值 0.85 | | 0.0 |
| 4 | 加劲梁二阶正对称竖弯 | 实测值 1.07<br>计算值 1.04 | | 2.9 |
| 5 | 加劲梁三阶正对称 | 实测值 1.32<br>计算值 1.37 | | 3.6 |

注:表中一阶为横向受弯振型,测试中在横向只设置了 2 个传感器,因此图中实测振型图不连续。

表2.23给出了有弹性索的情况下模型各阶模态对应的频率实测值与计算值。从表中可以看出，设置弹性索后引起整桥模态变化的总体趋势没有改变，设置弹性索得到的测试频率域计算值的误差变大，可能的原因包括两方面：一是模型弹性索索力没有达到设计值，二是加劲梁之间的连接较为薄弱，在人工激励过程中有些连接件已经脱落，使结构整体刚度有所降低。

**三塔模型的振动特性参数**（有弹性索）　　表2.23

| 序号 | 模态振型 | 频率(Hz) | 振型图 | 误差(%) |
|---|---|---|---|---|
| 1 | 加劲梁一阶正对称横向受弯 | 实测值　0.39<br>计算值　0.41 | | 4.8 |
| 2 | 加劲梁一阶反对称竖弯 + 中间塔竖向弯 | 实测值　0.68<br>计算值　0.77 | | 11.6 |
| 3 | 加劲梁二阶正对称竖弯 | 实测值　1.03<br>计算值　1.18 | | 12.7 |
| 4 | 加劲梁三阶正对称竖弯 | 实测值　1.32<br>计算值　1.54 | | 14.2 |
| 5 | 加劲梁三阶反对称竖弯 | 实测值　1.44<br>计算值　1.69 | | 14.7 |

综合上述两种边界条件下的动力试验结果，可以得到以下结论：

(1)从计算值的比较结果看，设置弹性索后加劲梁与主缆一阶正对称横向受弯振型对应的频率几乎没有改变，加劲梁一阶反对称竖弯 + 中间塔竖向弯变化最大，达到33%。

(2)设置弹性索后加劲梁一阶正对称横向受弯所对应频率减小约11%，加劲梁与主缆二阶正对称竖弯所对应频率也减小4%，加劲梁与主缆三阶正对称竖弯振型所对应频率无变化。

(3)设置弹性索后加劲梁一阶反对称竖弯振型中加劲梁纵向漂移消失，在没有加劲梁纵向漂移的情况下加劲梁一阶反对称竖弯振型所对应的频率测试值增大21%，计算值增大约33%。

### 2.3.9 试验小结

三塔模型试验研究结果可以归纳为以下几方面:

(1)有限元计算结果与模型试验结果符合程度较好。通过静力试验、动力试验及施工阶段测试结果与有限元计算的比较分析,两者吻合程度较好。在无附加约束时,如无弹性索、无中央扣时,三塔悬索桥有限元分析计算能更好地模拟实际结构。

(2)设置弹性索和中央扣对三塔悬索桥结构受力影响。加劲梁与中主塔间设置纵向约束——弹性索时,可以使主梁挠度、中塔纵向位移显著减小。主梁梁端转角减小,对行程舒适度有所改善。

弹性索与中央扣组合能有效改善结构受力性能。弹性索与中央扣同时设置时其效应具有非线性,其情况完全不同于两者单独作用,组合能起到更好的限制加劲梁挠度的作用。

(3)三塔悬索桥施工阶段几何非线性。两主跨悬索桥施工过程中,模型主梁、主塔显示出非常明显的非线性受力特征,竖向位移、水平位移变化量很大,结构的非线性受力特征非常明显。

试验时钢箱梁下缘开口在跨中节段张开量最大,向两侧变小。在前3~4个节段吊装完成后钢箱梁下缘开口量减小,梁段间开口变化趋于平缓。

两主跨悬索桥从两主跨跨中分别向两侧施工过程中,主梁线形由下挠逐渐变为上拱,逐渐达到成桥线形。正装试验过程中初期,主梁竖向挠度迅速增大,钢箱梁吊装至3~4个节段竖向挠度几乎达到最大值的90%,之后经过几个节段吊装的缓慢增加后逐渐向上回复。

两主跨悬索桥在两主跨对称施工的关键控制因素是两边塔的位移和应变,对中塔影响很小,两边塔协调工作性能很好。

两主跨跨中向主塔对称施工时,对于像依托工程这样的三塔两主跨悬索桥,在施工过程中可以考虑采用一次顶推主索鞍到位的施工方法。

## 2.4 五塔模型试验研究

### 2.4.1 模型设计

五塔模型采用1/80的缩尺比例,模型桥塔、基座采用钢材,加劲梁采用铝合金。五塔悬索桥模型的总体布置为:4.875m+13.5m×4+4.875m,模型相似性设计、主要承重构件尺寸详见2.3.1和2.3.2。

### 2.4.2 模型制作与安装

五塔模型加工制作及安装过程等均与三塔模型相同。由于五塔模型总长近70m,受试验室场地限制,模型安置在室外场地。同时,为减小温度、风及日照等对试验测试的影响,需搭建临时试验房。模型情况如图2.53所示。

### 2.4.3 模型加载方案

与三塔模型试验不同,五塔模型试验仅进行成桥状态下的静力和动力试验。静力试验中,通过分级加载测试在活载作用下结构响应的线性程度,以验证活载线性化分析方法的合理性,然后通过单跨满载、两跨满载和三跨满载等典型工况,以及结构动力特性的测试结果来校核计算结果,并在此基础上分析多塔效应、连跨效应、中间塔空间受力特性等。五塔模型试验中由于重点研究多塔效应,因此本次试验只考虑加劲梁漂浮的情况。

图 2.53　五塔模型的安装过程

### 2.4.4　模型量测方案

五塔模型的测试内容及方法与三塔模型相同,测点布置如下:

(1)加劲梁竖向挠度采用拉线式传感器量测,共布置 46 个拉线式位移传感器,测点布置详见图 2.54。加劲梁梁端转角分别在加劲梁两端与中间塔处梁上布置倾角仪;梁端位移在加劲梁两端各布置一个位移传感器。

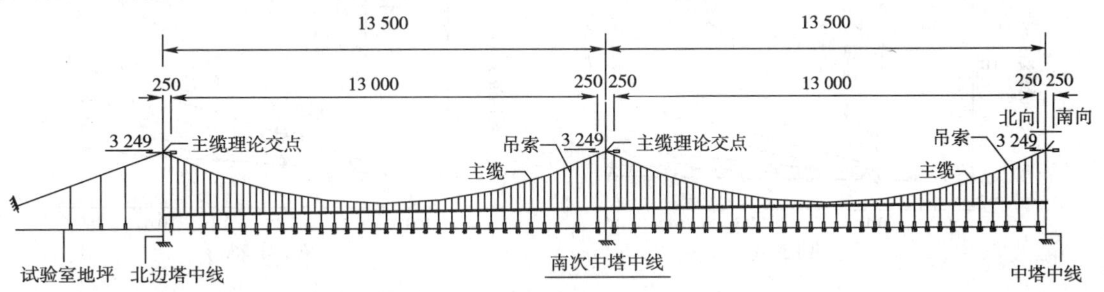


图 2.54　五塔模型静力试验的加劲梁挠度和桥塔水平位移测点布置图(尺寸单位:mm)

(2)主缆采用反光片进行位移测量,测点布置详见图 2.55。

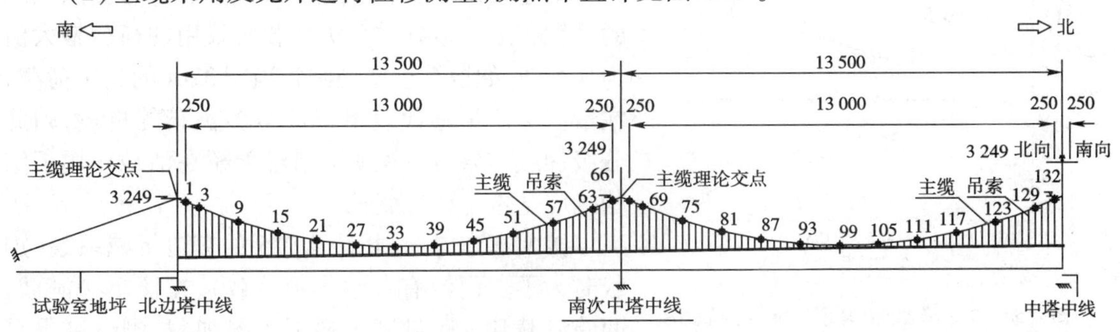


图 2.55　五塔模型静力试验的主缆测点布置图(尺寸单位:mm)

(3)吊杆拉力采用的穿心式拉力传感器量测。吊杆拉力测点每隔一个吊杆布置一个传感器,全桥共布置132个吊杆拉力传感器。

(4)桥塔、散索鞍的测点布置同三塔模型。

### 2.4.5 数值分析

五塔模型有限元建模方法和三塔相同。五塔悬索桥模型桥计算模型中总共有372个单元,其中加劲梁结构单元划分为306个,桥塔及横梁结构单元划分为256个,索单元划分为556个,支撑单元划分为12个。五塔模型结构单元离散图如图2.56所示。

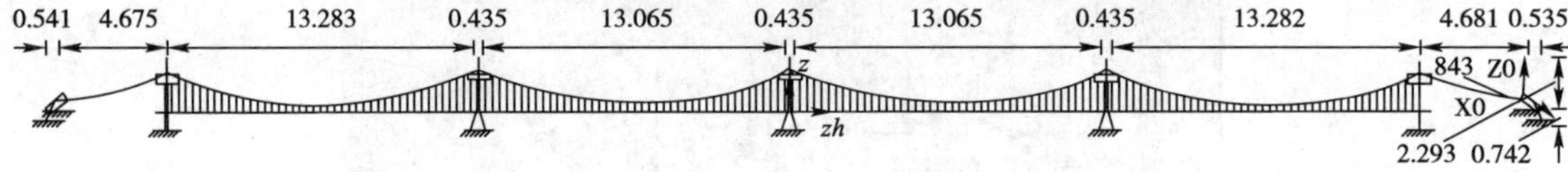


图2.56 五塔四主跨有限元模型结构离散图(单位:m)

### 2.4.6 成桥状态下静力试验过程及结果分析

1)活载模拟试验结果分析

在第一跨与第二跨跨中分别进行加载,加载步骤分为6步进行,荷载大小依次为0.0、0.1、0.2、0.3、0.4、0.5kN。通过测试加劲梁竖向位移与桥塔水平位移,以此得到位移—荷载曲线,见图2.57和图2.58

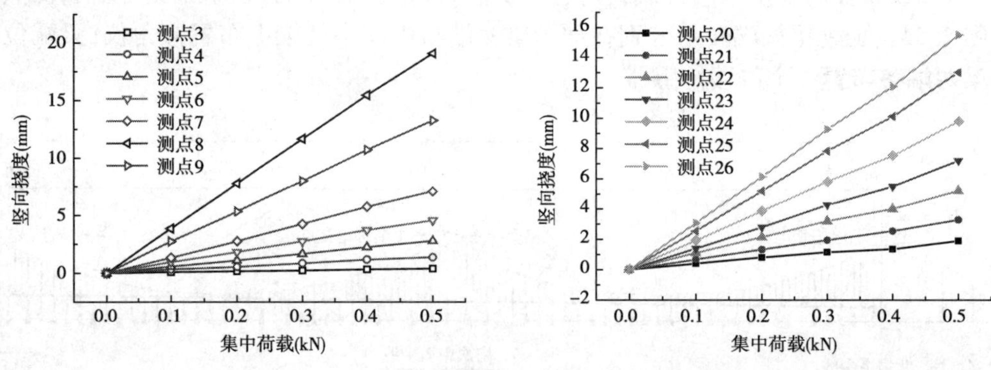


图2.57 五塔模型的加劲梁竖向挠度—荷载图

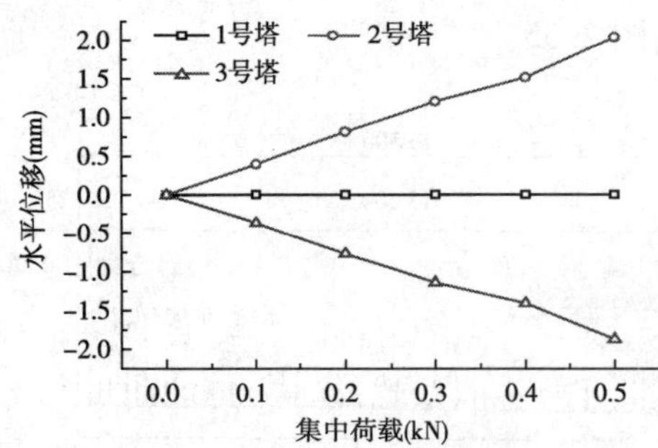


图2.58 五塔模型的桥塔水平位移—荷载图

上述结果表明,在单点分级加载时,各测点响应的线性程度都较好。分级加载所采用的荷载最大值为0.5kN,如换算至原型则相当于320t的集中荷载,在量值上已足够代表单车甚至多辆车的重量,因此分级加载结果可以说明五塔悬索桥在活载作用下结构响应基本呈线性变化。

按8车道考虑,并计及0.5的车道折减系数(加载时为了方便没有考虑集中荷载),按照单跨满载、两跨满载和三跨满载等典型工况加载,测试结果见表2.24和表2.25,与计算结果的比较见图2.59~图2.64。

**五塔模型的桥塔水平位移**　　表 2.24

| 工　况 | 桥塔水平位移(mm) | | | | | | | | | |
|---|---|---|---|---|---|---|---|---|---|---|
| | 1 号塔 | | 2 号塔 | | 3 号塔 | | 4 号塔 | | 5 号塔 | |
| | 测试值 | 计算值 | 测试值 | 计算值 | 测试值 | 计算值 | 测试值 | 计算值 | 测试值 | 计算值 |
| 第一跨满载 | 2.6 | 1.9 | -23.1 | -26.1 | -4.8 | -7.6 | -2.6 | -0.2 | — | — |
| 第二跨满载 | 0.3 | 0.3 | 20.1 | 18.7 | -18.8 | -20.0 | -1.2 | -3.2 | — | — |
| 第三跨满载 | — | — | 1.2 | 3.4 | 18.9 | 20.8 | -21.1 | -19.4 | -0.2 | -0.3 |
| 第四跨满载 | — | — | 3.2 | 3.5 | 6.1 | 6.2 | 26.0 | 22.6 | -1.9 | -1.8 |
| 第三、四跨加载 | -0.3 | 0.3 | -7.1 | 8.0 | -27.5 | 28.6 | 6.1 | 7.8 | -0.2 | -2.3 |
| 第二、三、四跨加载 | 1.1 | 0.6 | 26.6 | 26.7 | 6.8 | 8.6 | -3.9 | -2.4 | 0.11 | 4.5 |

**五塔模型的加劲梁挠度**　　表 2.25

| 工　况 | 1 号跨中 | | 2 号跨中 | | 3 号跨中 | | 4 号跨中 | |
|---|---|---|---|---|---|---|---|---|
| | 测试值 | 计算值 | 测试值 | 计算值 | 测试值 | 计算值 | 测试值 | 计算值 |
| 第一跨满载 | -57.1 | -62.1 | 35.2 | 33.6 | 4.8 | 7 | 4.7 | 8.4 |
| 第二跨满载 | 36.3 | 33.1 | -81 | -81.6 | 34.8 | 30.2 | 2.6 | 5.2 |
| 第三跨满载 | 3.3 | 6.1 | 36.5 | 32.4 | -84.2 | -84.1 | 38.6 | 34.1 |
| 第四跨满载 | 6.6 | 8.7 | 5.9 | 6.5 | 38.3 | 34.9 | -61.1 | -64.5 |
| 第三、四跨加载 | 14.1 | 14.7 | 40.1 | 37.3 | -55.3 | -50.3 | -30.8 | -31.6 |
| 第二、三、四跨加载 | 46.7 | 46.3 | -48.6 | 45.2 | -17.7 | -20.5 | -24 | -25.7 |

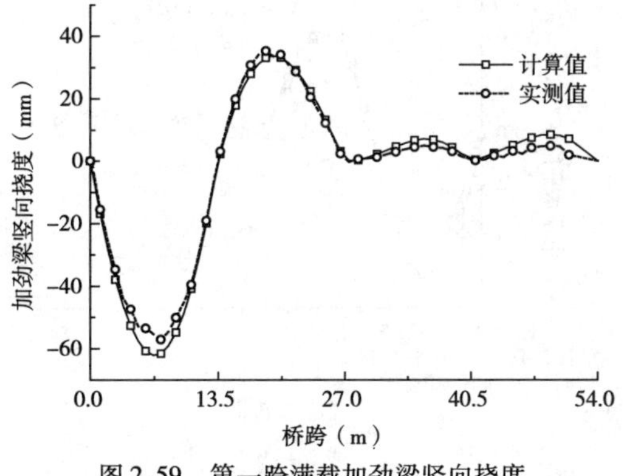


图 2.59　第一跨满载加劲梁竖向挠度

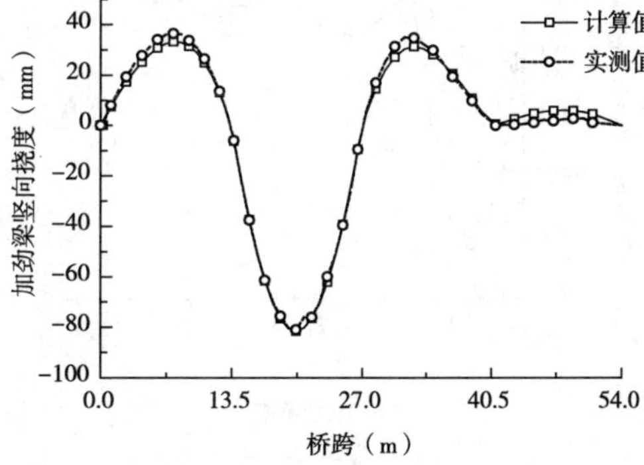


图 2.60　第二跨满载加劲梁竖向挠度

图 2.61　第三跨满载加劲梁竖向挠度

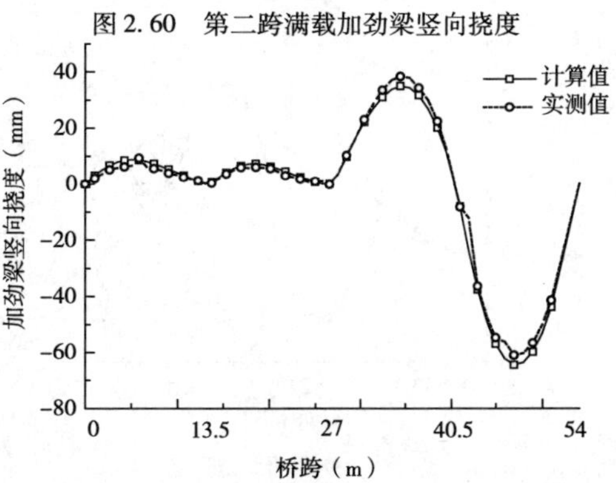


图 2.62　第四跨满载加劲梁竖向挠度

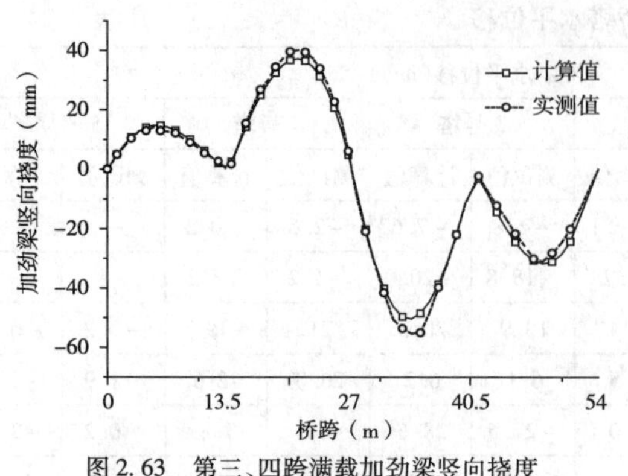


图 2.63　第三、四跨满载加劲梁竖向挠度

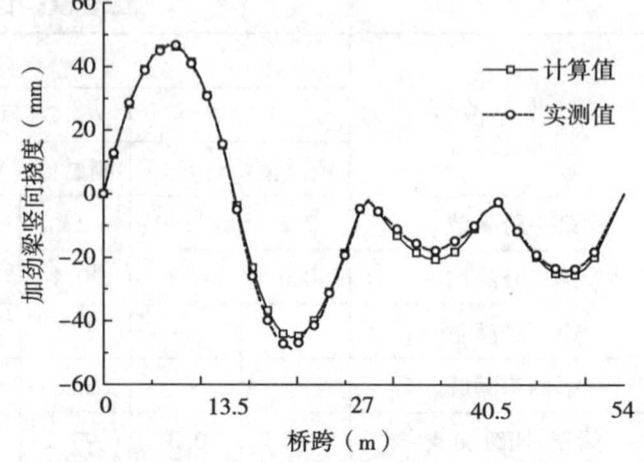


图 2.64　第二、三、四跨满载加劲梁竖向挠度

上述结果表明，在典型工况下加载跨测试值与计算值吻合程度较好，离加载跨远误差较大，这是因为离荷载作用跨距离远加劲梁挠度响应值小，从而受到误差的影响大而致。其中第一跨加载时误差最大，其值为 8%，其他几种情况最大响应跨误差均小于 5%。这说明模型设计方法、计算方法及边界条件的模拟等是适当的。

2）影响线试验结果分析

为了进一步说明活载作用的线性程度问题，进行了影响线加载试验，即通过实测影响线与计算影响线的符合程度判断五塔模型活载响应的线性程度，从而验证模型计算采用线性化方法进行汽车活载加载的合理性，图 2.65 和图 2.66 分别给出了五塔模型各桥塔水平位移、加劲梁各主跨跨中挠度影响线测试值与计算值。

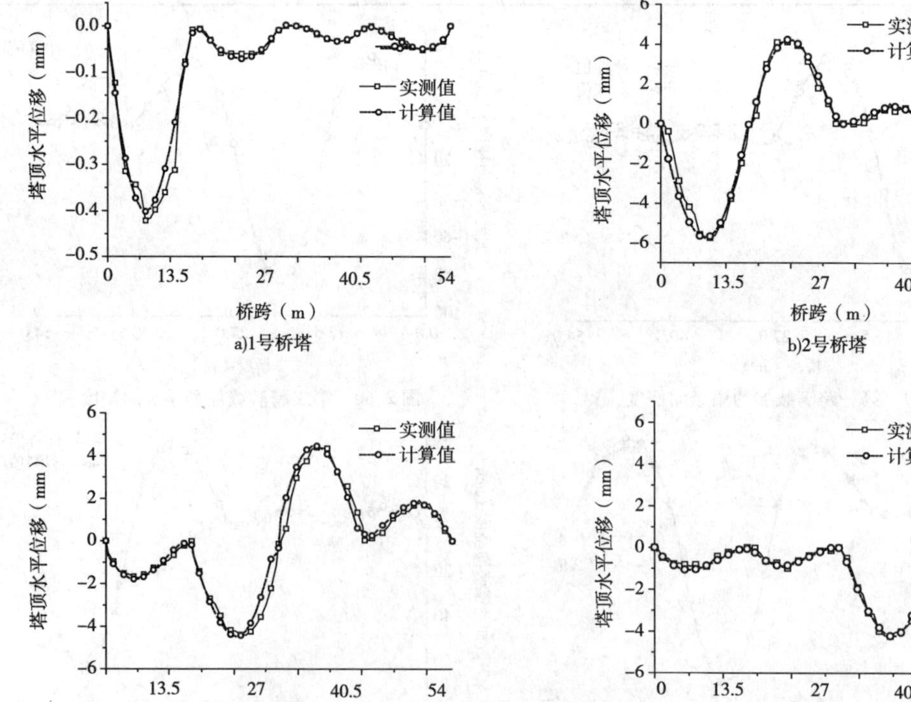


图 2.65　五塔模型的桥塔水平位移影响线

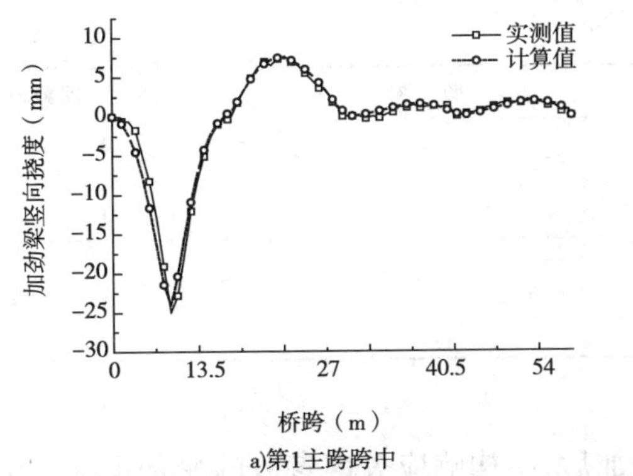

a)第1主跨跨中

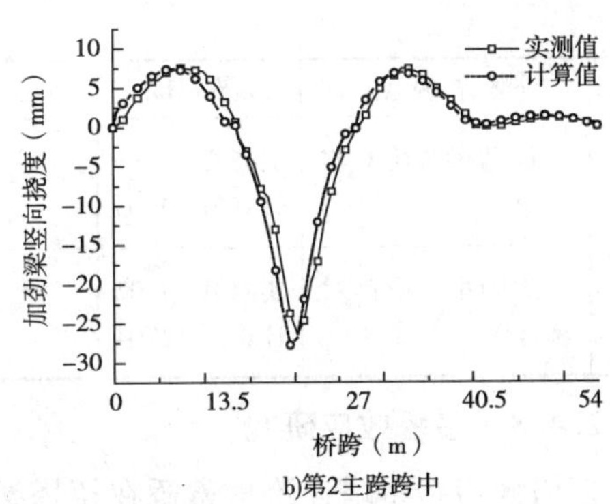

b)第2主跨跨中

图 2.66　五塔模型的加劲梁竖向挠度影响线

上述结果表明，各影响线的测试值与计算值变化趋势很接近，且数值也吻合较好，证明了在进行五塔悬索桥结构计算分析时，可以忽略汽车荷载的非线性，采用影响线进行加载计算。

### 2.4.7　成桥状态下动力试验过程及结果分析

较之于三塔悬索桥模型，五塔模型更长，即使采用人工方式，在单点激励也难达到理想效果。因此，测试中只得到了前几阶部分模态，如表 2.26 所示。结果表明：①所得到的模态频率测试值与计算值吻合较好，误差小于5%；②与三塔不同的是，五塔的一阶为竖向弯曲振型，而且前几阶横弯与竖弯振动频率值非常接近；③三塔最早出现的竖弯振型为加劲梁一阶反对称竖弯 + 纵向漂移 + 中间塔纵弯，其振动频率为 0.56Hz，五塔最早出现的竖弯振型为加劲梁四阶反对称竖弯 + 纵向漂移，其振动频率为 0.63（测试值）；④三塔最早出现的横弯振型为加劲梁一阶正对称横向受弯，其振动频率为 0.44Hz，而五塔最早出现的横弯振型为加劲梁一阶正对称横向受弯，其振动频率为 0.61Hz，这说明了与三塔相比，五塔悬索桥竖向刚度与横向刚度并没有减小，而是增大了。

五塔模型的振动特性参数　　表 2.26

| 序号 | 模 态 振 型 | 频率(Hz) | 振 型 图 | 误差(%) |
|---|---|---|---|---|
| 1 | 加劲梁四阶反对称竖弯 + 纵向飘移 | 实测值 0.63<br>计算值 0.60 | | 5.0 |
| 2 | 加劲梁四阶反对称横弯 | 实测值 —<br>计算值 0.61 | | |
| 3 | 加劲梁六阶反对称竖弯 + 纵向飘移 | 实测值 —<br>计算值 0.63 | | |
| 4 | 加劲梁四阶对称横弯 | 实测值 —<br>计算值 0.66 | | |
| 5 | 加劲梁四阶对称竖弯 | 实测值 0.72<br>计算值 0.69 | | 4.3 |
| 6 | 加劲梁六阶反对称横弯 | 实测值 —<br>计算值 0.79 | | |
| 7 | 加劲梁六阶对称横弯 | 实测值 —<br>计算值 0.93 | | |
| 8 | 加劲梁八阶反对称竖弯 | 实测值 0.98<br>计算值 0.97 | | 1.0 |

续上表

| 序号 | 模态振型 | 频率(Hz) | 振型图 | 误差(%) |
|---|---|---|---|---|
| 9 | 加劲梁八阶对称竖弯 | 实测值 —<br>计算值 1.03 | | |
| 10 | 加劲梁十阶反对称竖弯 | 实测值 1.02<br>计算值 1.04 | | 1.9 |

### 2.4.8 多塔效应研究

多塔效应指多塔连跨悬索桥在桥塔数量增加后，结构响应关键参数的变化情况。试验主要通过将三塔模型扩展至五塔，测试其关键参数来研究增加桥塔数量后结构响应的变化规律。研究过程中，主要通过分析比较五塔模型的测试结果、具有相同设计参数五塔模型和三塔模型的数值分析结果。图2.67对比了三塔模型和五塔模型在单跨满载情况下的挠度，结果表明，五塔模型加劲梁挠度最大为第二跨或第三跨满载时，挠度最大值在第二跨（或第三跨）跨中附近，测试值最大为81mm。三塔悬索桥在一跨满载时，加劲梁挠度测试值最大为53mm，加劲梁挠度三塔较之于五塔减小52%，即从三塔增加到五塔后的多塔效应引起的加劲梁挠度增大一倍。

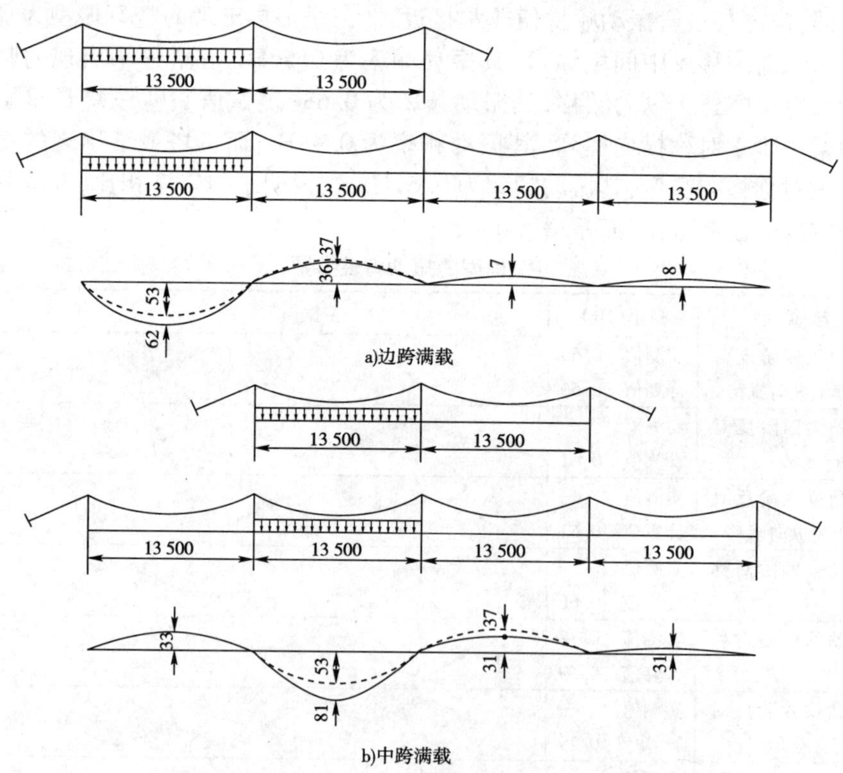


图2.67 三塔模型与五塔模型在单跨满载情况下的加劲梁挠度比较(单位:mm)

图2.68对比了三塔模型和五塔模型在单侧满载情况下的中间塔水平位移，结果表明，加载跨中间塔的水平位移值很大，离该塔越远水平位移越小，而且相隔一个塔后这种效应立

即衰减，减小幅度为 80% ~93%；与三塔相比较，五塔模型的最大塔顶水平位移增大 30%，即从三塔增加到五塔后的多塔效应引起桥塔水平位移增大 30%。

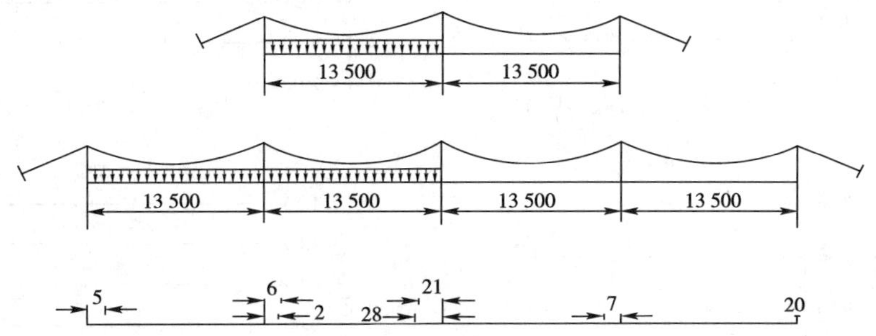


图 2.68　三塔模型与五塔模型在单侧满载情况下的桥塔水平位移比较（单位：mm）

当单跨分别加载时，不同位置加载情况下加劲梁的挠度分配关系为：第一跨加载时，1∶－0.62∶－0.08∶－0.08；第二跨加载时，－0.45∶1∶－0.43∶－0.03，详见图 2.69。不同位置加载情况下，桥塔的水平位移的分配关系为：第一跨加载时第二塔塔顶位移最大，相邻塔为其 20%。第二跨加载时第二塔与第三塔塔顶位移相差不大，第三塔塔顶水平位移为第二塔的 89%，两者的邻近塔则小得多，几乎只占 1% ~5%，详见图 2.70。

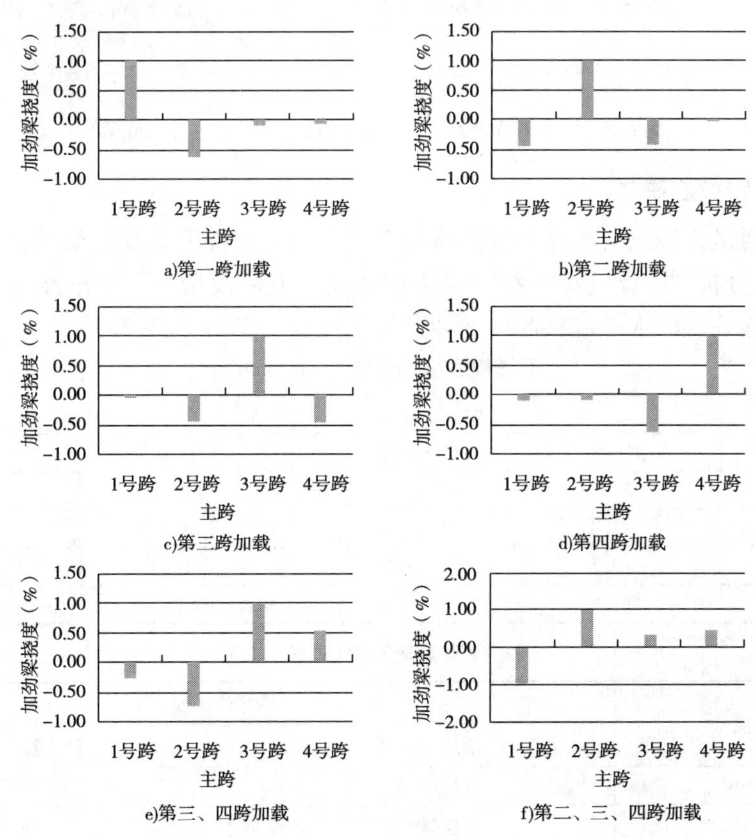


图 2.69　五塔模型单跨加载情况下加劲梁挠度的分配情况

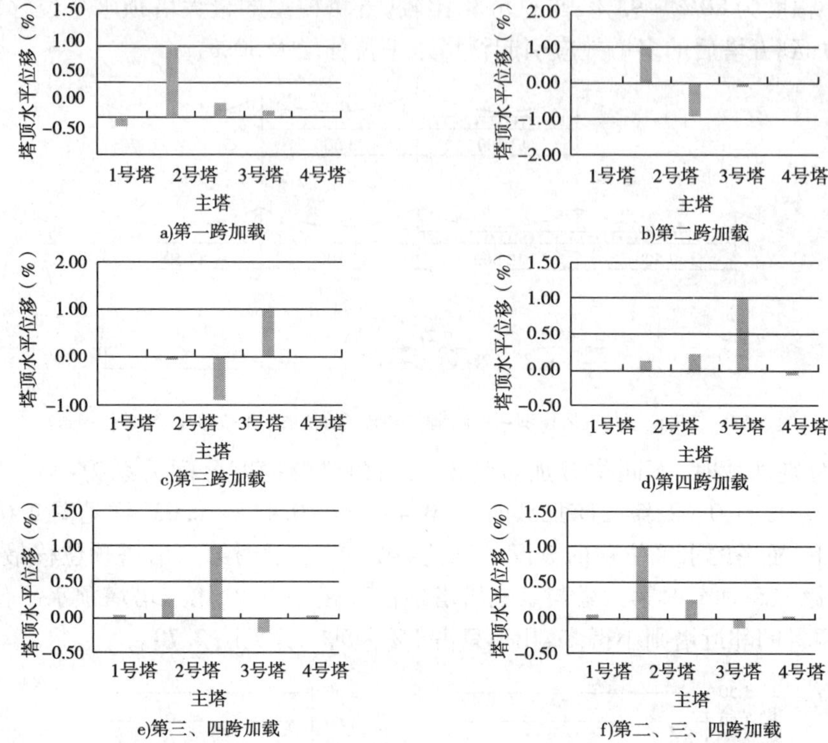


图 2.70　五塔模型单跨加载情况下桥塔水平位移的分配情况

### 2.4.9　连跨效应研究

试验主要通过比较三塔模型与五塔模型在相同荷载条件下加劲梁梁端位移及梁端转角的变化规律,并分析加劲梁连续对结构受力的影响。五塔模型加劲梁梁端位移在不同主跨位置施加单跨满载时的水平位移与梁端转角分别见表 2.27 ~ 表 2.29。

**五塔模型梁端位移**(单位:mm)　　表 2.27

| 工　况 | 南　侧 | | 北　侧 | |
|---|---|---|---|---|
| | 测试值 | 计算值 | 测试值 | 计算值 |
| 第一跨满载 | 8.3 | -10.6 | -4.4 | -10.0 |
| 第二跨满载 | -1.3 | -2.6 | -3.5 | -3.1 |
| 第三跨满载 | -3.5 | 3.2 | -1.2 | 2.7 |
| 第四跨满载 | 6.2 | 10.4 | 9.5 | 11.0 |

**五塔模型梁端转角**(单位:rad)　　表 2.28

| 工　况 | 南侧梁端 | |
|---|---|---|
| | 测 试 值 | 计 算 值 |
| 第一跨满载 | 0.017 0 | 0.015 8 |
| 第二跨满载 | 0.008 7 | 0.006 9 |
| 第三跨满载 | 0.001 1 | 0.001 7 |
| 第四跨满载 | 0.002 5 | 0.002 9 |

三塔与五塔模型梁端转角与梁端位移测试值比较　　表 2.29

| 项　目 | 三　塔 | 五　塔 |
|---|---|---|
| 梁端位移(mm) | 16.7 | 9.5 |
| 梁端转角(rad) | 0.020 | 0.017 |

上述结果表明，五塔模型梁端位移测试值与计算值相差比较大，产生原因是由于加劲梁总长增加导致误差累积；梁端位移的变化趋势和计算结果一样，即两边跨加载时梁端位移都较大，两中间跨加载时较小；与三塔模型相比，五塔模型的梁端位移测试值最大值较之小43%，可见增大塔的数量后活载产生的梁端位移会减小。五塔模型梁端转角计算值与测试值在两边跨加载时误差相对较小，最大为14%。两中跨加载时误差较大，其原因还是由于加劲梁太长引起。从表 2.28 中可以看出五塔模型梁端转角与三塔相当，五塔模型还稍小(三塔测试值为 0.02rad，计算值为 0.019rad)。说明增加桥塔数量且加劲梁连续对加劲梁梁端转角不产生负面影响，反而使梁端转角略为减小。

### 2.4.10　桥塔空间受力特性研究

桥塔空间受力特性指多塔连跨悬索桥中，当车道荷载在横桥向不对称布置时，中间塔塔顶两侧承受主缆的不平衡拉力，从而产生空间扭转效应。主塔空间受力特性主要通过两种偏载工况进行测试，见图 2.71，图中阴影部分为加载区，表示在桥面中心线一侧的两个车道施加均布荷载，其纵桥向水平位移响应见表 2.30。

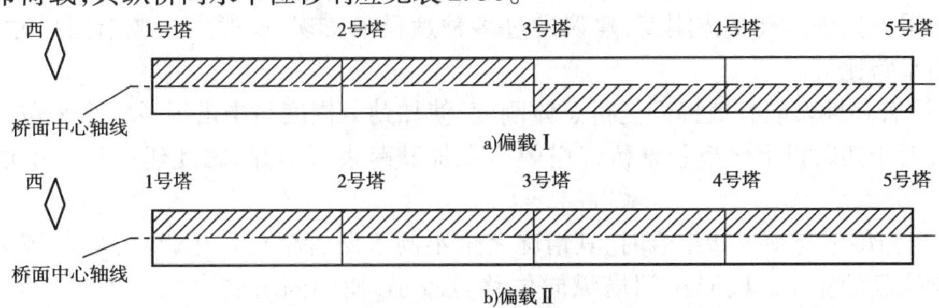


图 2.71　偏载加载图示

偏载作用下桥塔水平位移　　表 2.30

| 工况 | 桥塔水平位移(mm) | | | | | | | | | |
|---|---|---|---|---|---|---|---|---|---|---|
| | 1 号塔 | | 2 号塔 | | 3 号塔 | | 4 号塔 | | 5 号塔 | |
| | 西侧 | 东侧 | 西侧 | 东侧 | 西侧 | 东侧 | 西侧 | 东侧 | 西侧 | 东侧 |
| 偏载Ⅰ | -4.59 | -3.87 | -2.22 | 2.15 | -1.18 | -0.87 | 0.31 | -0.05 | -3.25 | 2.76 |
| 偏载Ⅱ | -2.14 | -1.63 | -0.85 | -0.88 | -0.20 | -0.23 | -0.57 | -0.70 | -1.58 | 1.12 |

上述结果表明，在偏载Ⅰ和偏载Ⅱ的作用下，主塔东西两侧水平位移绝对值很小，1 号塔最大，其值为 4.59mm，中塔为 -2.22mm，是中塔最不利荷载工况时塔顶水平位移的 11%。因此，偏载对全桥整体受力产生的影响非常小，对桥塔的受力影响也小。

### 2.4.11　试验小结

五塔模型试验研究结果可以归纳为以下几方面：

(1)有限元计算结果与测试结果吻合较好。

(2)汽车活载非线性不显著，影响线计算值与测试值重合程度较好。

(3)三塔扩展至五塔后,多塔效应表现明显,桥塔水平位移增大30%,加劲梁挠度增大52%。

(4)多塔效应只对加载跨桥塔及加劲梁产生的影响较大,相隔一跨后这种效应呈倍数递减。

(5)多塔悬索桥连跨对汽车活载产生的梁端位移及转角呈有利的影响,较之三塔悬索桥,五塔悬索桥梁端位移与转角减小。

## 2.5 静动力性能模型试验结论

本章针对多塔连跨悬索桥开展了静动力模型试验研究,通过研究得出以下结论:

(1)通过三塔两主跨与五塔四主跨悬索桥模型试验测试与本项目研制的多塔悬索桥有限元计算软件计算结果的对比分析表明,模型测试值与计算值吻合较好,证实了该有限元计算软件所采用的计算理论、建模方法及边界条件的处理等合理,能反映实际工程情况,计算结果可靠。

(2)同普通两塔悬索桥一样,多塔悬索桥在活载作用下结构行为呈线性,计算时可以采用线性化处理方法进行近似加载分析。

(3)三塔扩展至五塔后,多塔效应对中塔水平位移增大于加劲梁挠度影响很大,因此在设计时须采取措施提高整体刚度,建议通过多种途径来实现,如增大主缆断面尺寸、桥塔刚度及减小垂跨比等。

(4)设置弹性索能有效提升全桥总体刚度,使加劲梁挠度与中塔纵桥向水平位移显著减小。同时对于四跨以上多塔悬索桥多塔效应在加载跨表现明显,因此建议每一中塔处设置弹性索。

(5)当弹性索与中央扣组合时,其情况完全不同于两者单独作用,组合能起到更好地限制加劲梁挠度的作用。同时中间塔纵向位移也减小,使中间塔受力性能进一步得到改善。因此不要忽略中央扣的作用。但是弹性索或中央扣对于边塔受力的改善有限。

(6)弹性索和中央扣的设置几乎不影响主缆的受力状态。即加劲梁与桥塔、主缆索设置约束不能使主缆受力得到改善。

(7)施工过程中当从跨中开始吊装加劲梁节段时,前几个吊装步骤主缆在跨中产生的竖向位移很大,然后逐渐变小,因此采用这种顺序进行施工时,前几个步骤应考虑合理增加顶推次数,防止加劲梁临时连接及桥塔变形过大而破坏。

## 本章参考文献


[1] 沈锐利,王志诚.自锚式悬索桥力学特性挠度理论研究[J].公路交通科技,2008,25(4):94-98.

[2] 尼尔斯 J, 吉姆辛. 缆索支承桥梁 - 概念与设计(第二版). 金增洪,译. 北京, 人民交通出版社, 2002.

[3] 交通部公路科学研究所. 虎门大桥悬索桥关键技术研究,1998.

[4] 严琨, 沈锐利, 唐茂林. 大跨度悬索桥主缆抗弯刚度模型试验[J]. 建筑科学与工程学报, 2010,27

(3):41-46.
[5] 胡建华，沈锐利，张贵明．佛山平胜大桥全桥模型试验研究［J］．土木工程学报，2007，40（5）：17-25.
[6] 沈锐利，齐东春，唐茂林．杭州江东大桥静力特性全桥模型试验研究［J］．土木工程学报，2011，44（1）：74-80.
[7] 罗喜恒．基于挠度理论的三塔悬索桥参数分析［J］．建筑结构，2008，38（9）：100-102.
[8] 房贞政，陈永健，张超，等．三塔自锚式悬索桥模型试验研究［J］．福州大学学报（自然科学版），2011，39（4）：569-574.
[9] 陈策，钟建池．三塔悬索桥垂跨比变化对结构静动力特性的影响［J］．桥梁建设，2008，(6)：12-15.
[10] 陈策，冯兆祥，钟建池．三塔悬索桥钢中塔弹塑性稳定性分析［J］．公路，2009，(7)：63-67.
[11] 陈策，钟建池．三塔悬索桥关键设计参数对其结构行为的影响［J］．世界桥梁，2008，(2)：10-13.
[12] 吉林，陈策，冯兆祥．三塔悬索桥中塔主缆与鞍座间抗滑移试验研究［J］．公路，2007，(6)：1-6.
[13] 齐东春，郭健，沈锐利．悬索桥短吊索索力测试的探讨［J］．中国工程科学，2010，12（7）：78-83.
[14] 鞠小华，廖海黎，沈锐利．对悬索桥对称竖弯基频近似公式的修正［J］．土木工程学报，2002，35（1）：44-49.
[15] 杨进．多塔多跨悬索桥应用于海峡长桥建设的技术可行性与技术优势［J］．桥梁建设，2009，(2)：36-39.
[16] 罗喜恒，韩大章，万田保．多塔悬索桥挠度理论及其程序实现［J］．桥梁建设，2008，(2)：41-44.
[17] 谢雪峰，罗喜恒．基于ANSYS的悬索桥分析方法研究［J］．中国工程科学，2012，14（5）：101-105.
[18] 罗喜恒，肖汝诚，项海帆．基于精确解析解的索单元［J］．同济大学学报，2005，33（4）：445-450.
[19] 严小宇，沈锐利，唐茂林．基于可靠度理论的悬索桥主缆线形控制参数研究［J］．建筑科学与工程学报，2010，27(3)：47-52.
[20] 陈策，吉林．基于模型试验的悬索桥主缆空气流动阻力计算［J］．桥梁建设，2010(6)：40-43.
[21] 罗喜恒，肖汝诚，项海帆．空间缆索悬索桥的主缆线形分析［J］．同济大学学报，2004，32（10）：1349-1354.
[22] 万田保，杨进．三塔两跨悬索桥2个重要的技术指标和中塔疲劳验算加载模式［J］．世界桥梁，2008（1）：8-10.
[23] 陈策，钟建驰．三塔悬索桥垂跨比变化对结构静动力特性的影响［J］．桥梁建设，2008(6)：12-17.
[24] 华新，韩大章，周彦锋．三塔悬索桥人字型钢中塔选型及关键构造设计［J］．中国工程科学，2010，12（4）：37-42.
[25] 陈策，唐轲．三塔悬索桥上部结构施工及其技术创新［J］．桥梁，2012，(10)：34-37.
[26] 韩大章，华新．泰州长江大桥的关键技术问题［J］．公路，2008，(6)：55-58.
[27] 杨进，徐恭义，韩大章．泰州长江公路大桥三塔两跨悬索桥总体设计与结构选型［J］．桥梁建设，2008(1)：37-40.
[28] 万田保，王忠彬，韩大章．泰州长江公路大桥三塔悬索桥中塔结构形式的选取［J］．世界桥梁，2008（1）：1-4.
[29] 华新，韩大章，周彦锋．泰州长江公路大桥中塔结构行为特点及设计特色［J］．公路，2010(11)：59-63.
[30] 杨进．泰州长江公路大桥主桥三塔悬索桥方案设计的技术理念［J］．桥梁建设，2007(3)：33-35.
[31] 陈策，殷海华．特大跨径三塔两跨悬索桥的位移特性初探［J］．中国工程科学，2010，12（18）：79-82.
[32] 齐东春，沈锐利，陈卫国．悬索桥结构分析中鞍座单元的研究及应用［J］．桥梁建设，2011(1)：

35-38.
[33] 罗喜恒. 悬索桥缆索系统的数值分析法 [J]. 同济大学学报, 2004, 32 (4): 441-446
[34] 罗喜恒, 肖汝诚, 项海帆. 悬索桥施工过程精细化分析研究 [J]. 土木工程学报, 2005, 28 (10): 76-80.
[35] 齐东春, 王昌将, 沈锐利. 悬索桥施工中鞍座顶推的研究 [J]. 中国工程科学, 2010, 12 (7): 68-73.
[36] 门永斌, 沈锐利, 唐茂林. 悬索桥索塔施工过程的模拟分析 [J]. 湖南工程学院学报, 2007, 12 (2): 88-91.
[37] 罗喜恒. 悬索桥主缆线形的鞍座影响 [J]. 公路交通科技, 2005, 22 (8): 36-39
[38] 罗喜恒, 肖汝诚, 项海帆. 用于悬索桥非线性分析的鞍座－索单元 [J]. 土木工程学报, 2005, 38 (6): 47-53.
[39] 王志诚, 刘昌鹏, 沈锐利. 自锚式悬索桥参数影响挠度理论研究 [J]. 土木工程学报, 2008, 41 (12): 61-65.
[40] 沈锐利, 王志诚. 自锚式悬索桥力学特性挠度理论研究 [J]. 公路交通科技, 2008, 25 (4): 94-98.

# 3 多塔连跨悬索桥抗震性能模型试验研究

## 3.1 引言

随着近几十年破坏性大地震的不断发生,大跨度桥梁的抗震设计越来越受重视。对于大跨度桥梁抗震设计,国内外已经进行了大量研究。国内外学者对桥梁震害的调查研究表明,桥梁震害的起因有:桥梁的结构形式,构造或连接措施不当;桥梁各支承点的地面运动不一致;砂土液化,地基下沉引起的基础破坏;桥梁墩柱本身抗震能力不足。从现有国内外对大跨度桥梁抗震研究的现状来看,主要是针对大跨度斜拉桥和二塔悬索桥结构进行的,并且多为理论研究,通过振动台模型试验进行的研究少之又少,而对于多塔连跨悬索结构的抗震研究尚为空白。

本章中,首次实现了大跨多塔连跨悬索桥振动台大比例模型试验,首次采用振动台试验方法,研究多塔连跨悬索结构动力特性、地震损伤的控制技术,地震反应规律,多点激励和非一致输入对大桥梁结构抗震性能的影响,验证理论分析结果。

## 3.2 研究目的与内容

### 3.2.1 研究目的

围绕超长、大跨多塔连跨悬索结构特点,提炼出具有共性的关键理论与技术问题,开展理论、数值模拟和振动台模型试验研究,最终建立多塔连跨悬索结构的抗震理论,提出相关地震损伤的控制技术,实现对多塔连跨悬索桥结构地震灾变合理有效控制,提升防灾减灾能力。

### 3.2.2 研究内容

主要研究内容包括:

(1)超长、大跨多塔连跨悬索结构的非线性动力模型、大型和复杂结构非线性行为的数值模拟理论与技术、结构非线性和非经典阻尼比对多塔连跨悬索结构地震反应的影响。

(2)主桥与引桥的相互耦联作用及碰撞效应;主桥和引桥过渡墩处梁体合理的搭接长度和约束位移措施。

(3)含有超长周期分量、非一致的地震地面运动作用下,超长、大跨多塔连跨悬索结构地震反应机理、反应特性、结构的易损性和抗震设计理论。超长、大跨多塔连跨悬索结构周期长,主桥连续长度达千米以上,行波和不一致激励输入对结构的受力和变形有较大的影响。

(4)多塔连跨悬索结构合理抗震体系。多塔连跨悬索结构、其桥塔(特别是中间塔)、墩在纵桥和横桥向都有可能受到较大的地震力,成为设计的控制因素,如何合理的选择结构体系,研究塔、梁、墩之间纵向和横向的连接方式(弹性连接方式、液压阻尼器、lock - up 装置的连接方式),在满足桥梁的使用性能的基础上,对于减小塔、墩和基础的地震反应非常关键。

(5)多塔连跨悬索结构地震损伤的控制技术。根据多塔连跨悬索结构各部件的重要性、可检性、可修性和可换性,采用地震损伤的控制技术,合理控制多塔连跨悬索结构各组成构件的地震力和变形,寻求减轻多塔连跨悬索结构地震灾害和提高桥梁结构抗震能力的各种新措施和新途径,开发新型减、隔震装置。

## 3.3 非线性地震反应数值分析

### 3.3.1 有限元模型

空间结构的有限单元模型均以顺桥向为 $x$ 轴,横桥向为 $y$ 轴,竖向为 $z$ 轴。利用空间梁单元模拟加劲梁、桥塔和墩柱,用空间杆单元模拟主缆、吊杆;主缆、桥塔和吊杆均考虑恒载引起的几何刚度的影响。中间塔和加劲梁之间在纵向采用弹性索连接,弹性刚度取为 $6.4\times10^5$kN/m。在建立非线性模型时主要考虑了:①滑动支座的非线性效应;②非线性黏滞阻尼器的非线性效应。有限元模型的边界条件和连接条件见表 3.1 和表 3.2,模型如图 3.1 所示。

**有限元模型的边界条件** 表 3.1

| 位　置 | $\Delta x$ | $\Delta y$ | $\Delta z$ | $\theta_x$ | $\theta_y$ | $\theta_z$ |
|---|---|---|---|---|---|---|
| 主缆锚碇端 | 1 | 1 | 1 | 1 | 1 | 1 |
| 模型 1、2 在沉井冲刷线处 | 1 | 1 | 1 | 1 | 1 | 1 |
| 模型 3、4 在沉井底部 | 2 | 2 | 2 | 2 | 2 | 2 |
| 模型 1、3 在边塔桩基础承台底部 | 2 | 2 | 2 | 2 | 2 | 2 |
| 模型 2、4 在边塔桩基础局部冲刷线处 | 2 | 2 | 2 | 2 | 2 | 2 |

注:“0”表示自由,“1”表示固结,“2”表示弹性约束。

**连　接　条　件** 表 3.2

| 位　置 | $\Delta x$ | $\Delta y$ | $\Delta z$ | $\theta_x$ | $\theta_y$ | $\theta_z$ |
|---|---|---|---|---|---|---|
| 中间塔—梁连接 | 2 | 1 | 0 | 0 | 0 | 0 |
| 北边塔—梁连接 | 0 | 1 | 1 | 1 | 0 | 0 |
| 南边塔—梁连接 | 0 | 1 | 1 | 1 | 0 | 0 |
| 主缆—鞍座 | 1 | 1 | 1 | 0 | 0 | 0 |
| 塔顶—鞍座 | 1 | 1 | 1 | 1 | 1 | 1 |

注:“0”表示自由,“1”表示固结,“2”表示弹性约束。

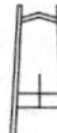

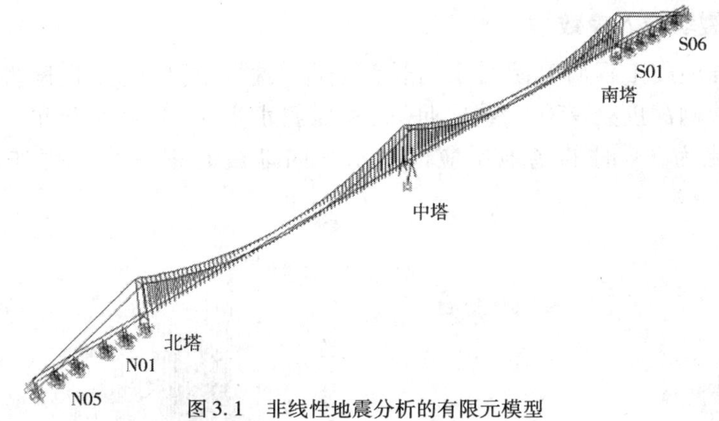

图 3.1 非线性地震分析的有限元模型

### 3.3.2 滑动支座的非线性效应

本主桥加劲梁与两边塔下横梁间、次边跨非固定墩在纵桥向均设置滑动摩擦支座，考虑支座处地震动轴压力与恒载轴压力相比较小，且可忽略滑动速度对支座动摩擦系数的影响，对滑动摩擦支座近似采用理想弹塑性连接单元进行模拟，其典型滞回曲线如图 3.2 所示。

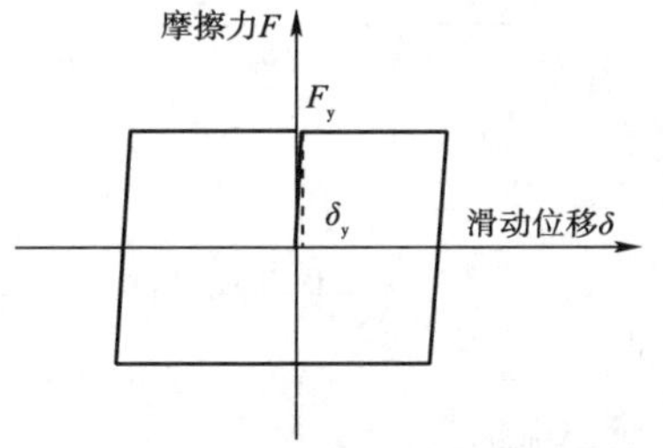

图 3.2 滑动摩擦支座的理想弹塑性简化滞回模型

其中，滞回曲线屈服力 $F_y$(即滑动起始摩擦力)取支座恒载轴压力 $N$ 乘以动摩擦系数，动摩擦系数对所有滑动摩擦支座均取 0.02，即：

$$F_y = N \times 0.02 \tag{3.1}$$

初始刚度 $K$ 为屈服力 $F_y$ 与屈服位移 $\delta_y$(即滑动起始静位移，取 $\delta_y = 0.002\text{m}$)之比：

$$K = F_y/\delta_y = N \times 0.02/0.002 = 10N(\text{kN/m}) \tag{3.2}$$

### 3.3.3 非线性黏滞阻尼器的非线性效应

常用的液压阻尼器从力学特性划分为线性的和非线性黏滞阻尼器，其恢复力特性可用下式表示：

$$F = CV^{\xi} \tag{3.3}$$

式中：$F$——阻尼力；

$C$——阻尼系数；

$V$——阻尼器相对速度；

$\xi$——速度指数(其值范围在 0.1～2.0，工程实际中常用值一般在 0.1～1.0 范围内)。

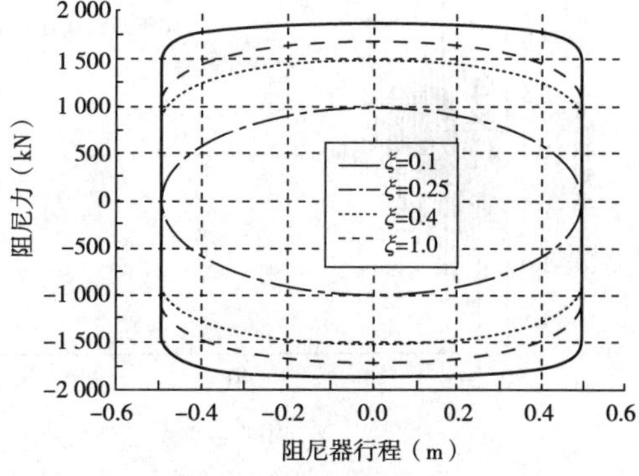

图 3.3 黏滞阻尼器滞回环

当液压阻尼器的阻尼力与相对速度成比例时，称为线性阻尼器，其恢复力特性如图 3.3 中的 $\xi=1.0$ 曲线所示，形状近似椭圆。当阻尼力与相对速度不成比例时，称为非线性阻尼器，其恢复力特性如图 3.3 中的 $\xi \neq 1.0$ 曲线所示，形状趋近于矩形。

### 3.3.4 地震动输入参数

根据江苏省地震工程研究院对泰州长江公路大桥进行的地震危险性分析的结果，桥址场地在一般冲刷深度处950年重现期（简称地震水平Ⅰ）和2 450年重现期（简称地震水平Ⅱ）、阻尼比为3%时的场地反应谱和水平向地震时程曲线分别如图3.5和图3.4所示。

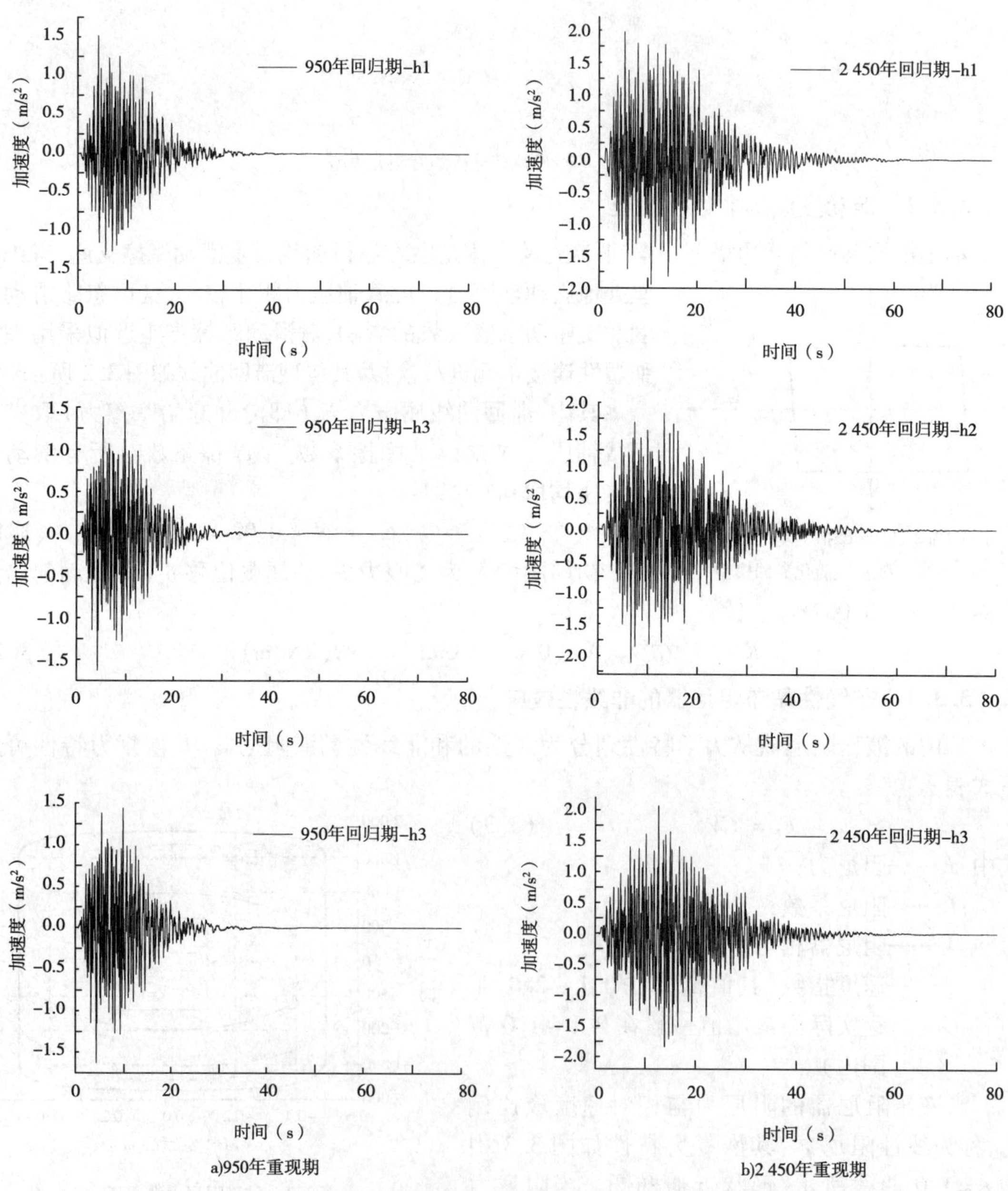


图3.4 泰州长江公路大桥的桥址场地反应谱

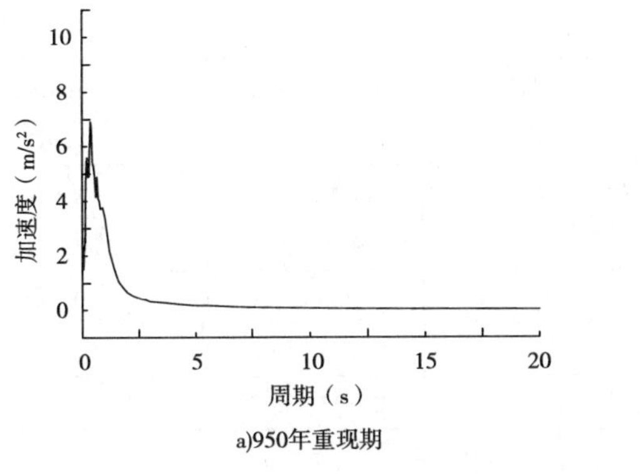

a)950年重现期

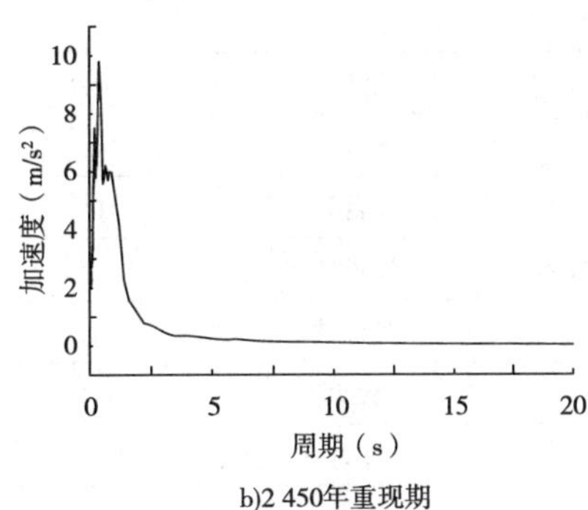

b)2 450年重现期

图 3.5 泰州长江公路大桥的桥址场地反应谱

## 3.4 大比例振动台组模型试验

### 3.4.1 模型设计

考虑到模型制作的可行性与可操作性，在保证模型与原型具备最大限度相似性的同时，需要对模型进行一定的简化等效处理。等效过程中，需遵循以下原则：

(1)简化模型与原型的结构动力性能要与调整前保持一致，即模型的结构形式、抗侧力体系、刚度、荷载质量大小、分布情况与原结构相同或相近，当受到地震作用时，结构的动力反应与调整前相比要基本保持一致。

(2)简化后模型的连接形式保持不变，在结构平、立面布置上尽可能同原结构保持一致，如支撑体系的布置和支撑形式的选择。

(3)在结构整体上尽量保持不变。在构件层次上，各部位对应的构件截面形式与原型结构基本一致，但对梁的宽度、钢板厚度等做适度的调整，如钢塔横梁，以便于模型结构的加工制作。保证柱构件对整体结构抗侧刚度的贡献与原型结构一致。

1)相似分析

考虑振动台面尺寸及承载能力等条件，平面几何尺寸在振动台台面范围之内，立面高度满足试验室制作场地高度要求以及模型吊装行车的高度要求，因此确定几何尺寸比例为1:40，即几何相似常数为 $C_l=1/40$，混凝土部分的弹性模量为 $C_E=1/3$，钢结构部分为 $C_E=1$。根据 Buckingham 理论和量纲分析法，推导了模型和原型的相似关系表达式。振动台试验的一些主要相似关系见表 3.3。

**抗震性能模型试验的相似关系** 表 3.3

| 分 类 | 物理量 | 量纲 | 相似常数 | 混凝土结构 | 钢结构 |
|---|---|---|---|---|---|
| 荷载 | 集中力 $F$ | F | $C_E C_L^2$ | 0.000 208 3 | 0.000 208 3 |
| | 压力 $P$ | $FL^{-2}$ | $C_E$ | 0.333 333 3 | 1 |
| | 加速度 $a$ | $LT^{-2}$ | 1 | 1 | 1 |
| | 重力加速度 $g$ | $LT^{-2}$ | 1 | 1 | 1 |
| | 速度 $v$ | $LT^{-1}$ | $C_L^{0.5}$ | 0.158 113 9 | 0.158 113 9 |
| | 时间 $t$ | T | $C_l^{0.5}$ | 0.158 113 9 | 0.158 113 9 |

续上表

| 分　类 | 物理量 | 量纲 | 相似常数 | 混凝土结构 | 钢结构 |
|---|---|---|---|---|---|
| 几何性状 | 线尺寸 $l$ | L | $C_L$ | 0.025 | 0.025 |
| | 面积 $A$ | $L^2$ | $C_L^2$ | 0.000 625 | 0.000 208 3 |
| | 惯性矩 $I$ | $L^4$ | $C_L^4$ | $3.906\times10^{-7}$ | $1.302\times10^{-7}$ |
| | 线位移 $\delta$ | L | $C_L$ | 0.025 | 0.025 |
| | 频率 $f$ | $T^{-1}$ | $C_L^{-0.5}$ | 6.324 555 3 | 6.324 555 3 |
| 材料特性 | 应力 $\sigma$ | $FL^{-2}$ | $C_E$ | 0.333 333 3 | 1 |
| | 应变 $\varepsilon$ | — | 1 | 1 | 1 |
| | 弹性模量 $E$ | $FL^{-2}$ | $C_E$ | 0.333 333 3 | 1 |
| | 泊松比 $\mu$ | — | 1 | 1 | 1 |
| | 重力密度 $\rho$ | $FL^{-3}$ | $C_E/C_L$ | 13.333 333 | 13.333 333 |
| | 重力 $m$ | F | $C_EC_L^2$ | 0.000 208 3 | 0.000 208 3 |
| | 刚度 $k$ | $FL^{-1}$ | $C_EC_L$ | 0.008 333 3 | 0.008 333 3 |
| | 阻尼 $c$ | $FL^{-1}T$ | $C_EC_L^{1.5}$ | 0.001 317 6 | 0.003 952 8 |

主桥跨径为54m,受限于试验室槽道的最大长度,此次试验只做出一侧次边跨,模型布置图如图3.6所示。

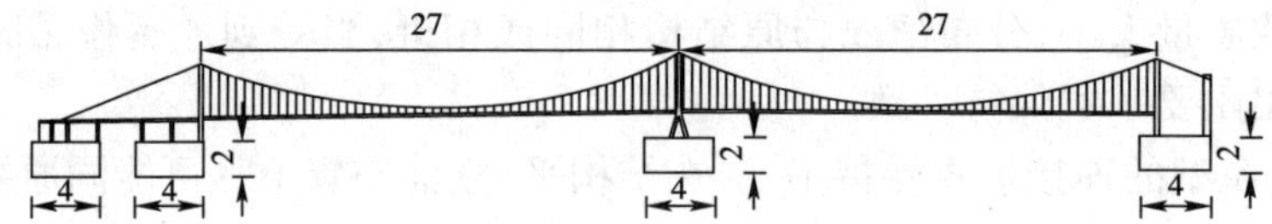


图3.6　抗震性能模型布置图(单位:m)

2)模型选材

为了准确模拟原型结构的动力特性和动力反应,模型尽可能采用与原型性能相近或相同的材料。本试验对于原型中的混凝土结构,采用微粒混凝土进行模拟。微粒混凝土是一种专门用于模拟混凝土结构的模型材料,它是由几种微细骨料按一定比例组成的混凝土,其施工方法、振捣方式、养护条件以及材料性能都与普通混凝土十分相似,在动力特性上与原型混凝土有良好的相似关系,而且通过调整配合比,可满足降低弹性模量的要求。模型试验时可以做到模型开裂甚至破坏,具有试验现象比较直观的优点,因此选用微粒混凝土模拟原结构中的混凝土,在现有的试验条件下可以得到混凝土的弹性模量相似比在1/5~1/3范围内。钢结构部分中的型钢构件采用原型一致的钢板来制作。主缆采用平行钢束模拟。

3)模型尺寸及截面设计

钢筋混凝土构件截面尺寸按等刚度原则设计,纵筋和箍筋分别采用抗弯能力等效、抗剪能力等效原则设计。加劲梁、桥塔、主缆及吊杆的详细尺寸及断面信息如图3.7~图3.9所示。

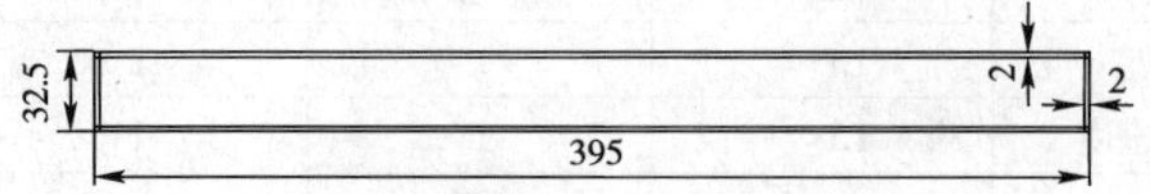


图3.7　抗震模型加劲梁的尺寸及断面信息(钢)(单位:mm)

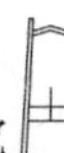

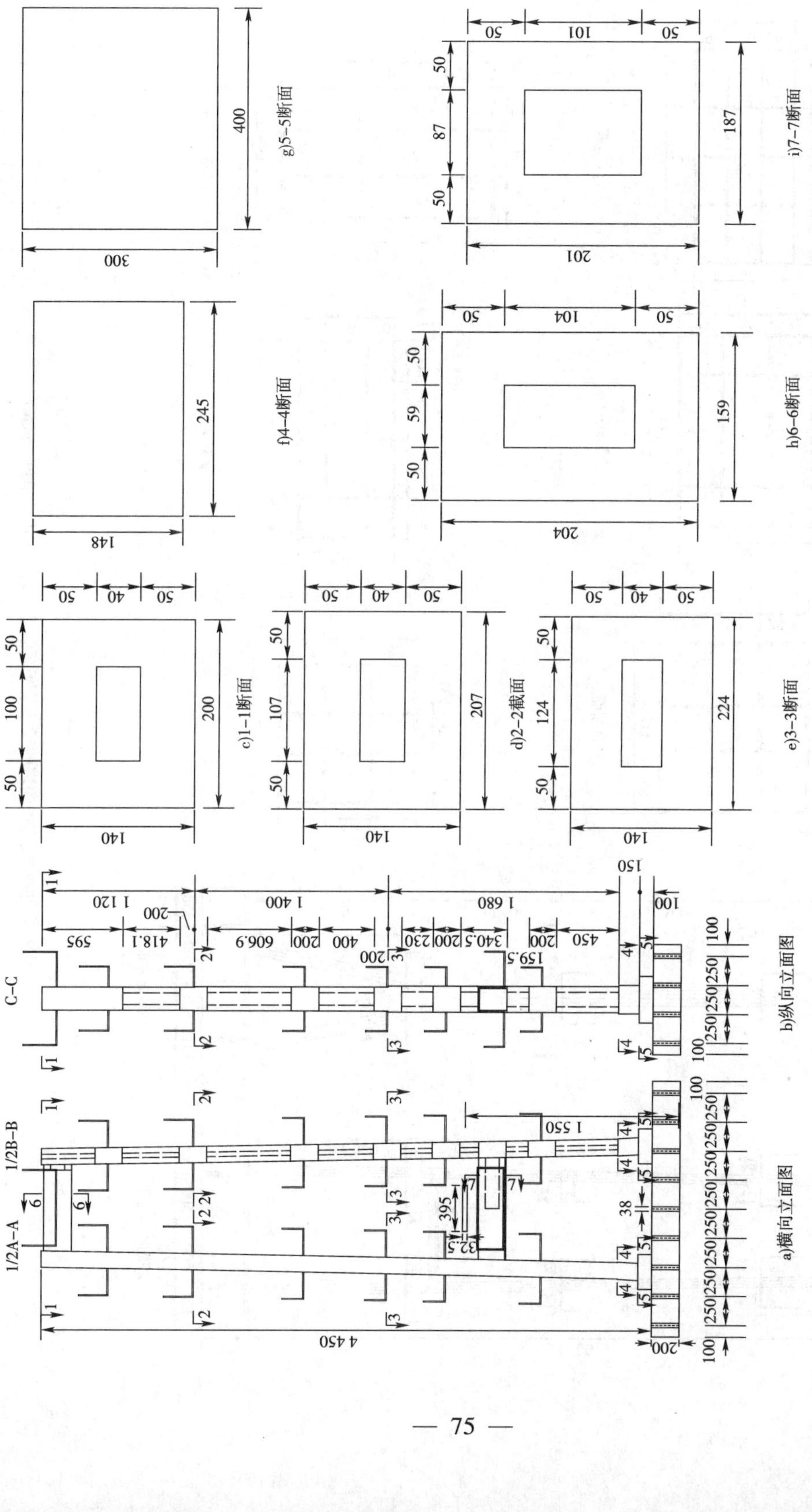
a)横向立面图
b)纵向立面图
c)1-1断面
d)2-2截面
e)3-3断面
f)4-4断面
g)5-5断面
h)6-6断面
i)7-7断面
1/2A-A
1/2B-B
C-C

图3.8　抗震模型边塔的尺寸及断面信息(混凝土)(尺寸单位：mm)

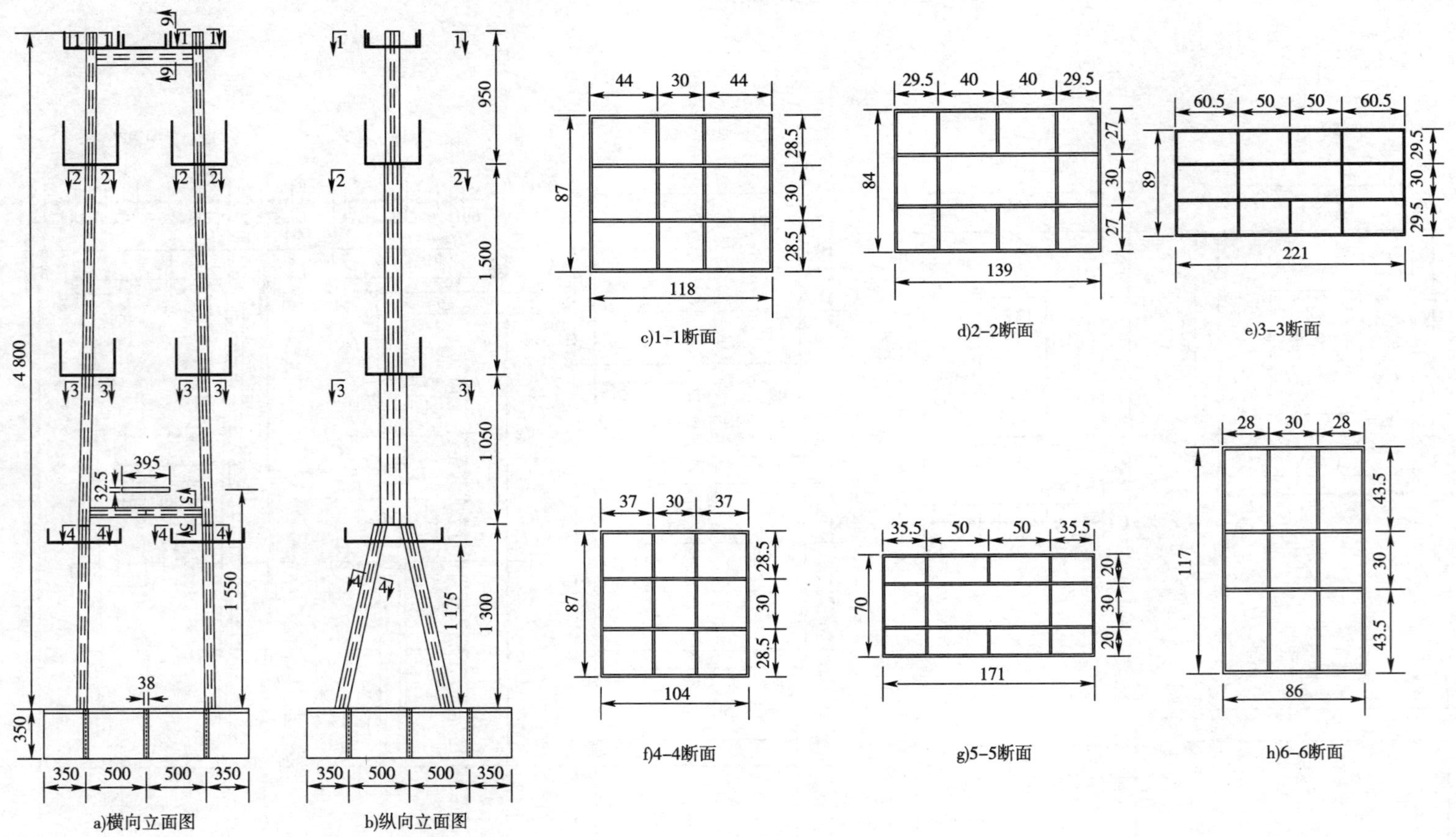


图3.9 抗震模型中间塔的尺寸及断面信息（钢）（尺寸单位：mm）

### 3.4.2　模型制作与安装

由于模型尺寸较小，精度要求较高，因此对模型施工要求较高。混凝土结构箍筋采用镀锌铁丝（见图 3.10），次边跨钢筋笼和模板（见图 3.11 ~ 图 3.13）。边塔塔柱尺寸较小，塔柱很高。箍筋很密，竖立浇筑困难，为了保证浇筑密实，此次边塔水平放置浇筑，用方钢管做水平支架（见图 3.14 ~ 图 3.16），模型安装过程见图 3.17 ~ 图 3.23。

图 3.10　抗震模型的边塔箍筋

图 3.11　抗震模型的次边跨钢筋笼

图 3.12　抗震模型的次边跨模板

图 3.13　抗震模型的次边跨模型

图 3.14　抗震模型的边塔钢筋笼

图 3.15　抗震模型的边塔模型

图 3.16　抗震模型的边塔浇筑

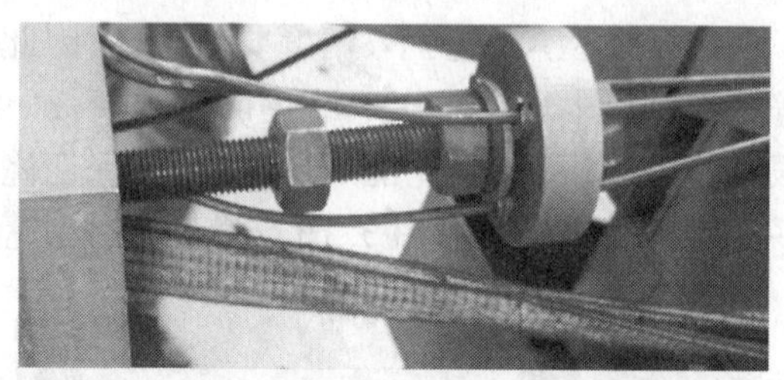

图 3.17　抗震模型的主缆锚具

图 3.18　抗震模型的中间塔主缆索夹及吊杆安装

图 3.19　抗震模型的中间塔主缆索夹及吊杆安装

图 3.20　抗震模型的安全支架与主桥组装

图 3.21　抗震模型的连接吊索与加劲梁

图 3.22　抗震模型的模型传感器安装完成

图 3.23　抗震模型的竣工模型

### 3.4.3 模型加载方案

根据塔梁约束形式分为漂浮体系、中间塔阻尼器体系、中间塔阻尼器边塔弹性索体系和中间塔弹性索体系等四种体系。试验加载工况按照输入加速度从小到大，输入泰州场地波，进行 0.05$g$、0.10$g$、0.20$g$ 下的模型振动台试验研究。

在不同水准地震波输入前后，对模型进行白噪声扫描，测量结构的自振频率。详细试验工况见表 3.4 ~ 表 3.7。

一致输入下工况 表 3.4

| 工况 | | | 加速度峰值 ($g$) | 加载时间 (s) |
|---|---|---|---|---|
| 序号 | 试验模型 | 输入波形 | | |
| A1 | 漂浮体系 | 白噪声 | 0.10 | |
| A2 | | 泰州波 | 0.05 | 13 |
| A3 | | | 0.10 | 13 |
| A4 | | | 0.20 | 13 |
| B1 | 阻尼器体系 | 白噪声 | 0.10 | |
| B2 | | 泰州波 | 0.05 | 13 |
| B3 | | | 0.10 | 13 |
| B4 | | | 0.20 | 13 |
| C1 | 阻尼器 +<br>弹性索体系 | 白噪声 | 0.10 | |
| C2 | | 泰州波 | 0.05 | 13 |
| C3 | | | 0.10 | 13 |
| C4 | | | 0.20 | 13 |
| D1 | 弹性索体系 | 白噪声 | 0.10 | |
| D2 | | 泰州波 | 0.05 | 13 |
| D3 | | | 0.10 | 13 |
| D4 | | | 0.20 | 13 |

非一致输入下工况 表 3.5

| 工况 | | | 加速度峰值 ($g$) | 视波速 (m/s) | 延迟时间 (s) | 加载时间 (s) |
|---|---|---|---|---|---|---|
| 序号 | 试验模型 | 输入波形 | | | | |
| A5 | 漂浮体系 | 白噪声 | 0.1 | | | |
| A6 | | 泰州波 | 0.2 | 39.5 | 0.68 | 13 |
| A7 | | | | 79 | 0.34 | 13 |
| A8 | | | | 118.5 | 0.23 | 13 |
| A9 | | | | 158 | 0.17 | 13 |
| A10 | | 白噪声 | 0.1 | | | |

续上表

| 工况 | | | 加速度峰值($g$) | 视波速(m/s) | 延迟时间(s) | 加载时间(s) |
|---|---|---|---|---|---|---|
| 序号 | 试验模型 | 输入波形 | | | | |
| B5 | 阻尼器体系 | 白噪声 | 0.1 | | | |
| B6 | | 泰州波 | 0.2 | 39.5 | 0.68 | 13 |
| B7 | | | | 79 | 0.34 | 13 |
| B8 | | | | 118.5 | 0.23 | 13 |
| B9 | | | | 158 | 0.17 | 13 |
| B10 | | 白噪声 | 0.1 | | | |
| C5 | 阻尼器+弹性索体系 | 白噪声 | 0.1 | | | |
| C6 | | 泰州波 | 0.2 | 39.5 | 0.68 | 13 |
| C7 | | | | 79 | 0.34 | 13 |
| C8 | | | | 118.5 | 0.23 | 13 |
| C9 | | | | 158 | 0.17 | 13 |
| C10 | | 白噪声 | 0.1 | | | |
| D5 | 弹性索体系 | 白噪声 | 0.1 | | | |
| D6 | | 泰州波 | 0.2 | 39.5 | 0.68 | 13 |
| D7 | | | | 79 | 0.34 | 13 |
| D8 | | | | 118.5 | 0.23 | 13 |
| D9 | | | | 158 | 0.17 | 13 |
| D10 | | 白噪声 | 0.1 | | | |

**视波速对照表** 表3.6

| | 视波速(m/s) | | | |
|---|---|---|---|---|
| 模型 | 39.5 | 79 | 118.5 | 158 |
| 原型 | 250 | 500 | 750 | 1 000 |

**次边跨碰撞工况** 表3.7

| 工况 | | | 加速度峰值($g$) | 加载时间(s) |
|---|---|---|---|---|
| 序号 | 试验模型 | 输入波形 | | |
| E1 | 漂浮体系 | 白噪声 | 0.1 | |
| E2 | | 泰州波 | 0.1 | 13 |
| E3 | | | 0.2 | 13 |
| E4 | | | 0.3 | 13 |

根据试验目的,本次试验选取地震波为泰州场地波。根据相似比,对加速度时程波时间进行压缩,试验输入的地震波如图3.24所示。

### 3.4.4 模型量测方案

试验过程中采集模型结构在不同水准地震作用下不同部位的加速度、位移、应变等数据。根据项目的结构特点，在模型结构关键部位布置相应的传感器。在参考结构计算结果后，确定传感器布置如下。

1）应变片布置

应变片布置见图3.25～图3.28。

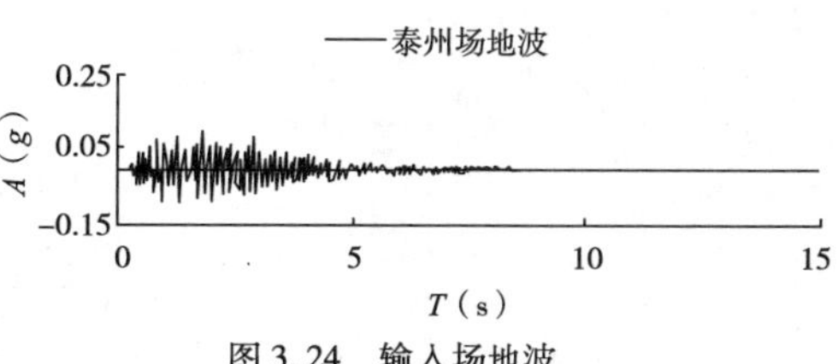


图3.24　输入场地波

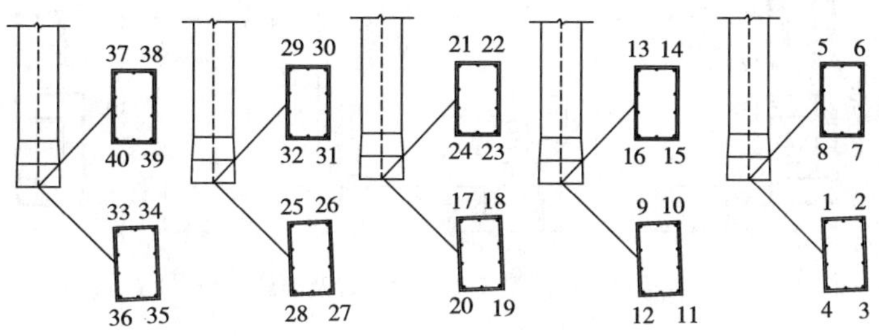


图3.25　抗震模型的次边跨墩应变片布置及编号

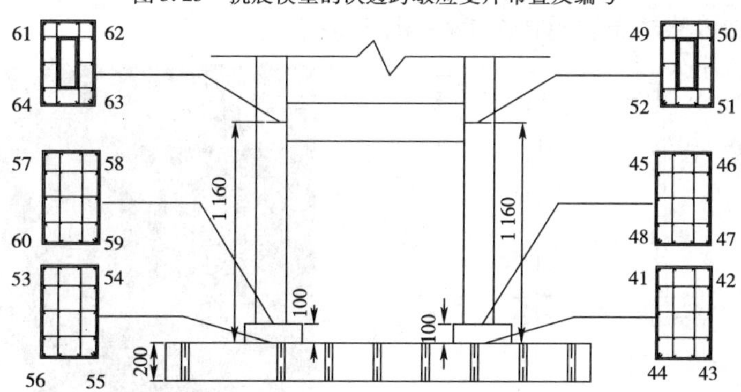


图3.26　抗震模型的边塔1应变片布置及编号（尺寸单位：mm）

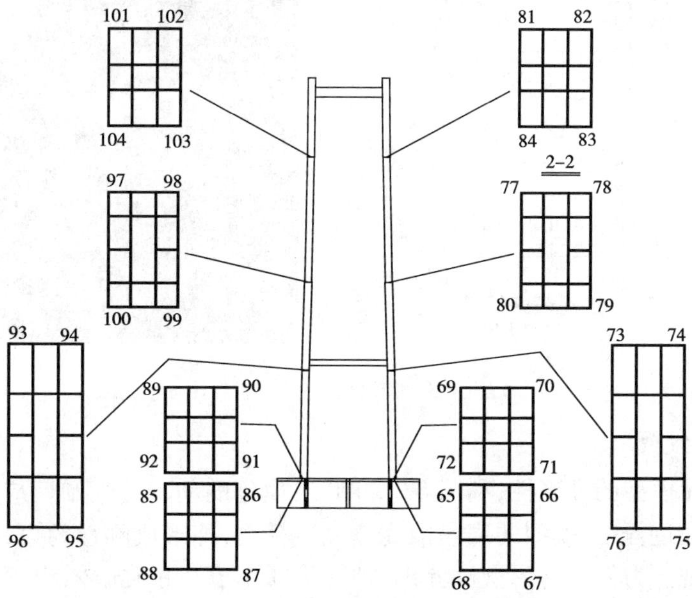


图3.27　抗震模型的中间塔应变片布置及编号

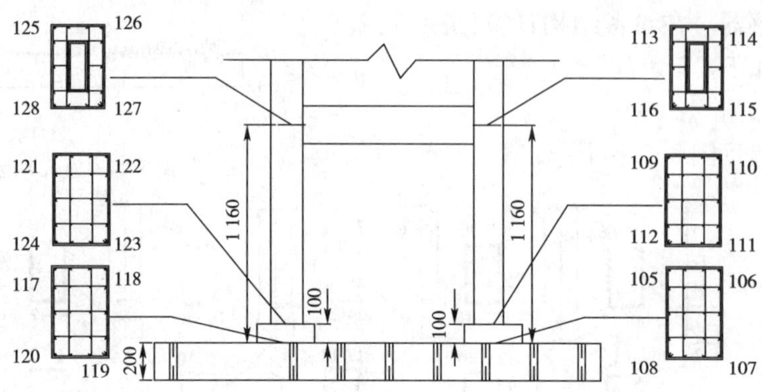


图 3.28 抗震模型的边塔 2 应变片布置及编号(尺寸单位:mm)

2)加速度和位移传感器布置

加速度和位移传感器布置见图 3.29 ~ 图 3.32。

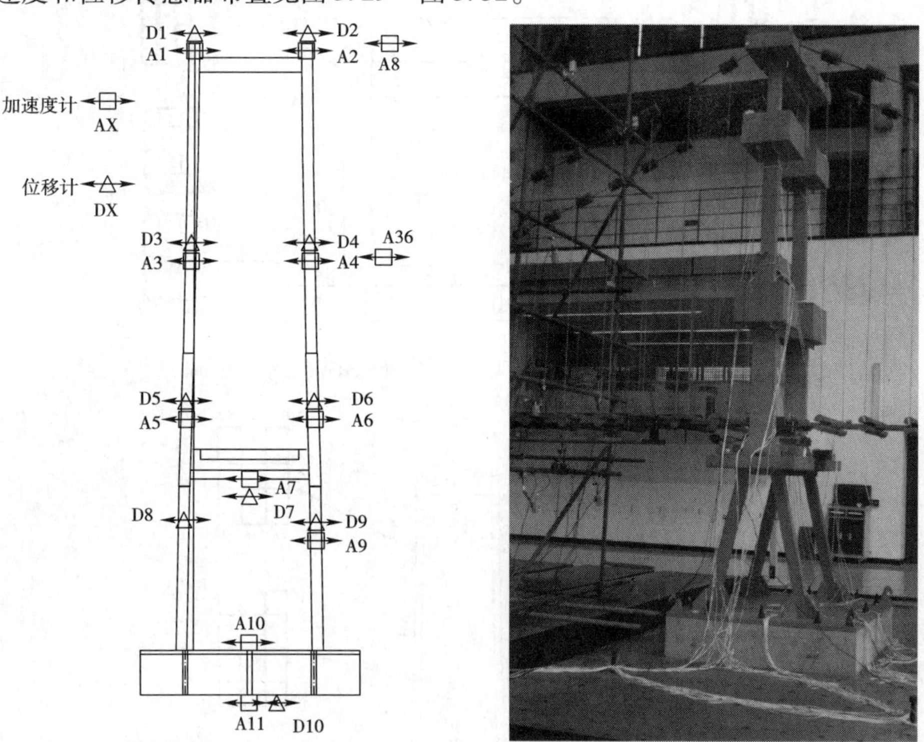


图 3.29 抗震模型的中间塔加速度计和位移计布置及编号

### 3.4.5 数值分析

为了验证简化模型的准确性,利用 SAP2000 对模型的动力特性和反应谱反应方面进行相似性验证。建模过程中,模型的底座能完全固定模型,即形成刚性约束,模型配重通过施加节点质量来实现。为便于与原型桥分析结果(见 3.3 节)进行比较,以下的图表中的模型数据均已根据相似比进行归一化,其中误差是指(模型值 - 原型值)/原型值。

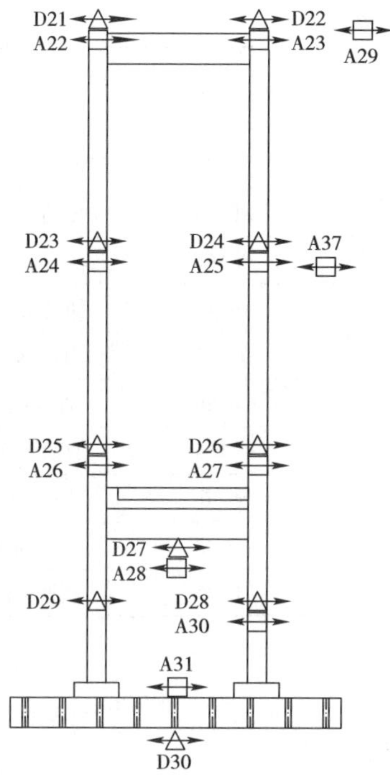

图 3.30　抗震模型的边塔加速度计和位移计布置及编号

图 3.31　抗震模型的边塔加速度计和位移计布置

图 3.32　抗震模型的加劲梁跨中加速度计布置

1)动力特性比较

原型桥与模型桥的自振周期计算结果如表 3.8 所示,可以得出,模型桥与原型桥的自振周期较为接近,自振周期的误差控制在了 2.6% 以内,这表明模型桥与原型桥的动力特性是精确相似的。

2)反应谱分析对比

在多遇地震烈度下,原型桥和模型桥的输入加速度反应谱如图 3.33 所示。在分别进行“纵向 + 竖向”和“横向 + 竖向”输入时,原型桥和模型桥的关键截面内力、关键点位移计算结果如表 3.9 和表 3.10 所示。比较分析结果表明,桥塔关键截面内力误差较大,最大值达到 18.4%,中间塔顶部位移误差也达到了 12.6%。这种误差是模型简化造成的,考虑到本次试验目的,因此上述误差对试验结果影响不大。

**动力特性比较分析表** 表3.8

| 振型阶数 | 自振周期(s) | | 误差(%) | 振型特征 |
|---|---|---|---|---|
| | 原型桥 | 模型桥 | | |
| 1 | 13.279 | 13.248 | -0.27 | 加劲梁一阶反对称侧弯 |
| 2 | 13.169 | 13.059 | -0.77 | 加劲梁一阶反对称竖弯 |
| 3 | 11.067 | 11.091 | 0.16 | 加劲梁一阶对称侧弯 |
| 4 | 8.778 | 8.774 | -0.11 | 加劲梁二阶反对称竖弯 |
| 5 | 8.627 | 8.634 | 0.02 | 加劲梁一阶对称竖弯 |
| 6 | 6.688 | 6.662 | -0.26 | 加劲梁二阶对称竖弯 |
| 7 | 6.048 | 6.051 | -0.04 | 加劲梁高阶反对称竖弯 |
| 8 | 4.628 | 4.512 | -2.6 | 加劲梁高阶对称竖弯 |
| 9 | 4.433 | 4.416 | -0.33 | 中间塔一阶侧弯 |
| 10 | 4.416 | 4.402 | -0.35 | 加劲梁高阶反对称竖弯 |

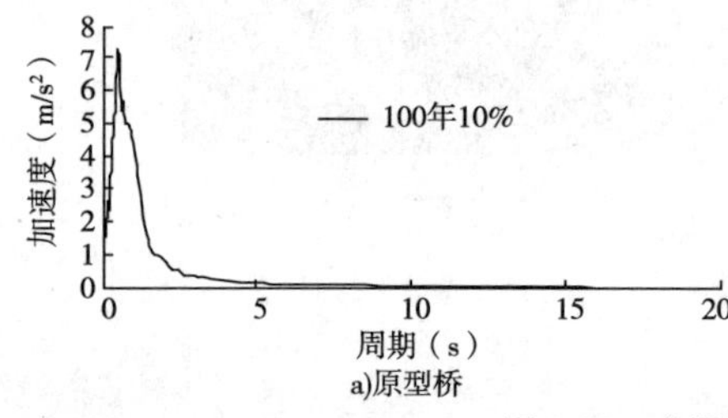

a)原型桥

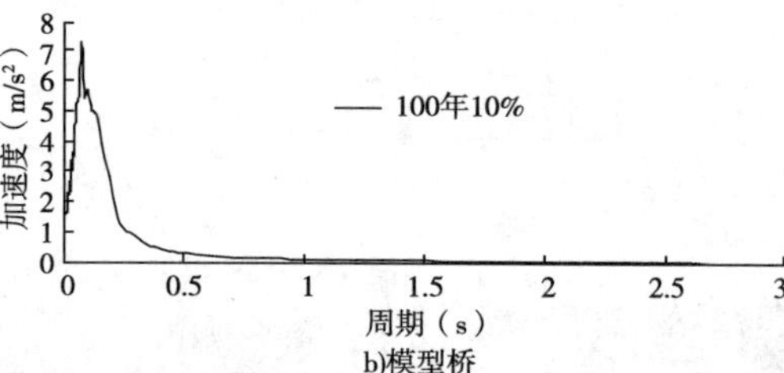

b)模型桥

图3.33 多遇地震烈度下的加速度反应谱

**桥塔塔底截面内力比较** 表3.9

| 工况 | 截面位置 | 原型桥 | | 模型桥 | | 误差(%) | |
|---|---|---|---|---|---|---|---|
| | | 轴力 $P$ (kN) | 弯矩 $M$ (kN·m) | 轴力 $P$ (kN) | 弯矩 $M$ (kN·m) | 轴力 | 弯矩 |
| 纵向+竖向 | 北塔塔底 | 21 266.0 | 370 437.3 | 18 456.5 | 395 846.4 | -13.2 | 6.9 |
| | 南塔塔底 | 21 239.8 | 370 433.8 | 17 921.5 | 362 770.4 | -15.6 | -2.1 |
| | 中间塔塔底 | 28 623.6 | 50 911.5 | 33 368.4 | 44 974.7 | 16.6 | 11.7 |
| 横向+竖向 | 北塔塔底 | 28 272.8 | 529 512.3 | 27 758.1 | 556 531.4 | -1.8 | 5.1 |
| | 南塔塔底 | 28 684.8 | 538 689.4 | 25 232.2 | 530 247.8 | -12.0 | -1.5 |
| | 中间塔塔底 | 4 101.8 | 93 422.3 | 4 013.8 | 110 650.8 | -2.1 | 18.4 |

**桥塔关键点位移比较** 表3.10

| 节点位置 | 原型桥 | | 模型桥 | | 误差(%) | |
|---|---|---|---|---|---|---|
| | 纵向(m) | 横向(m) | 纵向(m) | 横向(m) | 纵向位移 | 横向位移 |
| 北塔塔顶 | 0.060 | 0.081 | 0.063 | 0.085 | 5.5 | 4.6 |
| 中间塔塔顶 | 0.090 | 0.087 | 0.093 | 0.076 | 3.9 | -12.6 |
| 加劲梁北端 | 0.090 | 0.036 | 0.091 | 0.037 | 1.4 | 3.8 |
| 加劲梁北跨中 | 0.082 | 0.204 | 0.083 | 0.204 | 0.8 | 0.1 |

注:此表只列出纵向输入下各关键点纵向位移和横向输入下各关键点横向位移对比。

### 3.4.6 试验过程及结果分析

1)模型结构动力特性

在不同水准地震作用前后,均采用白噪声对模型结构进行扫频试验。塔顶测点位移的频谱特性,分析可知漂浮体系的基频是0.438Hz,中间塔阻尼器体系的基频是0.50Hz,中间塔阻尼器边塔弹性索体系的基频是4.19Hz,中间塔弹性索体系的基频是4.51Hz。不同地震作用后,各个体系的基频没有变化,说明结构刚度没有变化。

2)加速度结果分析

从图3.34~图3.38可以看出4种纵向约束体系的加速度放大系数随塔身高度的分布情况。对于漂浮体系模型,中间塔上加速度放大系数最大值产生在塔顶,而边塔出现在塔身中上部。行波效应对塔身加速度放大系数有明显的影响,在中间塔处行波效应减小动力放大系数,如中间塔顶在一致输入时,动力放大系数是4.65。在边塔处行波效应增大动力放大系数,如在边塔2塔中一致输入时动力放大系数是3.17,视波速158m/s时是3.75。

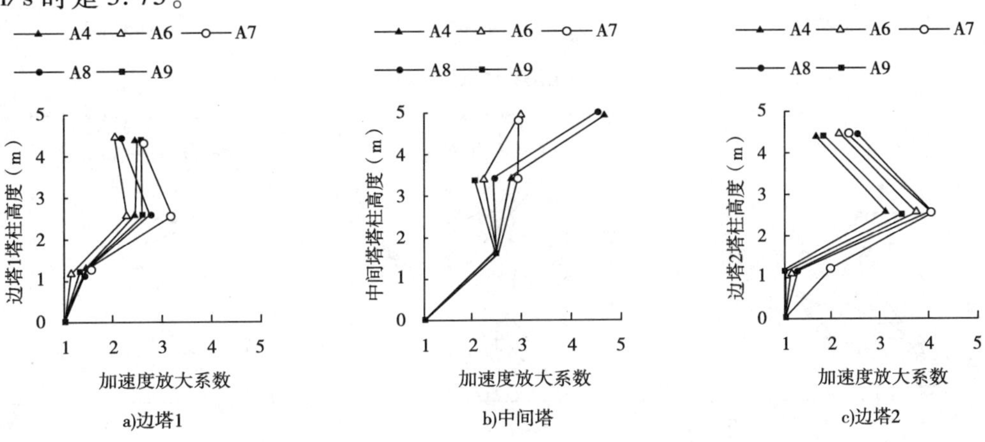


图3.34 漂浮体系模型桥塔加速度放大系数

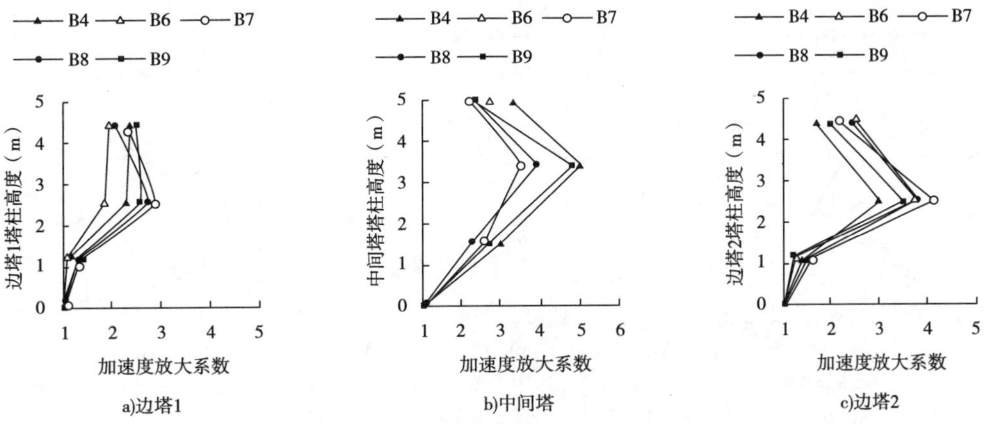


图3.35 中间塔阻尼器体系桥塔加速度放大系数

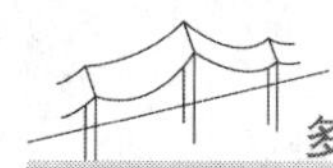



对于中间塔阻尼器体系，中间塔和边塔上加速度放大系数最大值都产生在塔身中上部。行波效应对塔身加速度放大系数有明显的影响，在中间塔处行波效应减小动力放大系数，如中间塔顶在一致输入时，动力放大系数是 5.05。在边塔处行波效应增大动力放大系数，如在边塔 2 塔中一致输入时动力放大系数是 4.10，视波速 158m/s 时是 2.99。

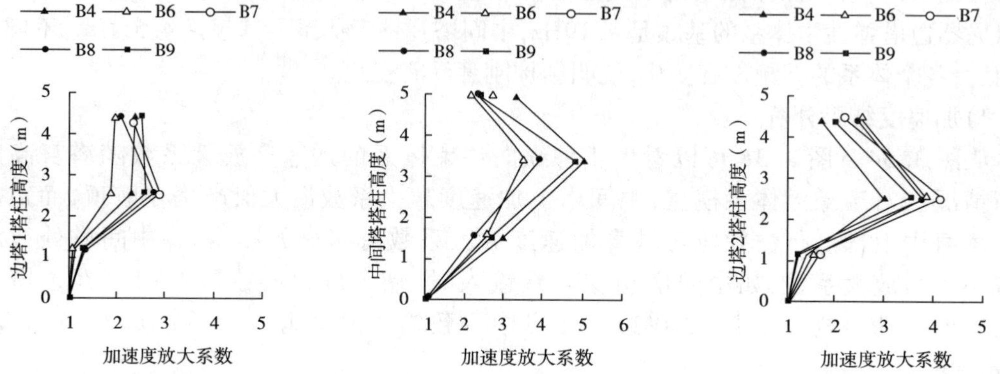

a)边塔1　b)中间塔　c)边塔2

图 3.36　中间塔阻尼器体系桥塔加速度放大系数

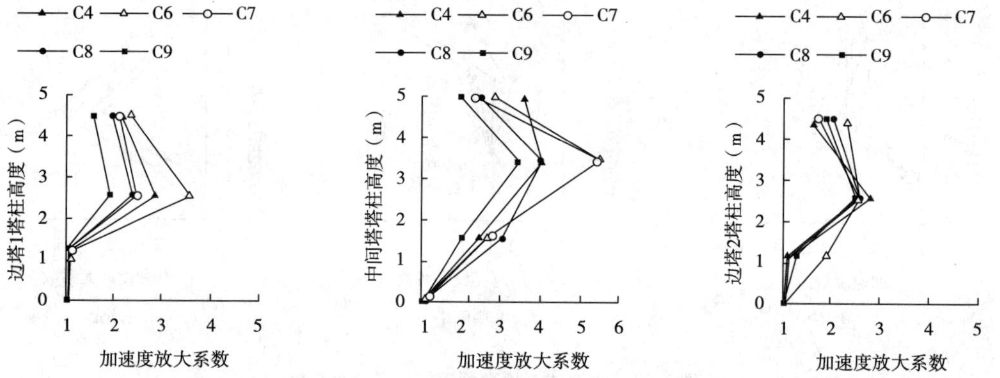

a)边塔1　b)中间塔　c)边塔2

图 3.37　中间塔阻尼器边塔弹性索体系模型桥塔加速度放大系数

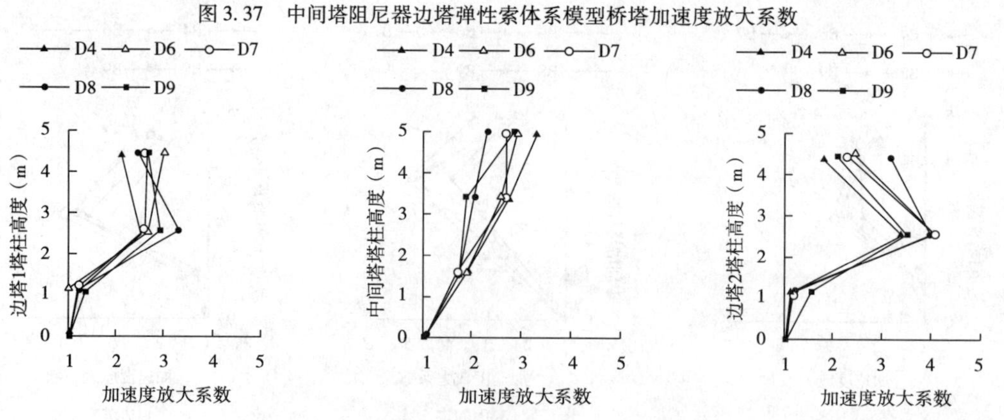

a)边塔1　b)中间塔　c)边塔2

图 3.38　中间塔弹性索体系模型桥塔加速度放大系数

对于中间塔阻尼器边塔弹性索体系，中间塔和边塔上加速度放大系数最大值都产生在塔身中上部。行波效应对边塔 1 和中间塔塔身加速度放大系数有明显的影响，而对边塔 2 影响较小。3 个塔身动力放大系数最大值均出现在塔身中上部。其中，中间塔塔身中上部动力放大系数最大达到 5.43。

对于中间塔边塔弹性索体系，中间塔上加速度放大系数最大值产生在塔顶，而边塔出现在塔身中上部。行波效应会减小中间塔塔身加速度放大系数，而增加对边塔动力放大系数。其中，边塔 2 塔身中上部动力放大系数最大达到 4.01。

从图 3.39 和图 3.40 可以看出，中间塔阻尼器体系、中间塔阻尼器边塔弹性索体系和中间塔弹性索体系均减少中间塔顶部加速度峰值，会增加中间塔中上部塔身的加速度峰值。

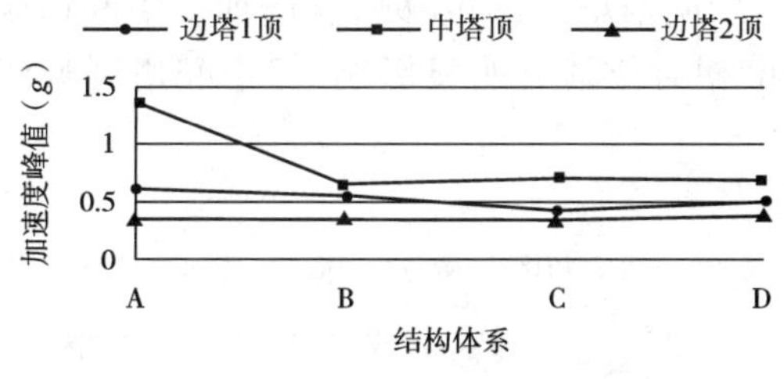


图 3.39 各桥塔顶加速度峰值比较

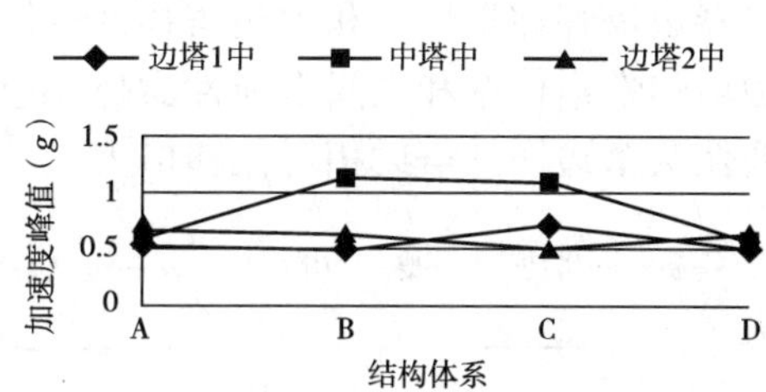


图 3.40 各桥塔中上部加速度峰值比较

3）位移结果分析

从图 3.41 ~ 图 3.43 可以看出，行波效应会增大 3 个塔塔顶和加劲梁的位移，4 种约束体系影响基本规律一致，边塔 2 影响最大。

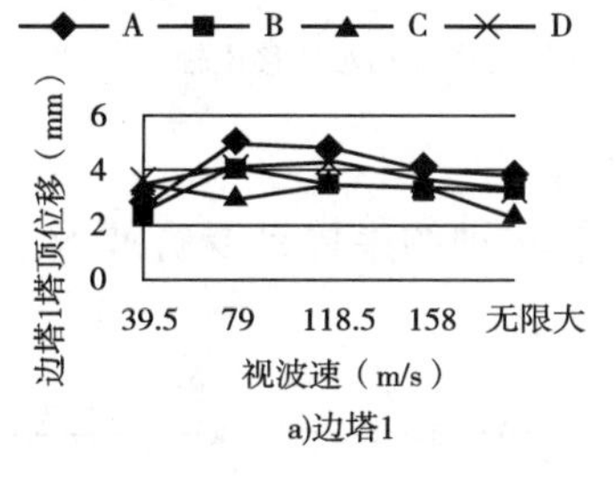


a)边塔1

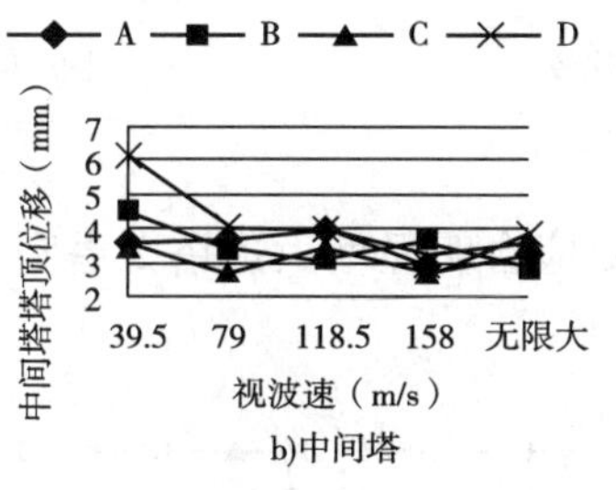


b)中间塔

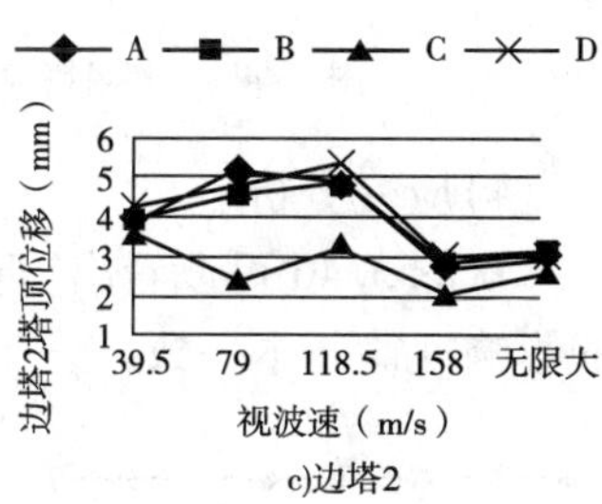


c)边塔2

图 3.41 各桥塔塔顶位移比较

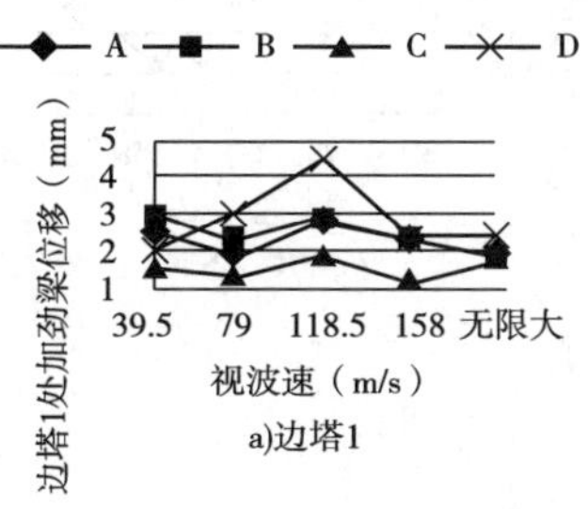


a)边塔1

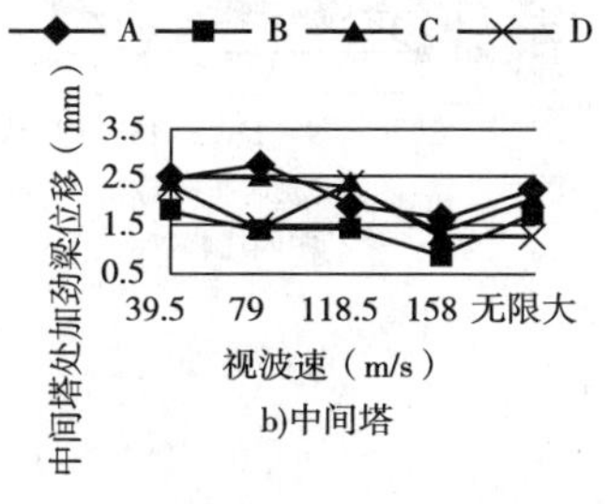


b)中间塔

A B C D
边塔2处加劲梁位移（mm）
4.5
3.5
2.5
1.5
39.5 79 118.5 158 无限大
视波速（m/s）

c)边塔2

图 3.42 各桥塔处加劲梁位移

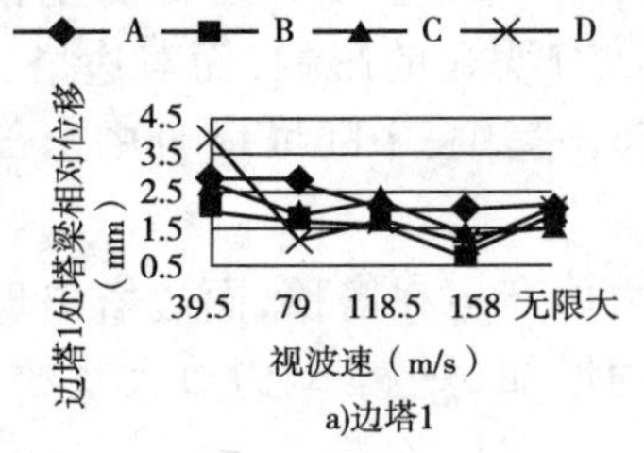

a)边塔1

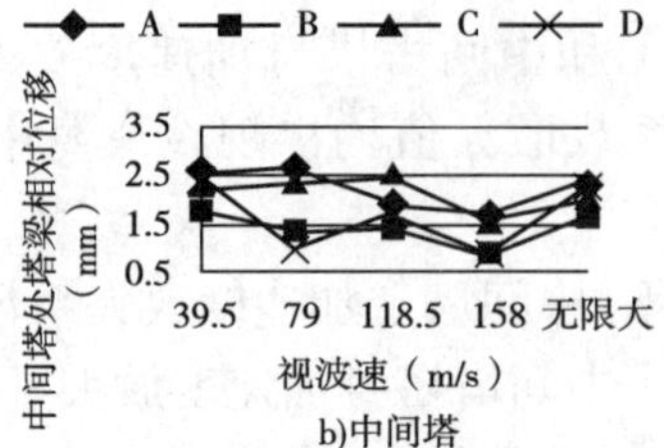

b)中间塔

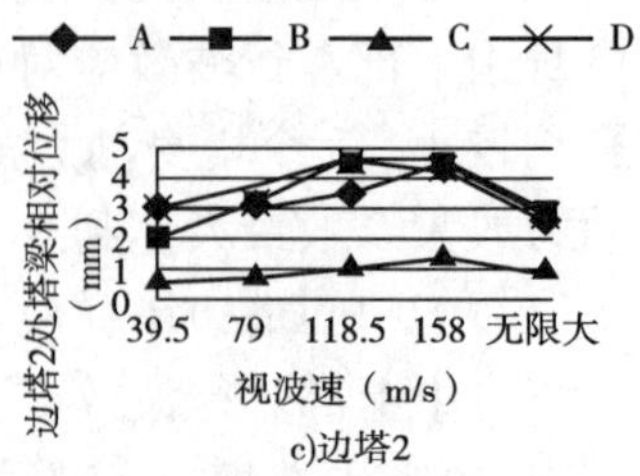

c)边塔2

图 3.43　各桥塔处塔梁相对位移

从图 3.44 和图 3.45 可以看出，中间塔阻尼器体系、中间塔阻尼器边塔弹性索体系和中间塔弹性索体系均减少边塔塔顶部位移，中间塔阻尼器边塔弹性索体系减得最多。中间塔阻尼器边塔弹性索体系和中间塔弹性索体系会对中间塔塔顶的位移略有增加。中间塔阻尼器边塔弹性索体系和中间塔弹性索体系会对塔梁相对位移有明显影响，但中间塔弹性索体系会使两个边塔处塔梁相对位移增大。

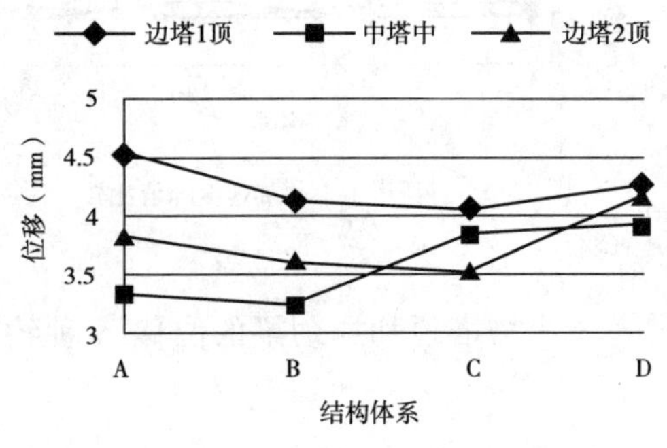

图 3.44　各桥塔塔顶位移比较

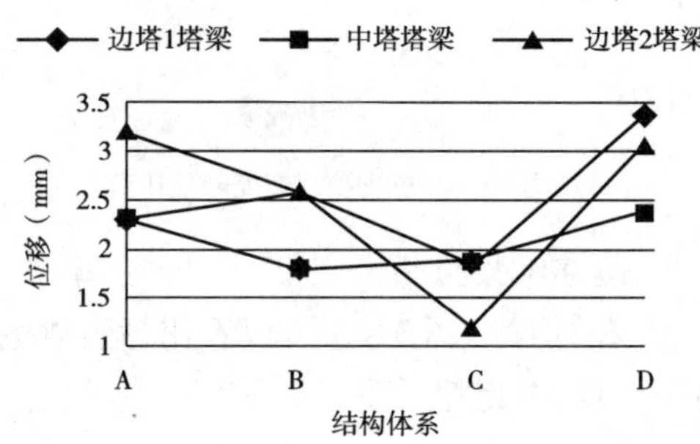

图 3.45　各桥塔处塔梁相对位移比较

4）应变分析

从图 3.46 可以看出，行波效应会明显增大边塔 2 塔底的应变，4 种约束体系受行波效应的影响规律基本一致。

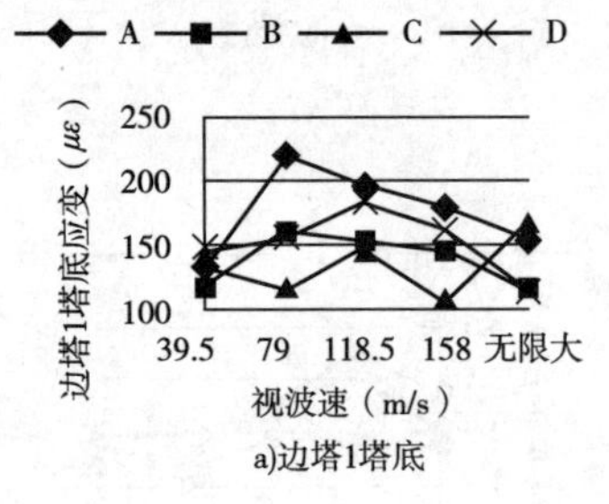

a)边塔1塔底

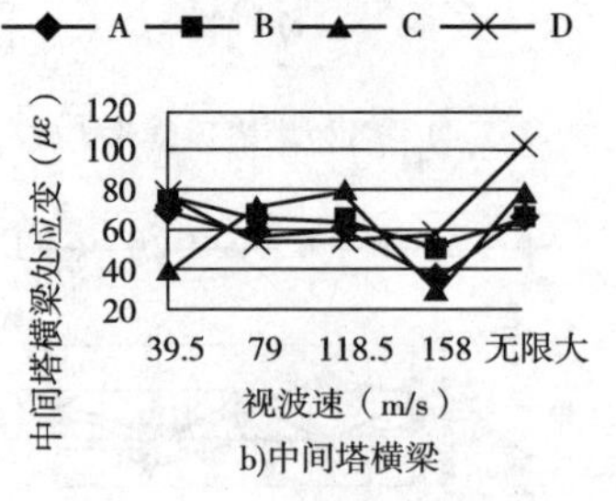

b)中间塔横梁

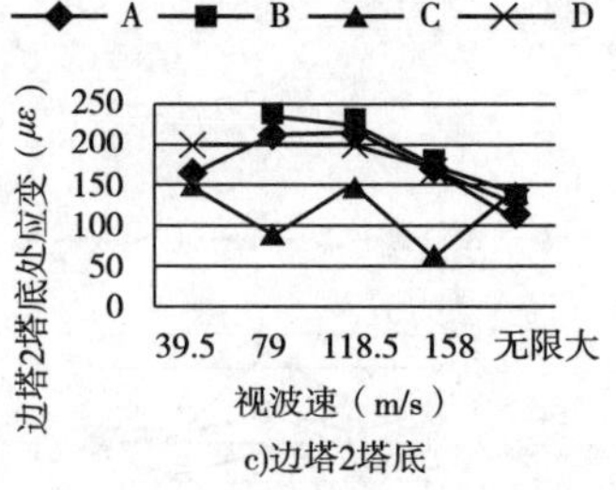

c)边塔2塔底

图 3.46　各桥塔处应变

5）碰撞效应分析

从图 3.47 和图 3.48 可以看出，E3 工况时加劲梁会与次边跨发生一次碰撞，碰撞力是 0.117t，碰撞发生时间与梁端加速度时程突起的时间吻合。E4 工况时加劲梁会与次边跨发生多次碰撞,最大碰撞力是 0. 235t,碰撞发生时间与梁端加速度时程突起的时间吻合。

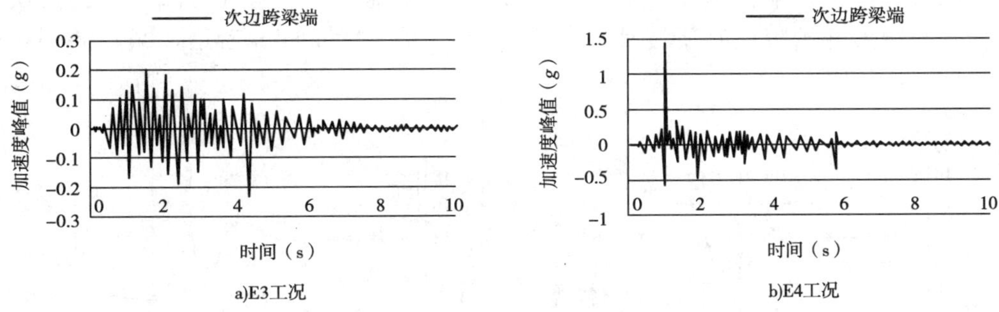


图 3. 47　次边跨梁端加速度时程

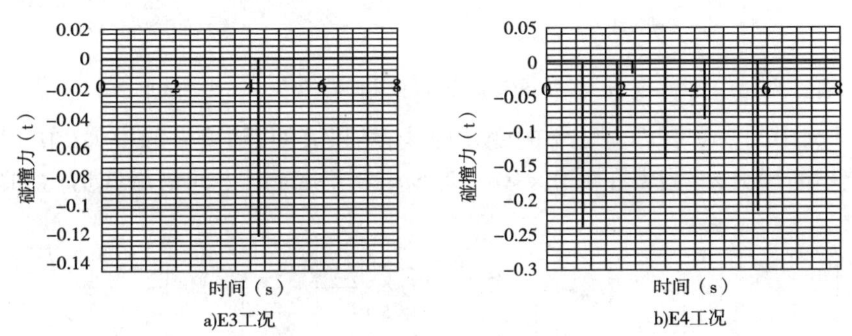


图 3. 48　加劲梁与次边跨梁碰撞力时程

## 3. 5　合理的抗震结构体系

### 3. 5. 1　塔梁间采用纵向弹性连接的合理参数

对于大跨缆索支撑体系桥梁,塔、梁纵向弹性连接体系是一种比较理想的抗震结构体系,通过选用适当的弹性连接刚度,能够兼顾桥梁的强度和变形能力。目前国内外已有一些大跨度缆索支撑桥梁采用了塔、梁弹性连接体系,例如,日本多多罗斜拉桥在塔、梁间设置了大型橡胶支座,广东汕头海湾二桥、日本名港中大桥在塔、梁间设纵向钢绞线拉索。

为全面了解塔、梁弹性连接对大跨度三塔两跨悬索桥抗震性能的影响,对以下三种情况进行了讨论:①仅中间塔、梁间设置纵向弹性连接;②仅两边塔、梁间设置纵向弹性连接;③边塔、中间塔和梁间均设置纵向弹性连接。

分析时以一般冲刷边界线性模型为基础,输入一般冲刷层位、重现期 2 450 年、阻尼比为 3% 的场地加速度反应谱,对结构进行反应谱分析,取前 800 阶振型,按 CQC 法进行组合。地震输入采用纵向 + 竖向,方向组合采用 SRSS 方法。竖向加速度反应谱的形状与水平向加速度反应谱一致(即动力放大系数谱相同),加速度峰值为水平向加速度峰值的 2/3,并取三条反应谱结果的平均值。

1)仅中间塔、梁纵向弹性连接

图3.49～图3.54给出了仅中间塔、梁之间设置纵向弹性连接时,弹性连接刚度$k$对结构地震反应的影响。其中,图3.49为梁端位移随$k$的变化曲线,结果表明,梁端位移随着$k$的增大开始阶段有所波动,但当$k$达到$5.0\times10^{6}$kN/m后迅速减小并很快趋于稳定。

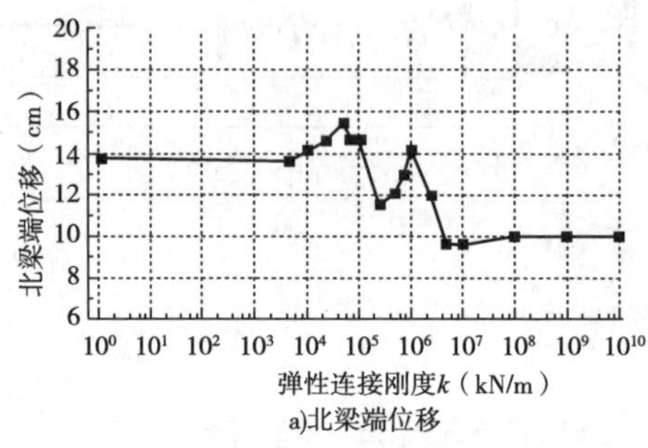

a)北梁端位移

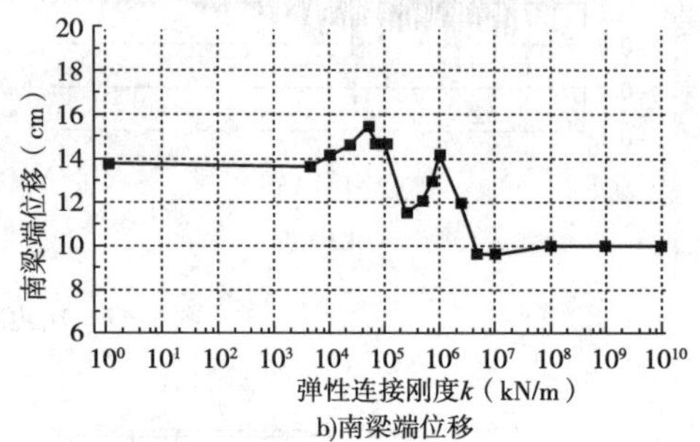

b)南梁端位移

图3.49　$k$对梁端位移的影响(仅中间塔、梁纵向弹性连接)

图3.50为中间塔塔底内力随$k$的变化曲线,结果表明,随着$k$的增大,中间塔塔底内力反应总体上不断增大,但当$k$在$1.0\times10^{5}\sim7.5\times10^{5}$kN/m时中间塔塔底剪力和弯矩有一个低谷。

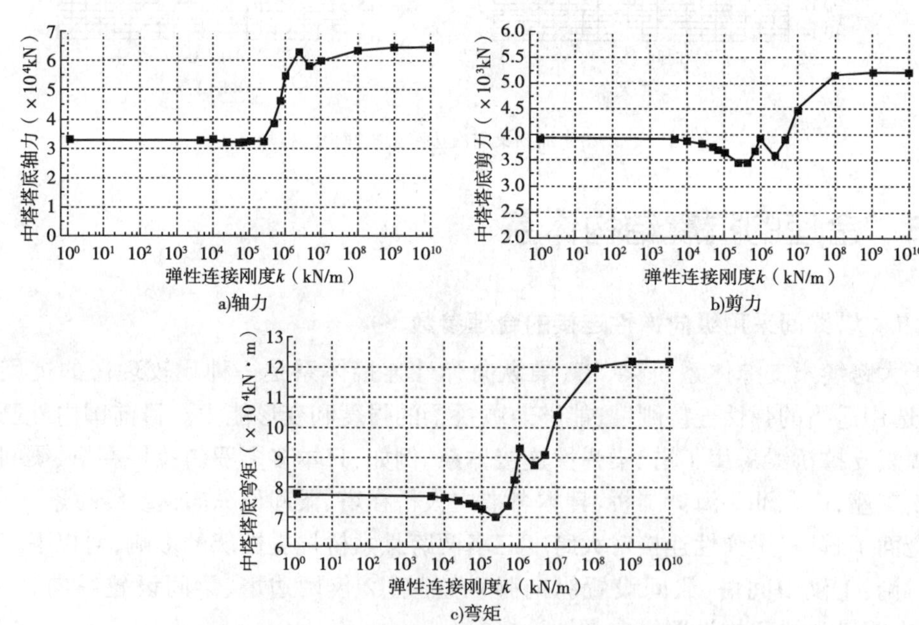


图3.50　$k$对中间塔塔底内力的影响(仅中间塔、梁纵向弹性连接)

图3.51为中间塔中间塔柱底内力随$k$的变化曲线,结果表明,$k$的变化对中间塔中间塔柱底轴力影响很小;中间塔中间塔柱底剪力随着$k$的增大有所减小;中间塔中间塔柱底弯矩随着$k$的增大开始阶段减小,当$k$为$1.0\times10^{6}$kN/m时达到最低点,而后随着$k$的增大而增大,当$k$为$1.0\times10^{7}$kN/m趋于稳定。

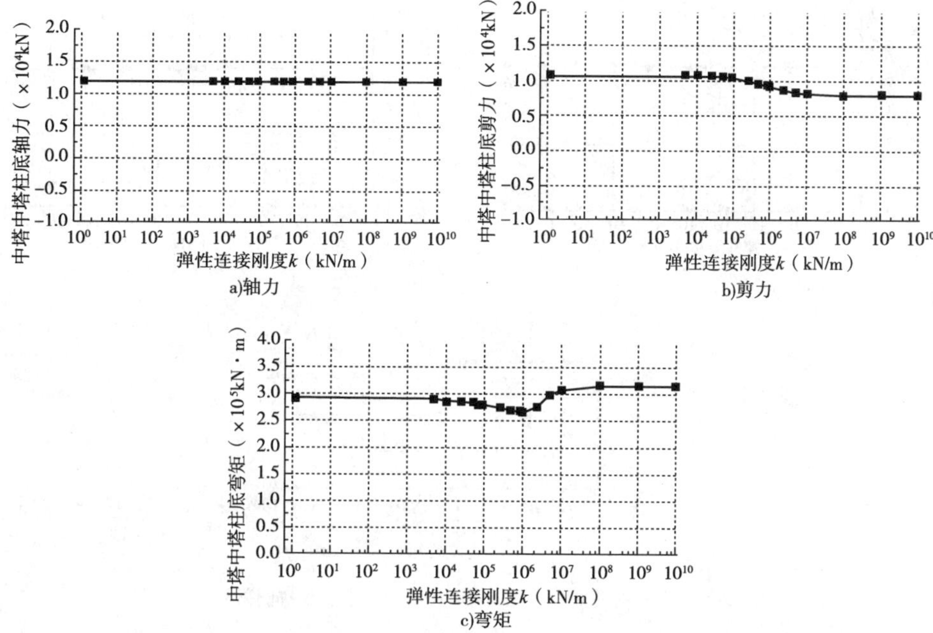


图 3.51　$k$ 对中间塔中间内力的影响(仅中间塔、梁纵向弹性连接)

图 3.52 和图 3.53 分别为北塔和南塔的塔底内力随 $k$ 的变化曲线,结果表明,$k$ 变化对边塔塔底轴力和剪力影响很小;对边塔塔底弯矩有一定影响,随着 $k$ 的增大开始阶段减小,当 $k$ 为 $1.0\times10^6$kN/m 时达到最低点,而后随着 $k$ 的增大而增大,当 $k$ 为 $1.0\times10^7$kN/m 趋于稳定。

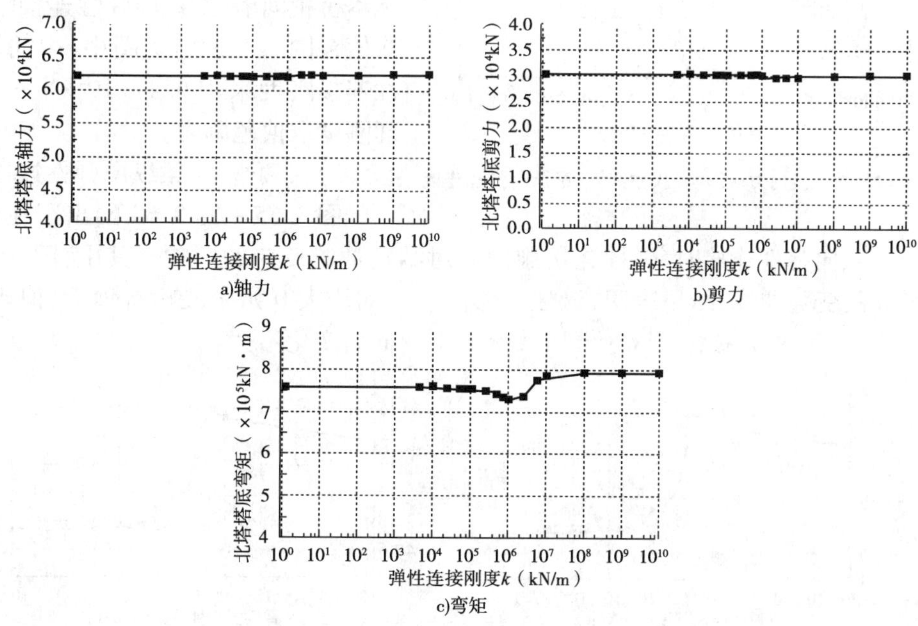


图 3.52　$k$ 对北塔塔底内力的影响(仅中间塔、梁纵向弹性连接)

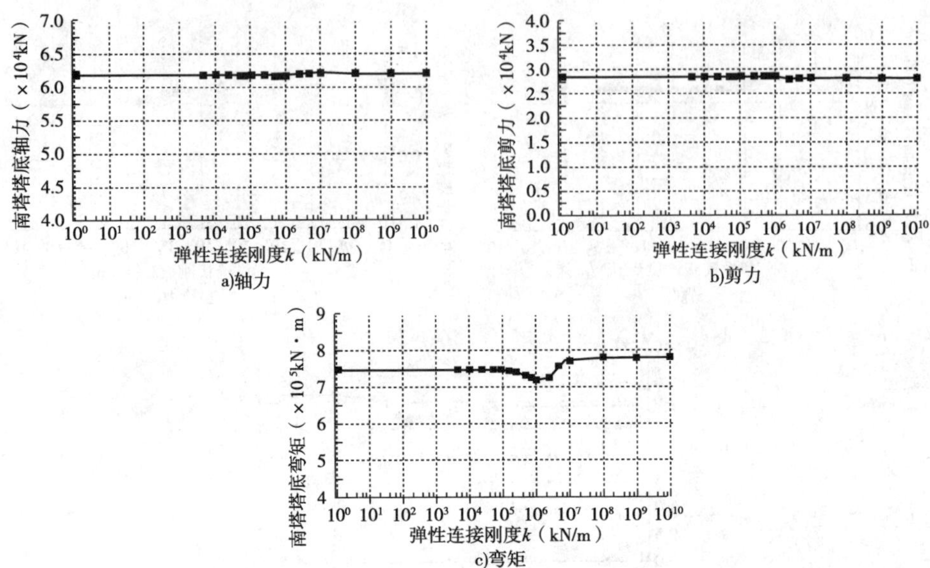


图 3.53　$k$ 对南塔塔底内力的影响(仅中间塔、梁纵向弹性连接)

图 3.54 为弹性连接内力随 $k$ 的变化曲线,结果表明,弹性连接内力总体上随着 $k$ 的增大而增大。

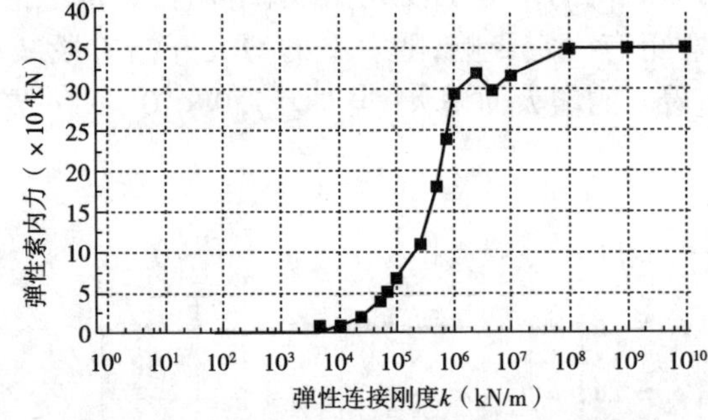


图 3.54　$k$ 对弹性连接内力的影响(仅中间塔、梁纵向弹性连接)

综合上述分析可以得出,中间塔、梁纵向弹性连接刚度在 $2.5\times10^5\sim7.5\times10^5$kN/m 范围内取值时,不仅可以减小中间塔内力,而且还可以兼顾边塔的受力,是本桥中间塔、梁纵向弹性连接刚度合理取值范围。本桥施工图中,中间塔、梁弹性连接刚度采用 $6.4\times10^5$kN/m,处于合理刚度取值范围内。

2)仅两边塔、梁纵向弹性连接

图 3.55 ~ 图 3.60 给出了在两边塔、梁之间设置纵向弹性连接时,弹性连接刚度 $k$ 对结构地震反应的影响。其中,图 3.55 为梁端位移随 $k$ 的变化曲线,结果表明,梁端位移随着 $k$ 的增大开始阶段略有增大,但当 $k$ 达到 $2.5\times10^4$kN/m 后迅速减小,当 $k$ 达到 $1.0\times10^6$kN/m 后变化不大。

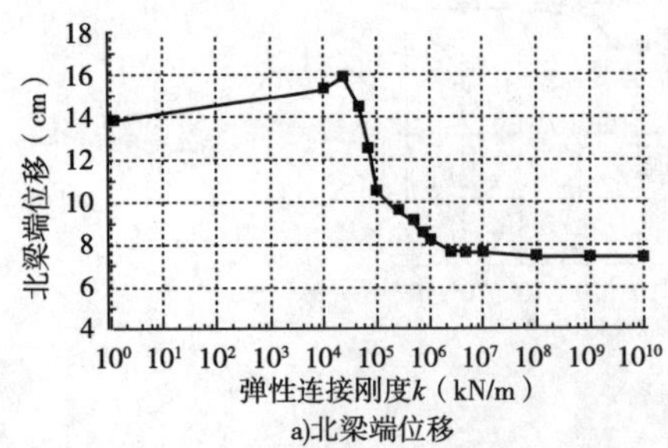


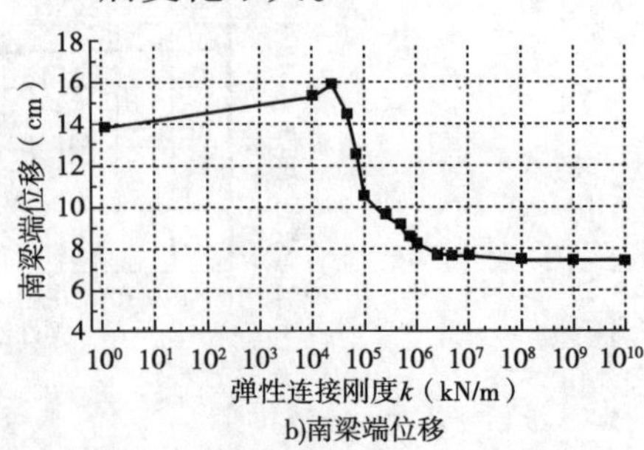


图 3.55　$k$ 对梁端位移的影响(仅两边塔、梁纵向弹性连接)

图 3.56 为中间塔塔底内力随 $k$ 的变化曲线，结果表明，随着 $k$ 的增大，中间塔塔底轴力、剪力和弯矩均单调减小，且变化曲线基本一致，当 $k$ 达到 $5\times10^{6}$kN/m 后变化不大。

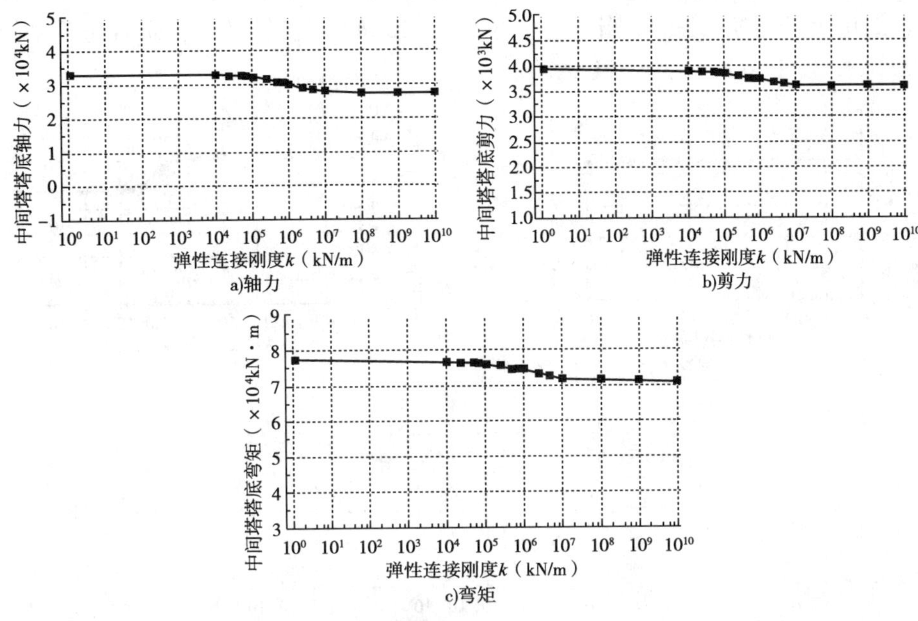


图 3.56　$k$ 对中间塔塔底内力的影响（仅两边塔、梁纵向弹性连接）

图 3.57 为中间塔中塔柱底内力随 $k$ 的变化曲线，结果表明，随着 $k$ 的增大，中间塔中塔柱底轴力、剪力和弯矩均单调减小，其中 $k$ 的变化对中间塔柱底轴力、剪力影响较小；在 $1.0\times10^{5}\sim1.0\times10^{6}$kN/m 范围内，中间塔中塔柱底弯矩随着 $k$ 的增大迅速减小，当 $k$ 为 $1.0\times10^{6}$kN/m 时达到最低点，而后随着 $k$ 的增大变化不大。

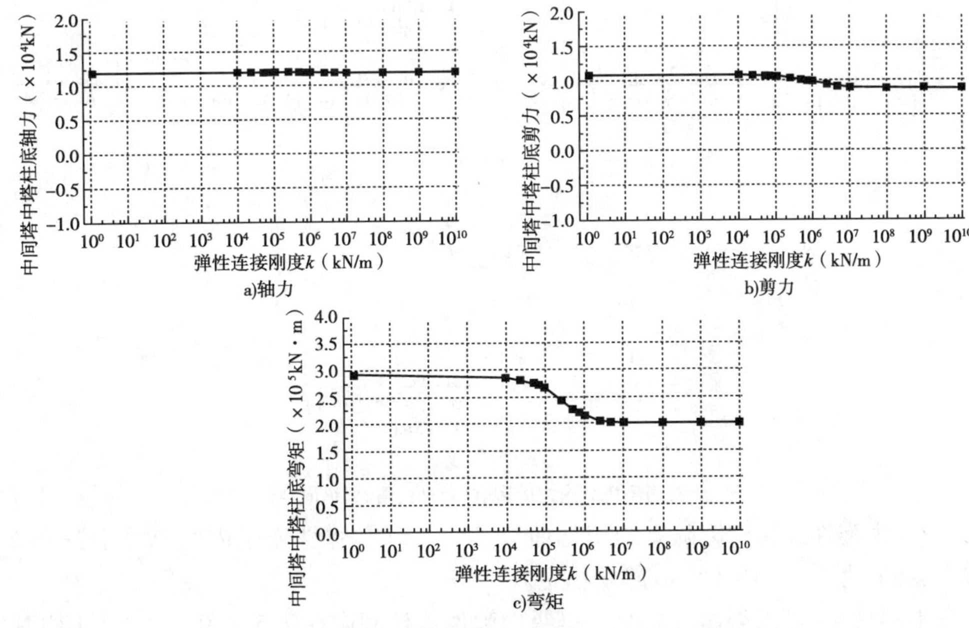


图 3.57　$k$ 对中间塔柱底内力的影响（仅两边塔、梁纵向弹性连接）

图3.58和图3.59分别为北塔和南塔的塔底内力随$k$的变化曲线，结果表明，$k$变化对边塔塔底轴力影响很小；边塔塔底剪力随着$k$的增大单调减小；对边塔塔底弯矩有一定影响，随着$k$的增大开始阶段减小，当$k$为$2.5\times10^5$kN/m时达到最低点，而后随着$k$的增大而增大，当$k$为$1.0\times10^7$kN/m趋于稳定。

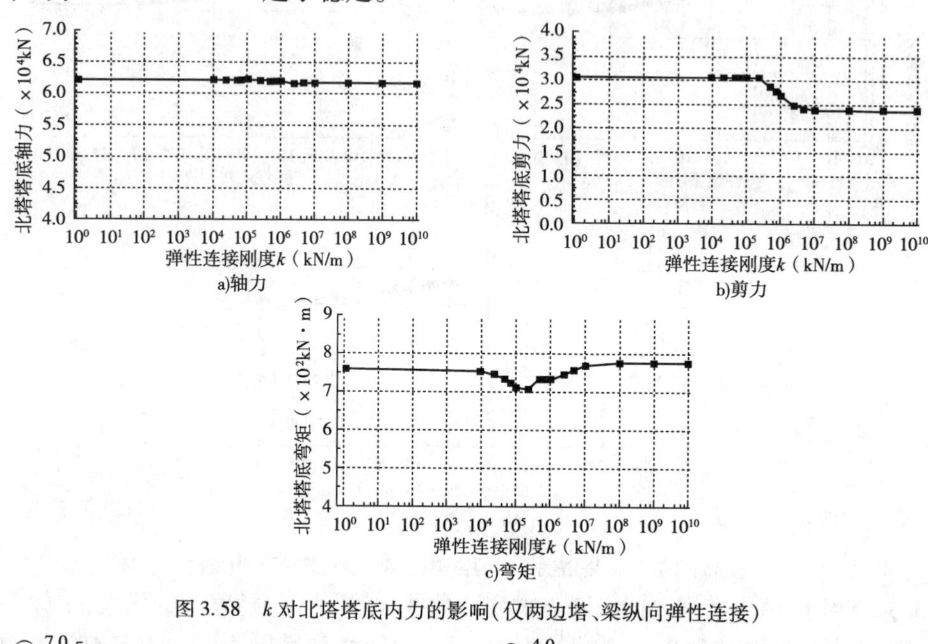


图3.58 $k$对北塔塔底内力的影响(仅两边塔、梁纵向弹性连接)

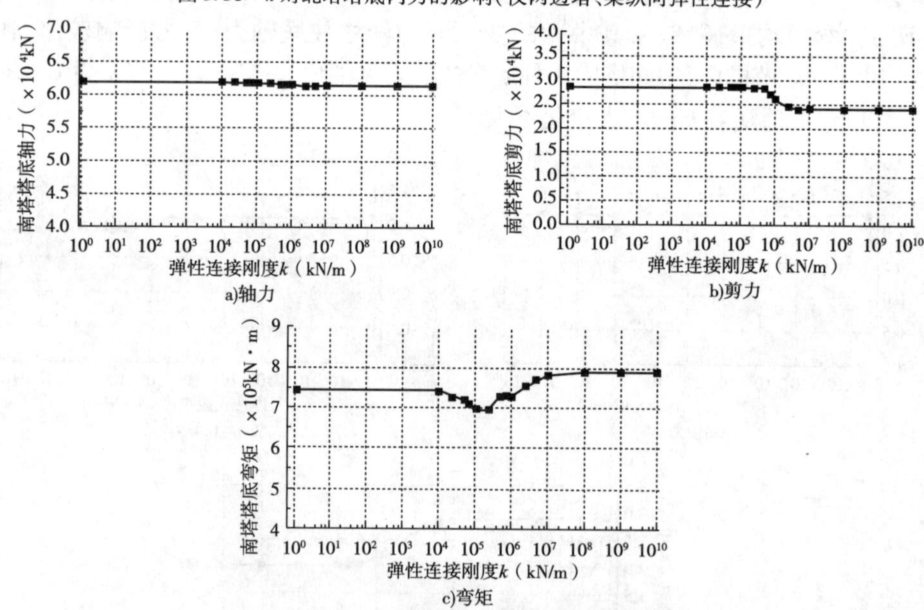


图3.59 $k$对南塔塔底内力的影响(仅两边塔、梁纵向弹性连接)

图3.60为弹性连接内力随$k$的变化曲线，结果表明，弹性连接内力总体上随着$k$的增大而增大，当$k$为$1.0\times10^7$kN/m趋于稳定。

综合上述分析，可以得出，两边塔、梁纵向弹性连接刚度在$2.5\times10^5\sim1.0\times10^6$kN/m范围内取值时，不仅能有效的控制梁端位移，而且可以明显的减小中间塔和边塔内力，对结构抗震非常有利。

3）三塔、梁均纵向弹性连接

图3.61～图3.65给出了在中间塔（图中，$k_{边}$ 代表边塔、梁纵向弹性连接刚度，用 $k_{中}$ 代表中间塔、梁纵向弹性连接刚度）、两边塔、塔梁之间设置纵向弹性连接时，弹性连接刚度对结构地震反应的影响。在进行分析时，假设中间塔弹性连接刚度分别取为0、$1.0\times10^5$kN/m、$5\times10^5$kN/m和$1\times10^6$kN/m，在此基础上研究边塔弹性连接刚度的变化。其中，图3.61为梁端位移随 $k$ 的变化曲线，结果表明，对于不同的 $k_{中}$，梁端位移随着 $k_{边}$ 的变化规律基本相同。

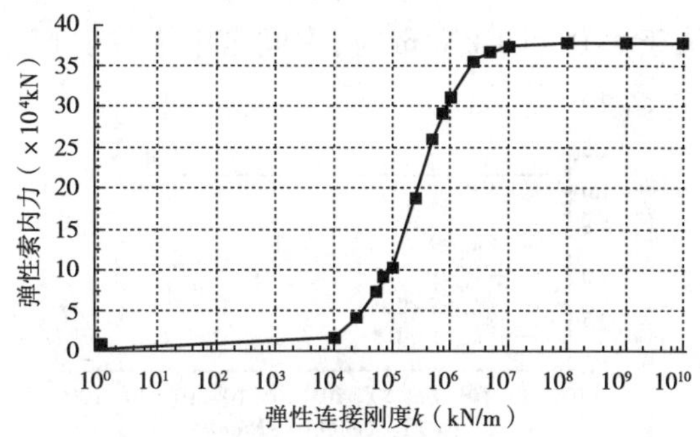

图3.60　$k$ 对弹性连接内力的影响（仅两边塔、梁纵向弹性连接）

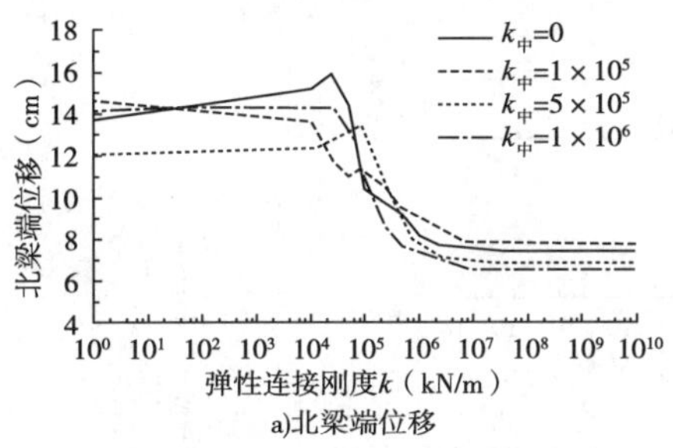

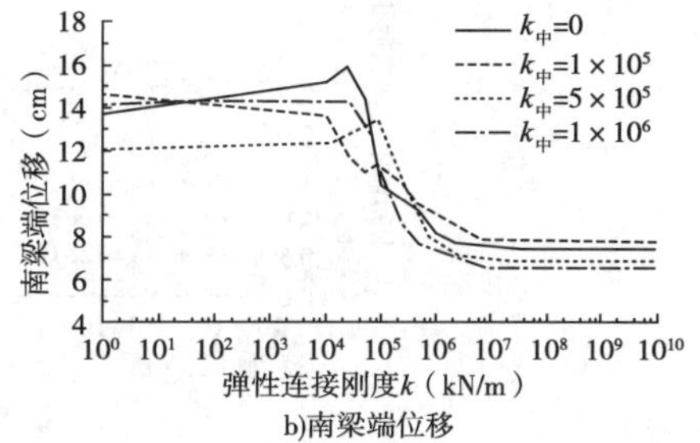

图3.61　$k$ 对梁端位移的影响（三塔、梁均纵向弹性连接）

图3.62为中间塔塔底内力随 $k$ 的变化曲线，结果表明，当 $k_{中}$ 取$1.0\times10^5$kN/m时，中间塔塔底轴力、剪力和弯矩随着 $k_{边}$ 的变化规律与 $k$ 中取0时基本相同；当 $k_{中}$ 取大于$1.0\times10^5$kN/m时，中间塔塔底轴力显著增大，剪力有所减小，弯矩则起伏比较大。

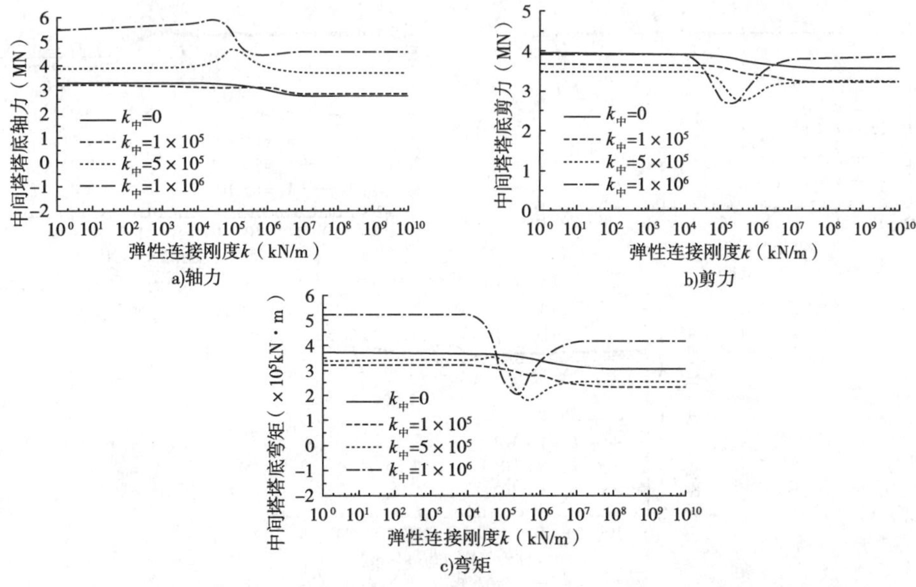

图3.62　$k$ 对中间塔塔底内力的影响（三塔、梁均纵向弹性连接）

图3.63为中间塔中塔柱底内力随$k$的变化曲线，结果表明，变化$k_{中}$，中间塔中塔柱底轴力、剪力随着$k_{边}$的变化规律相同且均较小；而中间塔中间塔柱底弯矩变化规律不同，当$k_{中}$取$1.0\times10^5$kN/m时，中间塔中塔柱底弯矩随着$k_{边}$的变化规律与$k_{中}$取0时基本相同；当$k_{中}$取大于$1.0\times10^5$kN/m时，中间塔中塔柱底弯矩在$k_{边}$大于$1.0\times10^6$kN/m后增大。

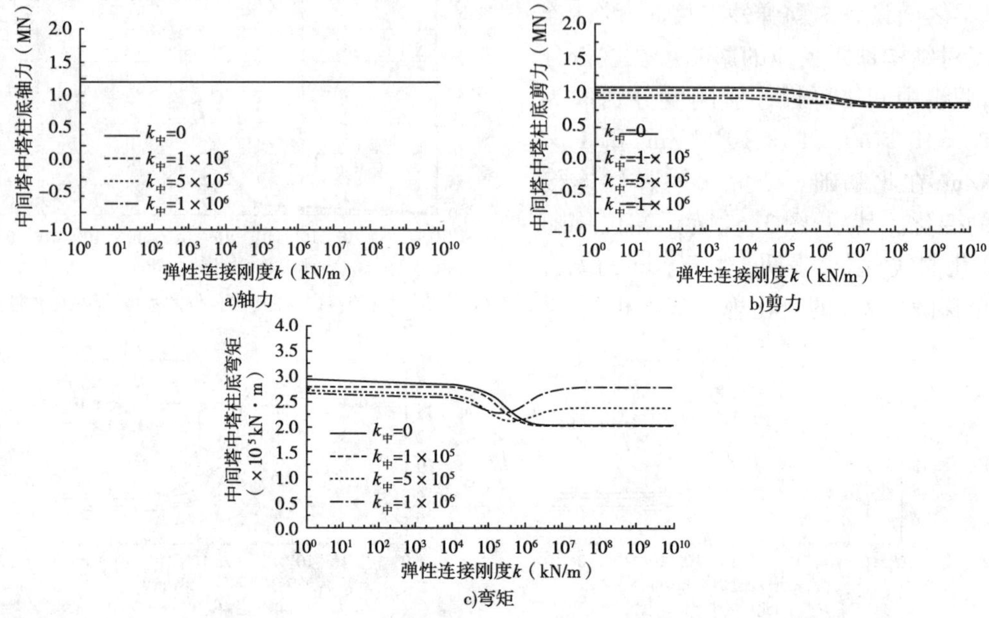


图3.63　$k$对中间塔中塔柱底内力的影响（三塔、梁均纵向弹性连接）

图3.64为北塔塔底内力随$k$的变化曲线，结果表明，变化$k_{中}$，边塔塔底轴力和剪力随着$k_{边}$的变化规律相同；而边塔塔底剪力随着$k_{边}$的变化规律有所不同，特别当$k_{边}$大于$1.0\times10^6$kN/m后，$k$中取$1.0\times10^5$kN/m与取大于$1.0\times10^5$kN/m变化规律相反。

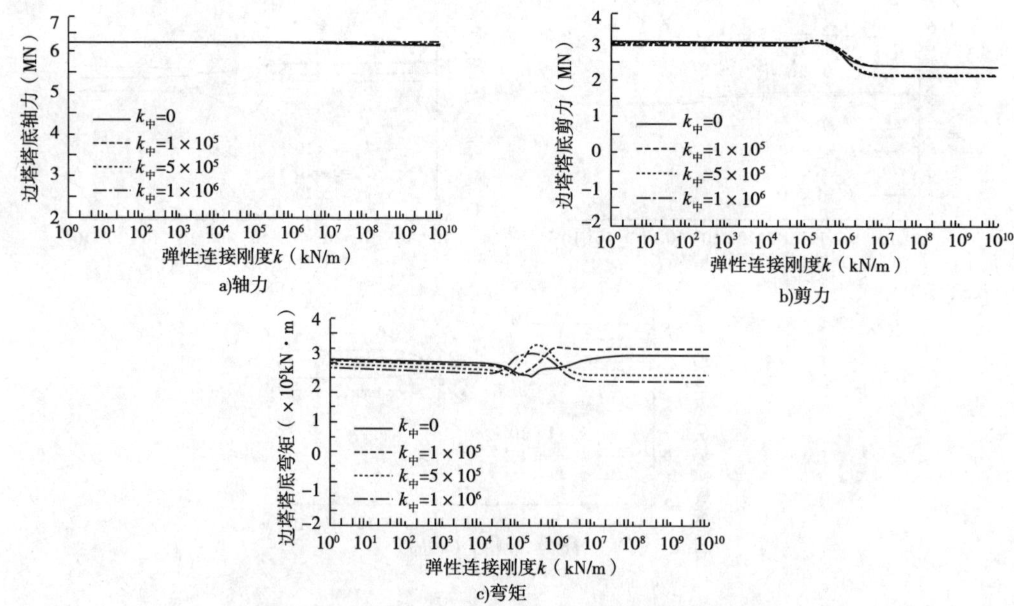


图3.64　$k$对北塔塔底内力的影响（三塔、梁均纵向弹性连接）

图 3.65 为弹性连接内力随 $k$ 的变化曲线，结果表明，变化 $k_{中}$，边塔、梁弹性连接内力随着 $k_{边}$ 的变化规律相同。

综合上述分析可以得出，三塔、梁均纵向弹性连接，通过合理选择 $k_{边}$ 和 $k_{中}$ 的取值，也可以达到同时减小梁端位移和中、边塔内力反应的目的，但减小效果随 $k_{中}$ 的增大而降低，对于本桥 $k_{中}$ 应当小于 $5\times10^5$kN/m。

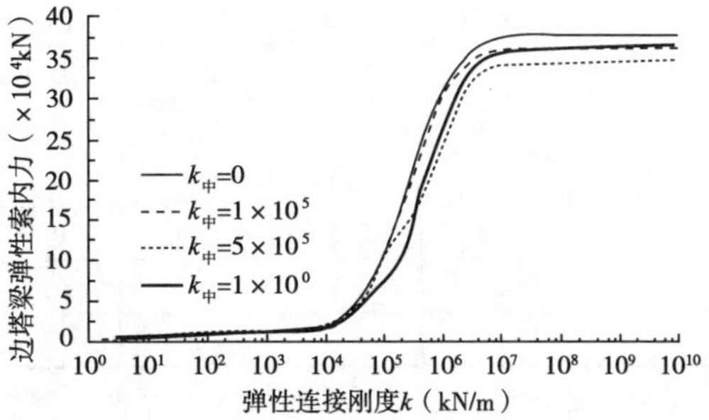

图 3.65　$k$ 对弹性连接内力的影响（三塔、梁均纵向弹性连接）

### 3.5.2　塔梁间同时采用液压阻尼器和弹性连接

阻尼器的种类较多，有铅挤压阻尼器、钢阻尼器、摩擦阻尼器以及液压阻尼器等。其中，较为成熟且适用于大跨度桥梁主要是液压阻尼器。随着人们对结构抗震问题认识的深入，液压阻尼器在国内外大型桥梁结构中的应用也越来越广泛，表 3.11 为近年来国内外桥梁液压阻尼器的应用实例。

**国内外桥梁阻尼器概况**　　表 3.11

| 项　　目 | 数　　量 | 最大阻尼力(kN) | 最大冲程(mm) | 阻尼系数 $C$ | 速度指数 $\xi$ |
|---|---|---|---|---|---|
| 重庆鹅公岩 | 4 | 2 000 | ±550 | 2 000 | 0.21 |
| 上海长江大桥 | 8 | 2 500 | ±420 | 2 500 | 0.2 |
| 南京三桥 | 54 | 1 500 | ±120 | 1 000 | 0.3 |
| 吉林松花江桥 | 16 | 1 800 | ±140 | — | — |
| 苏通大桥 | 8 | 3 025/6 580 | ±850 | 3 750 | 0.4 |
| 江阴大桥 | 4 | 1 000 | ±1 000 | 1 522 | 0.3 |
| 美国海湾桥 | 100 | 3 115 | 178 | 3 793 | 0.3 |
| | | 2 450 | 584 | 1 911.8 | 0.3 |
| | | 2 000 | 483 | 1 591.2 | 0.3 |
| 美国 Richmond 桥 | 282 | 2 225 | 508 | 1 060.4 | 0.3 |
| | | 1 000 | 965 | 184.4 | 0.5 |

根据泰州长江公路大桥的结构特点，在两边塔梁连接处各设两个纵向黏滞阻尼器。为确定合理的阻尼器参数，分析中以一般冲刷边界非线性模型为基础（考虑滑动摩擦支座非线性），选取重现期 2 450 年，一般冲刷层位的 3 条地震时程（时程曲线见地震动参数章节），采用非线性时程分析方法进行分析，并取 3 条时程结果的平均值。其中，中间塔、梁纵向弹性索刚度为 $6.4\times10^5$kN/m，阻尼器参数设置情况具体如表 3.12 所示。

**阻尼器参数敏感性分析工况设置** 表 3.12

| 参 数 | 指 标 | | | | | | | | |
|---|---|---|---|---|---|---|---|---|---|
| $C$ | 1 000 | 2 000 | 3 000 | 4 000 | 5 000 | 7 500 | 10 000 | 15 000 | 20 000 |
| $\xi$ | 0.1 | 0.1 | 0.1 | 0.1 | 0.1 | 0.1 | 0.1 | 0.1 | 0.1 |
| | 0.3 | 0.3 | 0.3 | 0.3 | 0.3 | 0.3 | 0.3 | 0.3 | 0.3 |
| | 0.4 | 0.4 | 0.4 | 0.4 | 0.4 | 0.4 | 0.4 | 0.4 | 0.4 |
| | 0.5 | 0.5 | 0.5 | 0.5 | 0.5 | 0.5 | 0.5 | 0.5 | 0.5 |
| | 0.7 | 0.7 | 0.7 | 0.7 | 0.7 | 0.7 | 0.7 | 0.7 | 0.7 |
| | 1 | 1 | 1 | 1 | 1 | 1 | 1 | 1 | 1 |

注：$C$ 为每个边塔处两个阻尼器参数 $C$ 值之和。

图 3.66 为加劲梁梁端位移与阻尼系数 $C$、$\xi$ 变化关系曲线，结果表明，当 $\xi$ 大于 0.3 时，梁端位移随阻尼系数 $C$ 增大而单调减小，当 $C$ 大于 10 000 后，变化幅度不大。

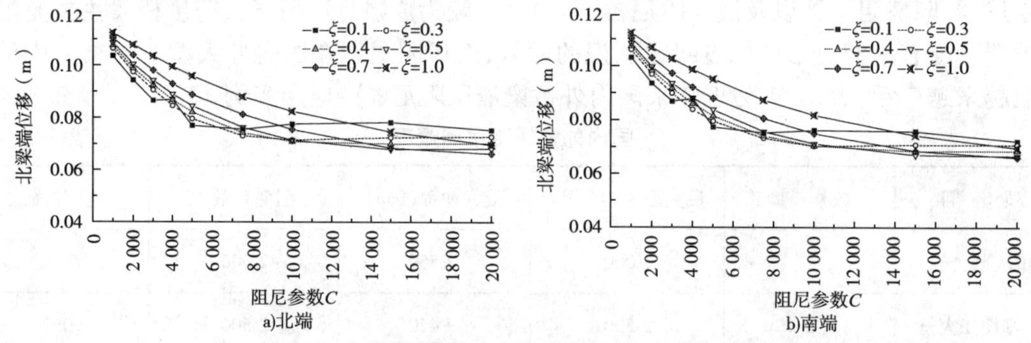


图 3.66 加劲梁梁端位移与阻尼系数 $C$、$\xi$ 变化关系曲线

图 3.67 为中间塔塔底弯矩、剪力和轴力与阻尼系数 $C$、$\xi$ 变化关系曲线，结果表明，当 $\xi$ 大于 0.3 时，中间塔塔底弯矩、剪力和轴力随阻尼系数 $C$ 增大而单调减小，但当 $C$ 大于 10 000后，变化幅度不大。

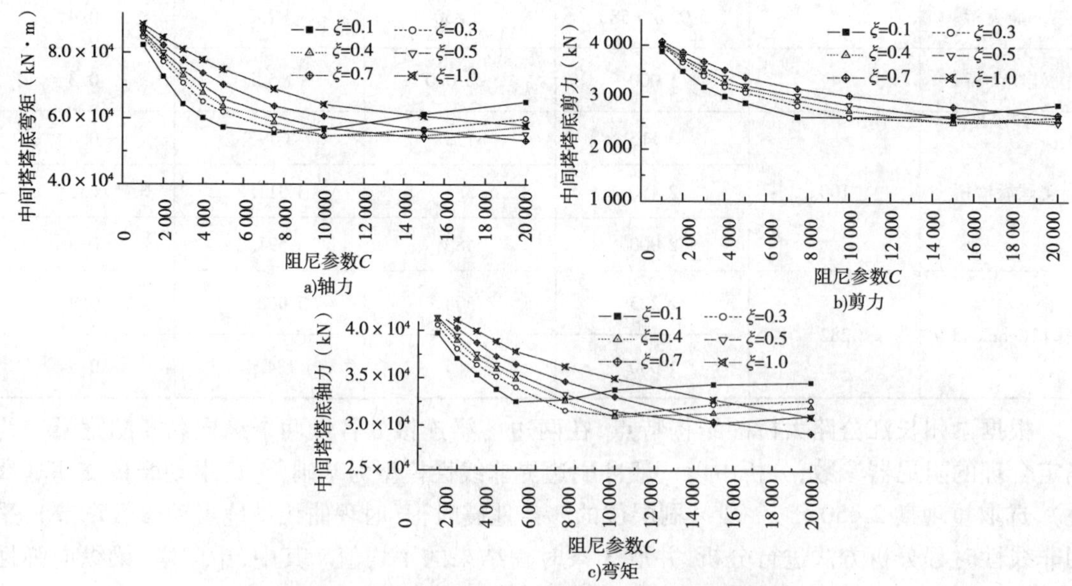


图 3.67 中间塔塔底内力与阻尼系数变化关系曲线

图 3.68 为中间塔中塔柱底剪力、弯矩与阻尼系数 $C$、$\xi$ 变化关系曲线，结果表明，除 $\xi$ 为 0.1 外，中间塔中塔柱底弯矩随阻尼系数 $C$ 增大而单调减小，当 $C$ 大于 10 000 后，变化幅度不大；但不论 $\xi$ 取何值，柱底剪力随阻尼系数 $C$ 增大而单调减小。

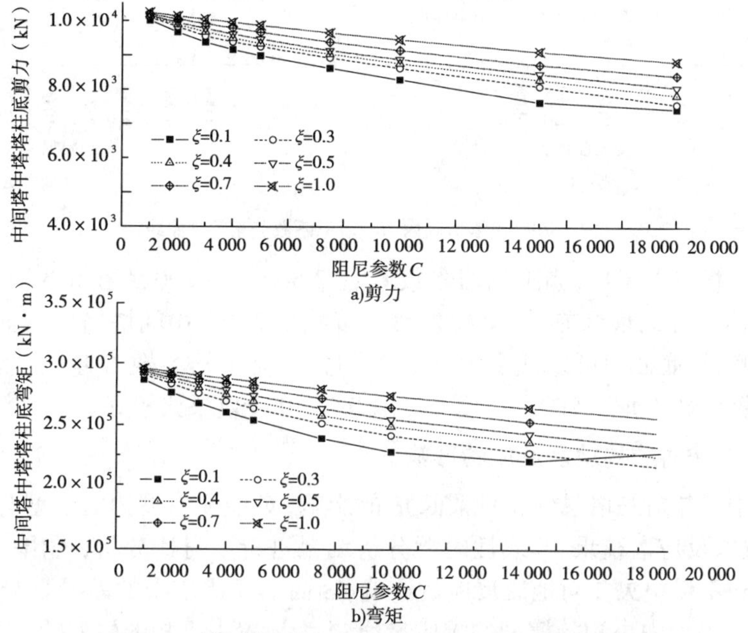


图 3.68 中间塔中塔柱底内力与阻尼系数变化关系曲线

图 3.69 和图 3.70 分别为北塔和南塔的塔底剪力、弯矩与阻尼系数 $C$、$\xi$ 变化关系曲线，结果表明，除 $\xi$ 为 0.1 外，边塔塔底弯矩随阻尼系数 $C$ 增大而单调减小，当 $C$ 大于 10 000 后，变化幅度不大；但不论 $\xi$ 取何值，塔底剪力随阻尼系数 $C$ 增大而单调减小。

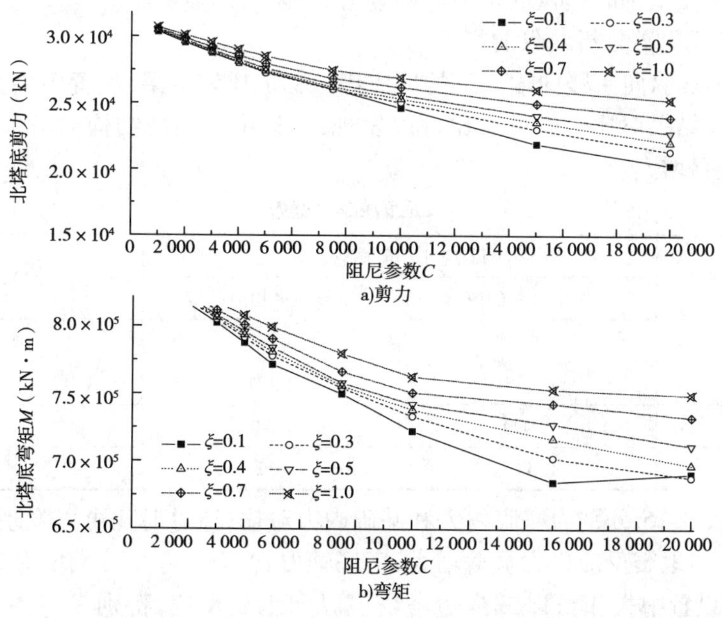


图 3.69 北塔塔底内力与阻尼系数变化关系曲线

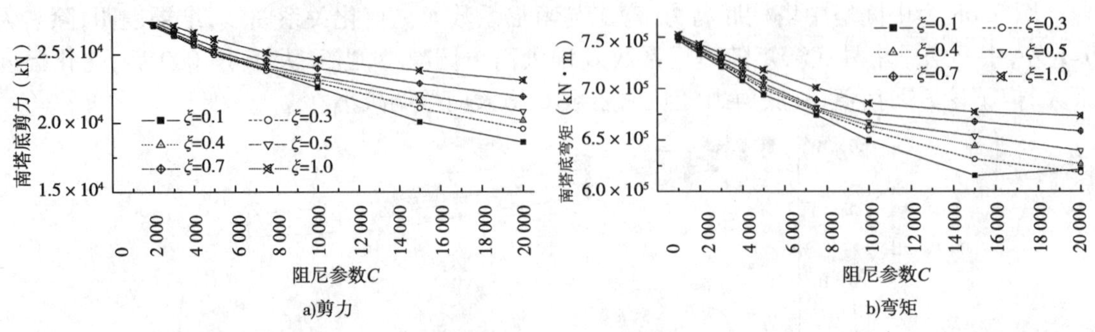


图 3.70　南塔塔底内力与阻尼系数变化关系曲线

综合上述分析可以得出，当阻尼器参数 $C$ 在 7 500 ~ 10 000、$\xi$ 在 0.3 ~ 0.4 时对梁端位移以及中间塔内力控制最为有效，梁端位移可以减小 37%，中间塔塔底截面内力可以减小 25%，中间塔中塔柱底截面可以减小 15%；对于边塔，阻尼器参数 $C$ 越大，则内力减小越显著。因此阻尼器参数 $C$ 取 7 500 ~ 10 000、$\xi$ 取 0.3 ~ 0.4 效果比较好。

### 3.5.3　中央扣对结构地震反应的影响

为了评价中央扣对三塔悬索桥地震反应的影响，对不设中央扣的模型与设置中央扣的模型的动力特性、反应谱结果、非线性时程分析结果进行了对比分析，得出一些结论。同时本书着重于反映不设中央扣对地震反应的影响，因而下述比较中的差异百分比形式为 $(B-A)/A$，其中：$B$ 为不设中央扣的模型的响应量值，$A$ 为设置中央扣的模型的响应量值。

1) 中央扣对结构动力特性的影响

通过对比可以发现，不设中央扣的模型的结构整体较柔，同一阶振型周期均比设置中央扣要长。其中，对结构以横向振动为主的振型影响不大，但对以加劲梁振动为主的振型影响很大，特别是竖弯振型，如一阶、二阶反对称竖弯，一阶对称竖弯等。

2) 中央扣对反应谱分析结果的影响

表 3.13 为地震纵向 + 竖向输入下的反应谱位移值比较结果，设置中央扣和不设置中央扣，地震位移反应结果对比。通过对比可以发现，不设中央扣使结构的塔顶纵向位移减小，加劲梁的纵向位移增大。

**反应谱位移比较**　　表 3.13

| 位　　置 | 反 应 谱 位 移(m) | | 差异百分比(%) |
|---|---|---|---|
| | 设置中央扣的模型 | 不设中央扣的模型 | |
| 北塔塔顶 | 0.1 | 0.089 | -19.00 |
| 中间塔塔顶 | 0.115 | 0.131 | -6.96 |
| 南塔塔顶 | 0.099 | 0.088 | -19.19 |
| 加劲梁北端 | 0.117 | 0.124 | 16.24 |

表 3.14 和表 3.15 分别为塔底内力和基础内力对比，通过对比可以发现，不设中央扣使中间塔的塔底纵向地震反应内力显著增大，塔底轴力、剪力和弯矩分别增大 23.35%、74.2% 和 56.6%；但不设置中央扣可以减少边塔塔底纵向地震反应，特别是剪力，减小了 10% 左右。不设中央扣使中间塔沉井顶纵向剪力和弯矩增加 20% 左右，对边塔塔底反力影响不大。

反应谱塔底内力反应比较 表3.14

| 位置 | 差异百分比(%) | | |
|---|---|---|---|
| | 轴力 $P$ | 剪力 $V$ | 弯矩 $M$ |
| 中间塔塔底 | 23.35 | 74.21 | 56.58 |
| 北边塔塔底 | 0.57 | -8.63 | -0.80 |
| 南边塔塔底 | 0.57 | -9.27 | -1.23 |

基础反力比较 表3.15

| 位置 | 差异百分比(%) | | |
|---|---|---|---|
| | 竖向力 $R_z$ | 水平力 $R_x$ | 反力矩 $M_y$ |
| 北边塔承台底 | 0.00 | -2.80 | -2.21 |
| 南边塔承台底 | 0.69 | -5.45 | -3.62 |
| 中间塔沉井顶 | -3.63 | 18.37 | 21.79 |

## 3.6 抗震性能模型试验结论

本次振动台试验做了4种不同纵向约束体系、行波效应、主桥引桥碰撞3个研究方向，通过试验结果分析得出以下几点结论：

1)放大系数

对于中间塔阻尼器体系，中间塔和边塔上加速度放大系数最大值都产生在塔身中上部。行波效应对塔身加速度放大系数有明显的影响，在中间塔处行波效应减小动力放大系数，如中间塔顶在一致输入时，动力放大系数是5.05。在边塔处行波效应增大动力放大系数，如在边塔2塔中一致输入时动力放大系数是4.10，视波速158m/s时是2.99。

对于中间塔阻尼器边塔弹性索体系，中间塔和边塔上加速度放大系数最大值都产生在塔身中上部。行波效应对边塔1和中间塔塔身加速度放大系数有明显的影响，而对边塔2影响较小。三个塔身动力放大系数最大值均出现在塔身中上部。其中，中间塔塔身中上部动力放大系数最大达到5.43。

对于中间塔边塔弹性索体系，中间塔上加速度放大系数最大值产生在塔顶，而边塔出现在塔身中上部。行波效应会减小中间塔塔身加速度放大系数，而增加对边塔动力放大系数。其中，边塔2塔身中上部动力放大系数最大达到4.01。

2)约束体系

中间塔阻尼器体系，中间塔阻尼器边塔弹性索和中间塔弹性索体系都能不同程度减小模型结构的地震反应和改变地震响应的分配，比如减小塔顶、梁端的加速度峰值和最大位移。这三种体系改变的效果也有不同，由试验结果可知，中间塔弹性索体系，改变地震响应的分配，是比较合理的体系。

3)行波效应

行波效应对结构有一定的影响，有时会增大结构的反应，有时会减小反应，但视波速速度较低时，对结构影响偏大。因此对多塔大跨结构进行抗震分析时，必须考虑行波效应的影响。

4)碰撞效应

主桥与引桥的碰撞会对引桥加劲梁有较大的影响,碰撞力过大会增大引桥加劲梁的位移造成落梁,也会增加固定墩的内力。因此碰撞必须引起注意,应适当采取防撞和防落梁措施。

## 本章参考文献

[1] 尼尔斯 J, 吉姆辛. 缆索支承桥梁——概念与设计[M]. 金增洪,译. 第 2 版. 北京:人民交通出版社, 2002.

[2] 中华人民共和国行业标准. JTJ 004—1989 公路工程抗震设计规范[S]. 北京: 人民交通出版社, 1989.

[3] California Department of Transportation. CALTRANS Seismic Design Criteria. V1.3 [M]. USA, 2004.

[4] American Association of State Highway and Transportation Official. AASHTO LRFD bridge design specifications[M]. Washington D. C. USA: 2005.

[5] 日本规范. 道路桥示方书. 同解说. V 耐震设计篇[M]. 1996.

[6] CEN. Eurocode 8 – Design Provisions for Earthquake Resistance of Structures, Part V Bridges[M]. Brussels: Comite European de Normalization (CEN), 1994.

[7] M. J. N. Priestley, F Seible, G. M. Calvi. Seismic design and retrofit of bridges[M]. USA:John Wiley & Sons, Inc., 1996.

[8] Seismic Retrofitting Manual for Highway Bridges. Federal Highway Administration Publication No. FHWA – RD – 94 052, USA,1995.

[9] Kiremidjian A. S. and Bosö z, N. Evaluation of bridge damage data from recent earthquakes. NCEER Bulletin,1997,11 (2): 1-7.

[10] Basoz, Nesrin, and Kiremidjian, Anne S. Risk assessment of bridges and highway systems from the Northridge earthquake. Proceedings of the National Seismic Conference on Bridges and Highways: “Progress in Research and Practice”. 1997:65-79.

[11] Shinozuka M., Feng, M. Q., Lee, J., and Naganuma, T. Statistical Analysis of Fragility Curves[J]. Journal of Engineering Mechanics. 2000,126(12): 1224-1231.

[12] Yamazaki, F., Motomura, H., and Hamada, T. Damage assessment of expressway networks in Japan based on seismic ,2000. monitoring New Zealand paper[C]. Proceeding of the 12th World Conference on Earthquake Engineering. Upper Hutt, NO 0551.

[13] 徐龙军, 章倩. 铁路桥梁地震震害预测[J]. 山东建筑工程学院学报, 2003, 18(1): 27-31.

# 4 多塔连跨悬索桥抗风性能模型试验研究

## 4.1 引言

桥梁的抗风性能研究，主要依赖模型试验与数值仿真模拟两种手段，其中模型试验是最常用且可靠的方法。对于大跨径桥梁而言，桥梁模型试验主要包括节段模型试验与全桥气动弹性模型试验两种。节段模型试验主要用来测定主梁、桥塔等构件的风荷载参数，以及测定主梁的涡激振动、颤振等风致振动参数。全桥气弹模型主要是对节段模型试验的进一步验证，同时对施工过程的抗风性能进行检验，包括涡激振动、抖振、颤振、驰振等研究内容。

本章以泰州大桥为背景，介绍多塔连跨悬索桥的抗风试验研究，包含了主梁的节段模型测力试验、颤振稳定性测振试验、涡激振动试验以及中塔节段模型测力试验，同时还包含了桥塔气弹模型试验以及全桥气弹模型试验的全部内容。

## 4.2 研究目的与内容

### 4.2.1 研究目的

利用节段模型、全桥气弹模型获得关键构件的风荷载参数、加劲梁的颤振导数、颤振临界风速、涡激振动特性、抖振响应以及施工期间的颤振与涡激振动特性。

### 4.2.2 研究内容

采用桥梁模型风洞试验技术，依据泰州长江公路大桥，开展了加劲梁节段模型试验、中间钢塔节段模型试验，以及桥塔与全桥的气弹模型试验。主要试验内容如表 4.1 所示。

泰州长江公路大桥抗风试验工况　　表 4.1

<table>
<tr><th colspan="2">试验类型</th><th>对　象</th><th>结构状态</th><th>研究内容</th></tr>
<tr><td rowspan="3">刚体节段模型</td><td>测振试验</td><td>加劲梁</td><td>成桥状态</td><td>颤振稳定性检验<br>颤振导数的测定<br>涡激共振性能研究</td></tr>
<tr><td rowspan="2">测力试验</td><td>加劲梁</td><td>成桥状态</td><td>静力三分力系数的测定</td></tr>
<tr><td>中间塔</td><td>桥塔自立</td><td>静力三分力系数的测定<br>中间塔静气动力三维数值模拟</td></tr>
</table>

续上表

| 试验类型 | 对象 | 结构状态 | 研究内容 |
|---|---|---|---|
| 气弹模型试验 | 全桥 | 成桥状态与施工状态 | 边界层流场模拟<br>颤振稳定性<br>涡激振动试验<br>抖振响应测试 |
| | 中间塔 | 桥塔自立状态与桥塔施工状态 | 边界层流场模拟<br>涡激振动试验<br>驰振稳定性试验<br>抖振响应测试 |

## 4.3 刚体节段模型试验

### 4.3.1 刚体节段模型试验原理

刚体节段模型试验是通过截取桥梁某一构件，比如加劲梁、桥塔等构件，在满足实桥原型的几何相似条件下，同时保持模型本身的刚性不变形，依照试验研究目的不同，进行测力试验或测振试验。其中，测力试验又称为静力三分力试验，是通过测力天平确定作用在节段模型上的平均气动力，从而获得不同节段的静力三分力系数。测振试验，一般来说主要针对加劲梁节段模型进行，它将风致全桥振动简化成加劲梁某些振型的组合来进行研究，测试内容主要包括均匀流场下颤振临界风速测定、气动导数测定、均匀流场及紊流场中涡激振动发生风速及振幅测定。

刚体节段模型试验在同济大学 TJ－1 边界层风洞中进行，该风洞试验段尺寸为 14m（长）×1.8m（宽）×1.8m（高），风洞试验风速范围为 0.5～30m/s。试验中，风致振动信号采用压电式加速度传感器、TS5865 型电荷放大器、美国 NI 公司的 PCI－6052E 数据采集 A/D 板、PC 机和相应的信号采集、处理软件所组成的系统进行测量与分析。

### 4.3.2 加劲梁测振试验

1）节段模型设计

节段模型通过 8 根弹簧悬挂在外置式支架上，如图 4.1 所示。根据实桥加劲梁断面尺寸和风洞试验段尺寸以及直接试验法的要求，选取节段模型的缩尺比例为 1∶70。刚体节段模型的骨架由碳纤维材料构成，悬挂外框架由金属材料制成，长 1.7m。成桥状态考虑了栏杆、防撞栏以及检修轨道的设置，防撞栏、栏杆和检修轨道用 ABS 塑料板由计算机雕刻制成。悬挂于风洞中的节段模型如图 4.2 所示。

由于泰州大桥除边塔外，均为钢质材料，因此模型试验中模态阻尼比均取为 0.5%。节段模型试验时，考虑的振型组合如表 4.2 所示。

节段模型试验的模态组合　表 4.2

| 名称 | 模态组合 |
|---|---|
| 组合Ⅰ | 一阶反对称竖弯 ＋ 一阶反对称扭转 |
| 组合Ⅱ | 一阶正对称竖弯 ＋ 一阶反对称扭转 |

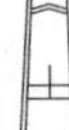

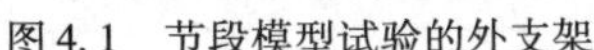
图4.1 节段模型试验的外支架

图4.2 悬挂于风洞中的节段模型

表4.3给出了按相似规则得到模型试验参数,其中节段模型质量和质量惯性矩分别按考虑了实桥振动空间特性及桥塔、缆索振动效应的加劲梁等效质量和等效质量惯性矩进行模拟。在成桥状态的涡激共振和颤振试验中只采用了一种结构阻尼比。具体的试验工况、试验风速范围及风速比等信息如表4.4所示。

**成桥状态原型及节段模型设计和实测参数** 表4.3

| 参数名称 | 符号 | 单位 | 实桥值 | 缩尺比例 | | 模型值 | |
|---|---|---|---|---|---|---|---|
| | | | | 颤振 | 涡激振动 | 颤振 | 涡激振动 |
| 加劲梁长度 | $L$ | m | 119 | 1/70 | | 1.7 | |
| 加劲梁宽度 | $B$ | m | 39.10 | 1/70 | | 0.56 | |
| 加劲梁高度 | $H$ | m | 3.5 | 1/70 | | 0.05 | |
| 等效质量 | $m_{eq}$ | kg/m | $3.126\times10^4$<br>$2.598\times10^4$ | $1/70^2$ | | 6.38<br>5.30 | |
| 等效质量惯矩 | $J_{meq}$ | kg·m²/m | $5.251\times10^6$ | $1/70^4$ | | $2.19\times10^{-1}$ | |
| 等效惯性半径 | $r_e$ | m | 14.27<br>12.96 | 1/70 | | 0.204<br>0.185 | |
| 竖弯基频 | $f_v$ | Hz | 0.08<br>0.155 1 | 19<br>13 | 27<br>27 | 1.55<br>2.04 | 2.19<br>4.14 |
| 扭转基频 | $f_t$ | Hz | 0.273 2<br>0.273 2 | 19<br>13 | 27<br>27 | 5.19<br>3.55 | 7.36<br>7.36 |
| 扭弯频率比 | $\varepsilon$ | — | 3.41<br>1.76 | — | — | 3.35<br>1.74 | 3.36<br>1.78 |
| 竖弯阻尼比 | $\xi_v$ | % | 0.5<br>0.5 | — | — | 0.97<br>0.58 | 0.76<br>0.48 |
| 扭转阻尼比 | $\xi_t$ | % | 0.5 | — | — | 0.43<br>0.41 | 0.48<br>0.47 |

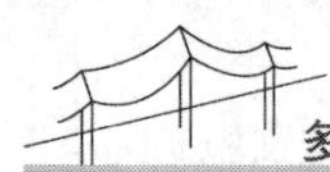


**均匀流场风洞试验工况（成桥状态）一览** 表4.4

| 工况 | 试验内容 | | 攻角(°) | 试验风速(m/s) | 风速比 |
|---|---|---|---|---|---|
| 1 | 颤振临界风速与气动导数 | 组合Ⅰ | +3 | 0~17 | $\lambda_V^v=1/3.6$<br>$\lambda_V^t=1/3.7$ |
| 2 | | | 0 | 0~19 | |
| 3 | | | −3 | 0~17 | |
| 4 | | 组合Ⅱ | +3 | 0~11.5 | $\lambda_V^v=1/5.33$<br>$\lambda_V^t=1/5.38$ |
| 5 | | | 0 | 0~16 | |
| 6 | | | −3 | 0~14 | |
| 7 | 涡激共振试验 | 组合Ⅰ | +5 | 0~20 | $\lambda_V^v=1/2.55$<br>$\lambda_V^t=1/2.64$ |
| 8 | | | +3 | 0~21 | |
| 9 | | | 0 | 0~21 | |
| 10 | | | −3 | 0~21 | |
| 11 | | | −5 | 0~21 | |
| 12 | | 组合Ⅱ | +5 | 0~20 | $\lambda_V^v=1/2.59$<br>$\lambda_V^t=1/2.59$ |
| 13 | | | +3 | 0~21 | |
| 14 | | | 0 | 0~21 | |
| 15 | | | −3 | 0~21 | |
| 16 | | | −5 | 0~21 | |
| 17 | 气动三分力系数测定 | | −12~+12 | 10 | — |

2）颤振稳定性检验

试验首先在均匀流场中进行，采用直接试验法对成桥状态加劲梁原型断面、三角形风嘴断面1、圆形风嘴断面、三角形风嘴断面（最终方案）几种断面形式分别进行了−3°、0°和+3°三种攻角下的两种振型组合（组合Ⅰ和组合Ⅱ）的颤振试验。表4.5给出了组合Ⅰ各个攻角下成桥状态的颤振临界风速试验结果。

**节段模型颤振临界风速试验结果（组合Ⅰ）** 表4.5

| 攻角(°) | 阻尼比 | 扭弯频率比 | 颤振临界风速(m/s) | 加劲梁状态描述（尺寸单位：mm） |
|---|---|---|---|---|
| +3 | $\xi_v=0.70\%$<br>$\xi_t=0.52\%$ | 5.401 2/1.559<br>=3.46 | 45 | 原型断面（底板检修轨道）<br>1 990　6 250 |
| 0 | $\xi_v=0.66\%$<br>$\xi_t=0.51\%$ | 5.404 0/1.558 3<br>=3.47 | 66 | |
| −3 | $\xi_v=0.68\%$<br>$\xi_t=0.46\%$ | 5.403 04/1.559<br>=3.46 | >68 | |
| +3 | $\xi_v=0.66\%$<br>$\xi_t=0.48\%$ | 5.353 04/1.548<br>=3.46 | 53.2 | 三角形风嘴断面1（底板检修轨道）<br>450　1 503.2　1 907.6　1 572.5<br>1 990　6 250 |
| 0 | $\xi_v=0.69\%$<br>$\xi_t=0.45\%$ | 5.351 46/1.551<br>=3.45 | >68 | |
| −3 | $\xi_v=0.58\%$<br>$\xi_t=0.46\%$ | 5.352 7/1.552 7<br>=3.45 | >68 | |

续上表

| 攻角(°) | 阻尼比 | 扭弯频率比 | 颤振临界风速(m/s) | 加劲梁状态描述(尺寸单位:mm) |
|---|---|---|---|---|
| +3 | $\xi_v=0.73\%$<br>$\xi_t=0.48\%$ | 5.373 2/1.550<br>=3.46 | 54.8 | 圆形风嘴断面(底板检修轨道)<br>450<br>1 990　6 250 |
| 0 | $\xi_v=0.69\%$<br>$\xi_t=0.48\%$ | 5.371 3/1.554<br>=3.46 | >68 | |
| -3 | $\xi_v=0.65\%$<br>$\xi_t=0.39\%$ | 5.376 6/1.555 4<br>=3.46 | >68 | |
| +3 | $\xi_v=1.03\%$<br>$\xi_t=0.48\%$ | 5.171 6/1.553<br>=3.33 | 62.9 | 三角形风嘴断面(最终方案)斜腹板检修轨道 |
| 0 | $\xi_v=0.92\%$<br>$\xi_t=0.40\%$ | 5.165 1/1.555<br>=3.32 | >70.3 | |
| -3 | $\xi_v=0.97\%$<br>$\xi_t=0.41\%$ | 5.172 3/1.559<br>=3.32 | >64.4 | |

注:颤振检验风速为56.7m/s。

对于成桥状态,颤振试验在无附加阻尼装置的阻尼情况下进行,组合Ⅰ的竖弯和扭转阻尼比约为0.97%和0.43%,组合Ⅱ的竖弯和扭转阻尼比约为0.58%和0.41%。由于检验结构颤振稳定性中,扭转占主导地位,所以对于组合Ⅰ和组合Ⅱ来说,模型扭转阻尼比分别为0.43%和0.41%,都低于实桥扭转阻尼的0.5%,属于偏安全状态。

图4.3和图4.4给出了成桥状态振型组合Ⅰ的节段模型对应阻尼情况下,在均匀流场中弯扭两个自由度运动状态下的系统总阻尼比随试验风速变化($\xi$- $U_m$)曲线和系统频率随试验风速变化($f$- $U_m$)曲线。

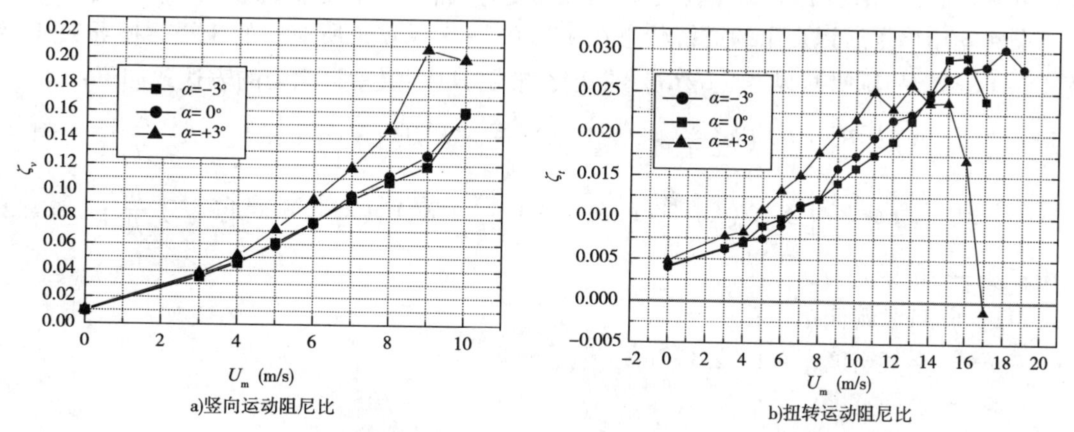


图4.3　成桥运营状态节段模型系统阻尼比—试验风速曲线

成桥状态组合Ⅰ和组合Ⅱ在+3°、0°及-3°风攻角情况下模型以及实桥的颤振临界风速值见表4.6。可以看出:在+3°、0°及-3°风攻角情况下,成桥状态组合Ⅰ和组合Ⅱ的颤振临界风速均高于成桥状态颤振检验风速56.7m/s,满足颤振稳定性要求。

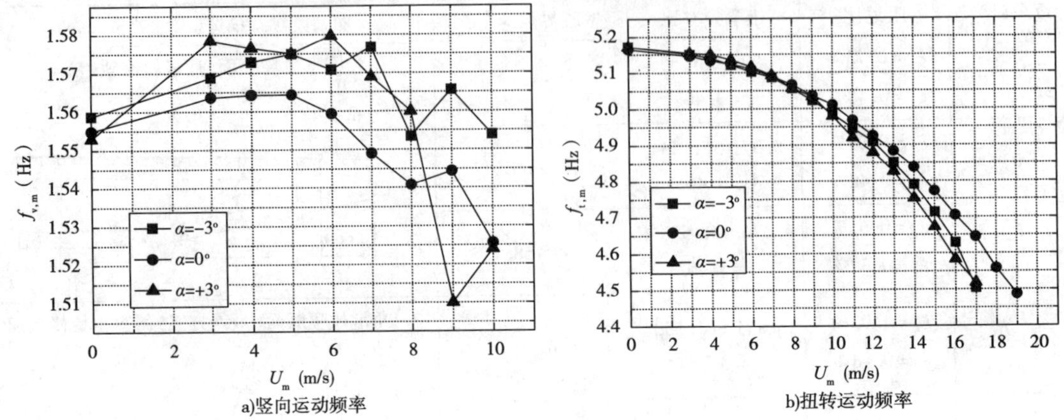

a)竖向运动频率　　b)扭转运动频率

图4.4　成桥运营状态节段模型系统频率 $V_S$ 试验风速曲线

**不同风攻角下成桥状态的颤振临界风速**　　表4.6

| 风攻角(°) | 颤振临界风速(m/s) | | | | 颤振检验风速(m/s) |
|---|---|---|---|---|---|
| | 组合Ⅰ | | 组合Ⅱ | | |
| | 模型 | 实桥 | 模型 | 实桥 | |
| +3 | 16.4 | 60.7 | 11.5 | 61.9 | 56.7 |
| 0 | >19 | >70.3 | 15.4 | 82.8 | |
| -3 | >17 | >62.9 | 13.8 | 74.2 | |

3)气动导数测定

成桥状态在+3、0、-3风攻角下的加劲梁断面气动导数测定试验都是在均匀流场中进行,所采用的模型与颤振稳定性试验相同。试验中采用了初始位移激励下竖弯和扭转两自由度耦合振动法,通过对所记录的耦合振动的加速度时域信号进行分析,识别出气动导数。

图4.5给出了所识别出的成桥状态在+3、0、-3风攻角所对应的8个颤振导数 $A_i^*$ 和 $H_i^*$（$i=1,\cdots,4$)随折减风速（$U/fB$）的变化曲线,其中,气动自激力的表达式如下:

$$L_{se}=\rho U^2B\left[KH_1^*(K)\frac{\dot h}{U}+KH_2^*(K)\frac{B\dot\alpha}{U}+K^2H_3^*(K)\alpha+K^2H_4^*(K)\frac{h}{B}\right]\tag{4.1}$$

$$M_{se}=\rho U^2B^2\left[KA_1^*(K)\frac{\dot h}{U}+KA_2^*(K)\frac{B\dot\alpha}{U}+K^2A_3^*(K)\alpha+K^2A_4^*(K)\frac{h}{B}\right]\tag{4.2}$$

式中:$L_{se}$——自激升力;

$M_{se}$——自激俯仰扭矩;

$\rho$——空气密度,$\rho=1.225\text{kg/m}^3$;

$B$——桥面宽度;

$U$——风速;

$K$——折算频率,$K=B\omega/U$;

$h$ 和 $\alpha$——竖向运动和扭转运动位移;

(·)——对时间的导数。

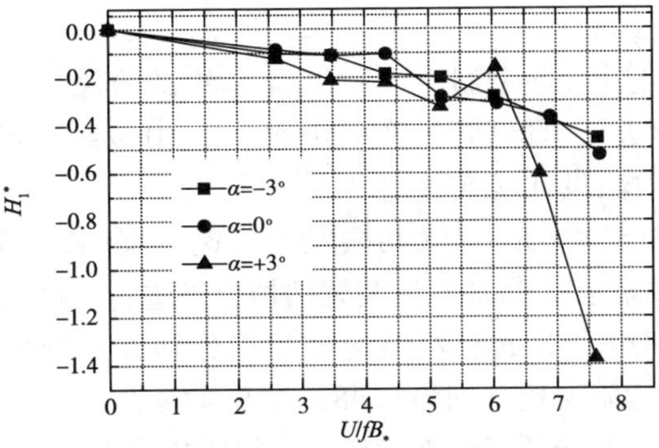

a) $H_1$

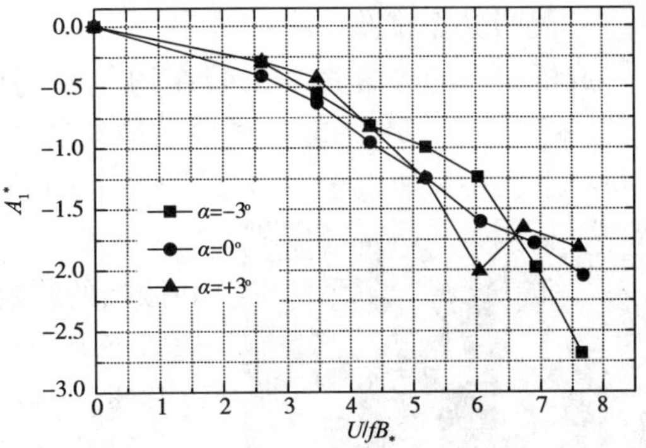

b) $A_1$

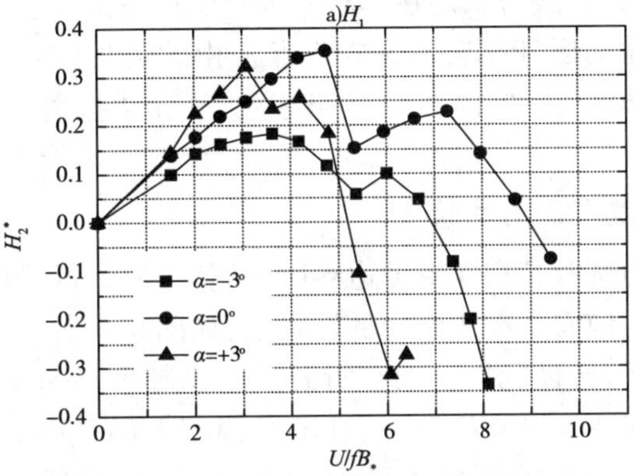

c) $H_2$

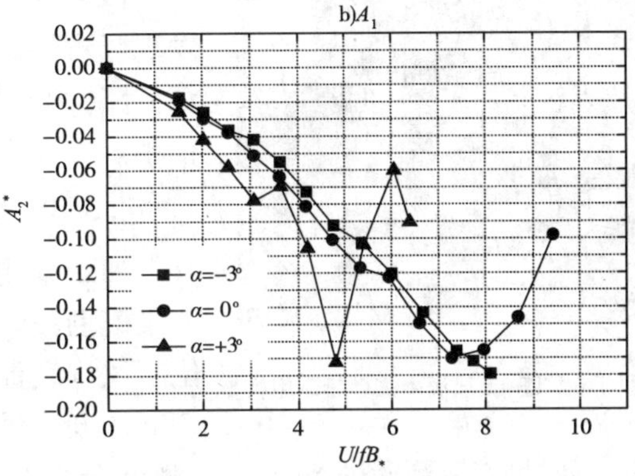

d) $A_2$

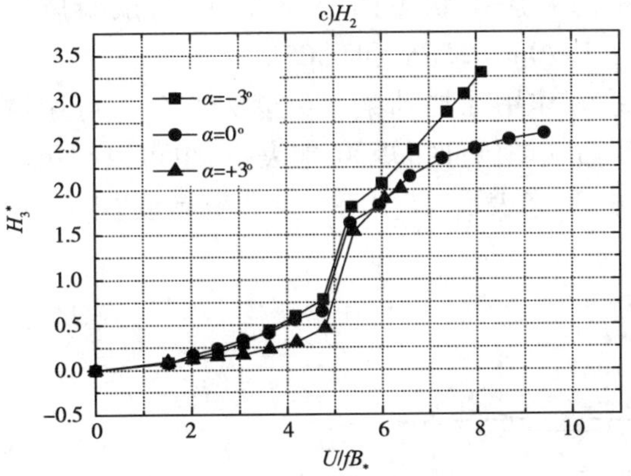

e) $H_3$

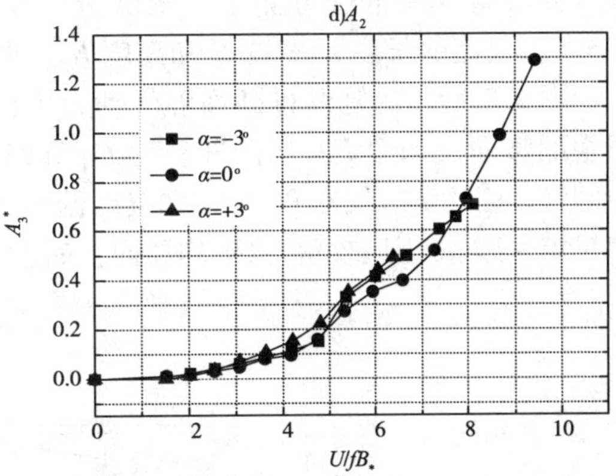

f) $A_3$

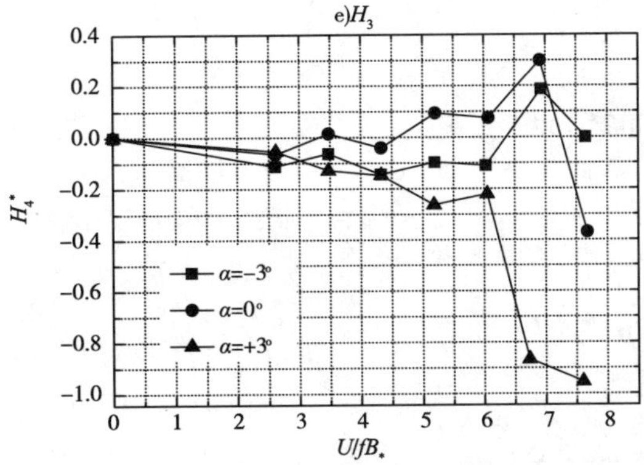

g) $H_4$

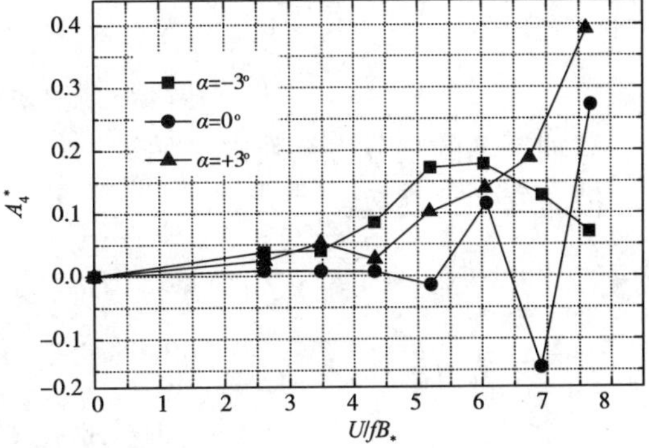

h) $A_4$

图 4.5　成桥状态气动导数-折减风速曲线

4）涡激共振试验

成桥状态的涡激共振试验在均匀流场中进行，振型组合Ⅰ和组合Ⅱ的试验风攻角为+5°、+3°、0°、-3°、-5°。试验在均匀流场中进行，且试验最大风速均大于20m/s，相当于成桥状态实桥风速大于51m/s，并超过了成桥阶段设计基准风速。

图4.6　TJ-1风洞中加劲梁测力模型

均匀流场中成桥状态涡激共振发生风速范围（锁定区）和振幅的测定试验在无附加阻尼装置的情况下进行。此时成桥状态组合Ⅰ和组合Ⅱ的竖弯结构阻尼比分别为0.76%和0.48%，扭转结构阻尼比分别为0.48%和0.47%。

试验结果表明，成桥状态在-5°~+5°风攻角下，均没有发现竖弯涡激振动区和扭转涡激振动区。由此可见，泰州长江公路大桥成桥状态在常遇风速下发生涡激共振的概率很小。

### 4.3.3　加劲梁测力试验

加劲梁测力试验也在TJ-1边界层风洞中进行，试验中，节段模型被竖直地安装在风洞中的转盘上，如图4.6所示，由位于风洞底板下、转盘机构上的自行开发的高精度高灵敏度底支式五分量应变天平支撑，作用在节段模型上的气动力由该五分量应变天平进行测量。测试分成桥状态和施工状态两个工况进行，试验风速为10m/s。模型的长度$L$、宽度$B$和高度$H$分别为1.70m、0.56m和0.05m。

图4.7所示为加劲梁断面静气动力坐标系。作用在加劲梁上的静力三分力可用体轴系中的竖向气动力$F_V$、横向气动力$F_H$和绕纵轴气动俯仰扭矩$M$来表示，也可以用风轴系中的气动阻力$F_D$、气动升力$F_L$和气动俯仰扭矩$M$来表示，其中两个参考坐标系中的气动俯仰扭矩一致，$\alpha$为风攻角，当平均风向上时为正。

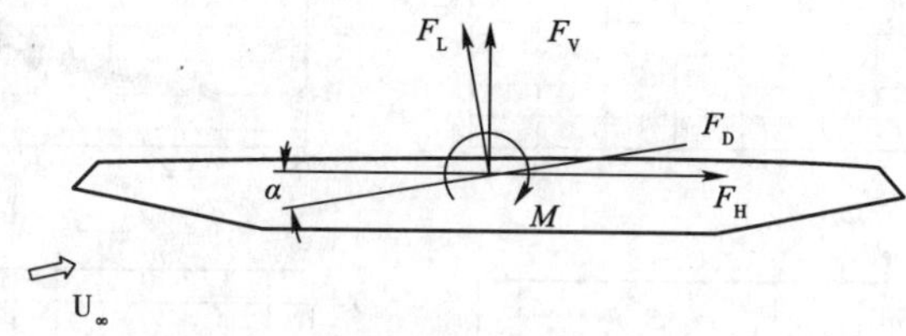


图4.7　加劲梁断面静气动力坐标系

体轴系下的三分力系数定义如下：

横向气动力系数：

$$C_H = \frac{F_H}{1/2\rho U_\infty^2 HL} \tag{4.3}$$

竖向气动力系数：

$$C_V = \frac{F_V}{1/2\rho U_\infty^2 BL} \tag{4.4}$$

气动俯仰扭矩系数：

$$C_{\mathrm{M}} = \frac{M}{1/2\rho U_{\infty}^{2} B^{2} L} \tag{4.5}$$

式中：$U_{\infty}$——试验风速；

$\rho$——空气密度，$\rho = 1.255\mathrm{kg/m^3}$；

$L$——节段模型长度，其中横向气动力系数以加劲梁高度 $H$ 为参考长度，竖向气动力系数和气动俯仰扭矩系数以加劲梁断面的宽度 $B$ 为参考长度。

风轴系气动力三分力系数的定义及其与体轴系气动力系数之间的转换关系如下：

风轴气动阻力系数：

$$C_{\mathrm{D}} = \frac{F_{\mathrm{D}}}{1/2\rho U_{\infty}^{2} HL} = C_{\mathrm{H}}\cos\alpha + C_{\mathrm{V}}\frac{B}{H}\sin\alpha \tag{4.6}$$

风轴气动升力系数：

$$C_{\mathrm{L}} = \frac{F_{\mathrm{L}}}{1/2\rho U_{\infty}^{2} HL} = C_{\mathrm{H}}\frac{H}{B}\sin\alpha + C_{\mathrm{V}}\cos\alpha \tag{4.7}$$

其中，两个参考坐标系中的气动俯仰扭矩系数相同，测量成桥状态加劲梁断面 -12°～12°攻角范围内气动三分力系数。通过试验可以得到成桥状态加劲梁断面气动力系数随风攻角变化曲线，如图 4.8 所示。

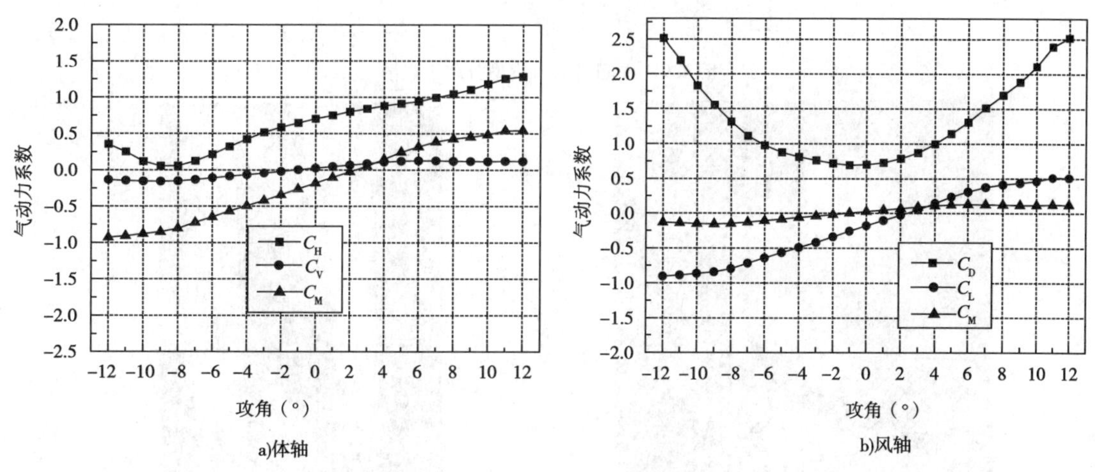


图 4.8 成桥状态加劲梁断面气动力系数—风攻角曲线

### 4.3.4 中间塔测力试验

1）节段模型设计

中间塔测力试验也在 TJ-1 边界层风洞中进行。为了考察不同尺寸塔柱的静气动力系数，在节段模型试验时，将整个中间塔考虑成 4 段，如图 4.9 所示。分段 1 和分段 3 风洞照片分别见图 4.10 和图 4.11。模型设计比例为 1∶50，关键尺寸见表 4.7。按照分段，在测力试验过程中，需要考虑上下补偿段的影响，即对上塔柱上段而言在风洞模拟过程中，需要考虑同高度塔柱的补偿以及下一层分段的影响。

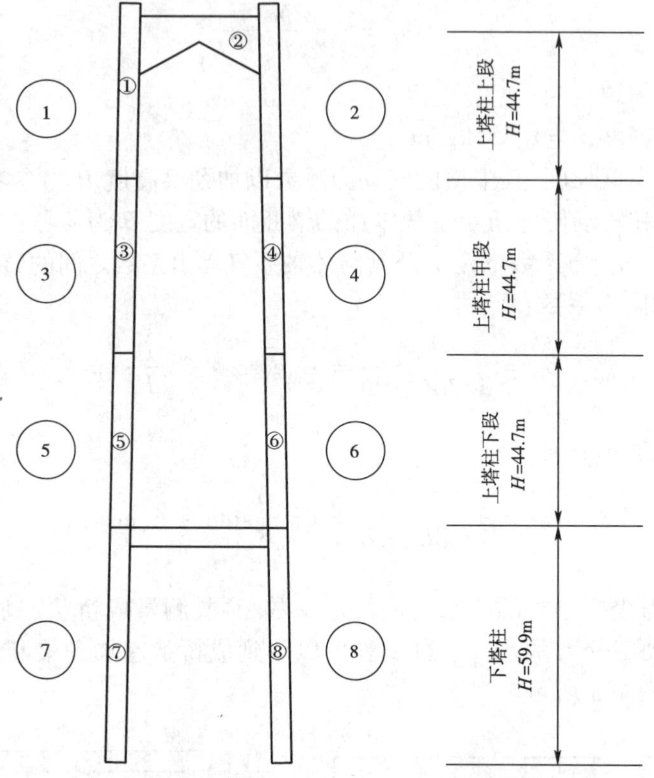


图 4.9 中间塔测力模型分段示意图

图 4.10 分段 1 风洞照片(上塔柱上段)

图 4.11 分段 3 风洞照片(上塔柱中段)

**中间塔节段模型关键尺寸** 表 4.7

| 分 段 | 横桥向宽(m) | 顺桥向宽(m) | 节段长度(m) | 模 型 比 例 |
|---|---|---|---|---|
| 上塔柱上段 | 0.143 8 | 0.1 | 0.595 | 1:50 |
| 上塔柱中段 | 0.173 6 | 0.1 | 0.894 | |
| 上塔柱下段 | 0.209 4 | 0.1 | 0.894 | |
| 下塔柱 | 0.12 | 0.1 | 1.198 | |

2)试验概况

试验中节段模型被竖直地安装在风洞中的转盘上,由位于风洞底板下、转盘机构上的自行开发的高精度高灵敏度底支式五分量应变天平支撑,作用在节段模型上的气动力由该五分量应变天平进行测量。试验风速定为7m/s。考虑阻塞率的影响,试验风速为被测模型处控制风速。试验方位角示意图如图4.12所示。

测力试验以顺桥向为0°,顺时针旋转为正角度方向,风偏角范围为-90°~90°,角度间隔15°,0°、90°附近进行了5°、85°的加密。

3)中间塔断面三分力系数

通过天平获得上述各分块的气动荷载,从而计算得到气动参数,针对每个分块各方向的气动参数,其定义为:

$$C_x = \frac{F_x}{\frac{1}{2}\rho v^2 S_i} \quad C_y = \frac{F_y}{\frac{1}{2}\rho v^2 S_i} \tag{4.8}$$

式中:$C_x$、$C_y$——第$i$分块$x$、$y$方向的气动荷载系数;

$F_x$、$F_y$——第$i$分块所受$x$、$y$方向的力;

$\rho$——空气密度;

$v$——来流风速;

$S_i$——第$i$分块在某一坐标轴方向的参考面积。

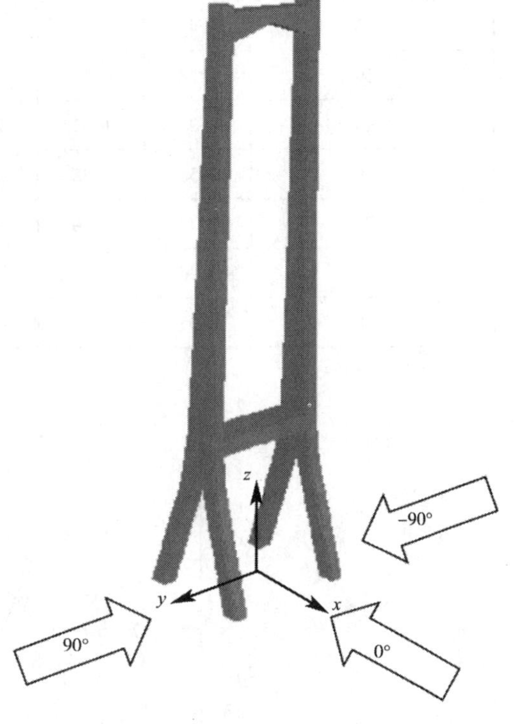

图4.12 中间塔节段测力试验的方位角示意图

为了方便处理不同风偏角下气动参数,分块参考面积统一取横桥向桥塔的宽度(该值全塔柱均取为固定值5m,模型为0.1m)乘以分块的长度。通过试验得到各分段不同风偏角下体轴气动力系数,如表4.8所示,其中节段7的风阻系数为单根塔柱的风阻系数,节段1气动参数随风偏角变化曲线如图4.13所示。

**节段1、3、5、7不同风偏角下的气动参数** 表4.8

| 风偏角(°) | 节段1 | | 节段3 | | 节段5 | | 节段7 | |
|---|---|---|---|---|---|---|---|---|
| | $C_x$ | $C_y$ | $C_x$ | $C_y$ | $C_x$ | $C_y$ | $C_x$ | $C_y$ |
| 90 | 0.02 | 1.65 | 0.04 | 1.99 | 0.08 | 2.42 | 0.05 | 4.84 |
| 85 | 0.09 | 1.77 | 0.12 | 2.35 | 0.06 | 2.57 | 0.11 | 4.97 |
| 75 | 0.20 | 1.81 | 0.11 | 2.32 | 0.13 | 2.72 | 0.25 | 4.81 |
| 60 | 0.65 | 1.89 | 0.48 | 2.51 | 0.35 | 2.97 | 1.36 | 4.74 |
| 45 | 1.62 | 2.07 | 1.31 | 2.30 | 1.05 | 2.42 | 2.59 | 4.28 |
| 30 | 1.77 | 1.35 | 1.54 | 1.40 | 2.76 | 0.28 | 2.83 | 2.83 |
| 15 | 1.39 | 0.22 | 1.21 | 0.73 | 1.42 | 0.67 | 2.18 | 1.94 |
| 5 | 1.21 | 0.40 | 1.09 | 0.02 | 0.96 | 0.90 | 1.64 | 0.42 |

续上表

| 风偏角(°) | 节段1 | | 节段3 | | 节段5 | | 节段7 | |
|---|---|---|---|---|---|---|---|---|
| | $C_x$ | $C_y$ | $C_x$ | $C_y$ | $C_x$ | $C_y$ | $C_x$ | $C_y$ |
| 0 | 1.12 | 0.21 | 0.92 | 0.12 | 0.98 | 0.52 | 1.51 | 0.03 |
| -5 | 1.22 | 0.15 | 0.92 | 0.46 | 0.77 | 0.96 | 1.69 | 0.77 |
| -15 | 1.49 | 0.13 | 1.51 | 0.52 | 1.50 | 0.92 | 2.31 | 0.91 |
| -30 | 1.18 | 0.59 | 1.47 | 1.44 | 1.69 | 2.17 | 2.77 | 2.81 |
| -45 | 1.08 | 1.31 | 1.21 | 2.16 | 1.30 | 2.86 | 2.41 | 4.07 |
| -60 | 0.58 | 1.45 | 0.75 | 2.41 | 0.70 | 3.39 | 1.53 | 4.56 |
| -75 | 0.29 | 1.46 | 0.23 | 1.79 | 0.12 | 1.85 | 0.77 | 3.44 |
| -85 | 0.20 | 0.92 | 0.25 | 1.27 | 0.48 | 0.69 | 0.56 | 2.57 |
| -90 | 0.05 | 0.68 | 0.14 | 0.56 | 0.14 | 0.51 | 0.00 | 2.45 |

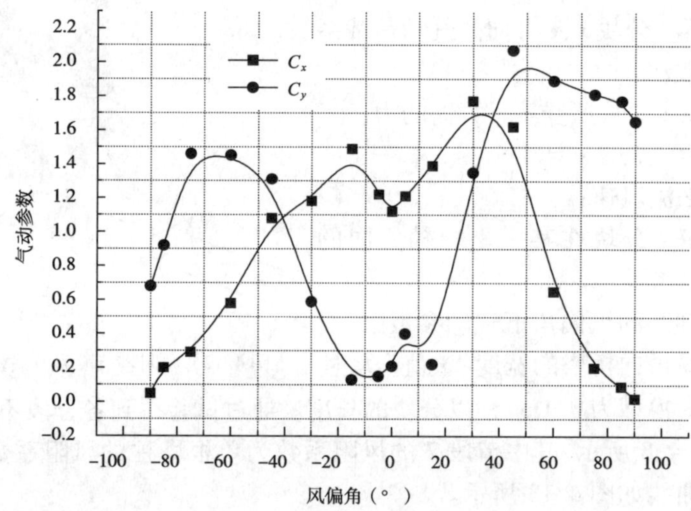


图4.13 中间塔节段1不同风偏角下气动参数

4)中间塔气动参数数值风洞研究

利用数值风洞技术,通过建立三维的桥塔区域几何模型、网格划分及流场求解,可以获得不同风偏角下的流场,从而也可精确获得桥塔各部位的风荷载参数。数值风洞模拟在以横桥向为0°,0°~90°范围内进行,角度间隔15°,局部进行了3°和87°的加密。

为了准确模拟流场,桥塔主体结构完全按照设计建模。桥塔及周围的流场区域进行分块网格划分,网格数量约400万。同时将中间塔分为左右两个塔柱,从上到下共分为6块,其中1~4分块为桥面上部分,5分块为桥面下部分,6分块为桥塔下部分开部分,分为a、b两块,及上下两根横梁对应的两分块,如图4.14所示。通过数值模拟可得桥塔表面压力分布、流场与流速的空间分布,如图4.15~图4.17所示。

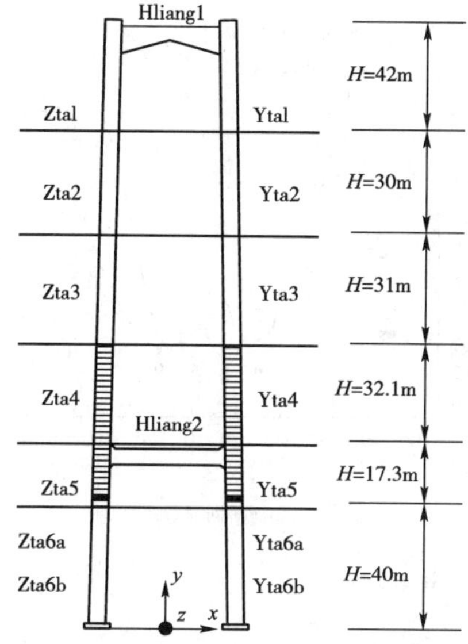


图 4.14　桥塔分块示意图

图 4.15　桥塔表面风压分布云图(90°风偏角)

图 4.16　桥塔不同高度区速度场(90°风偏角)

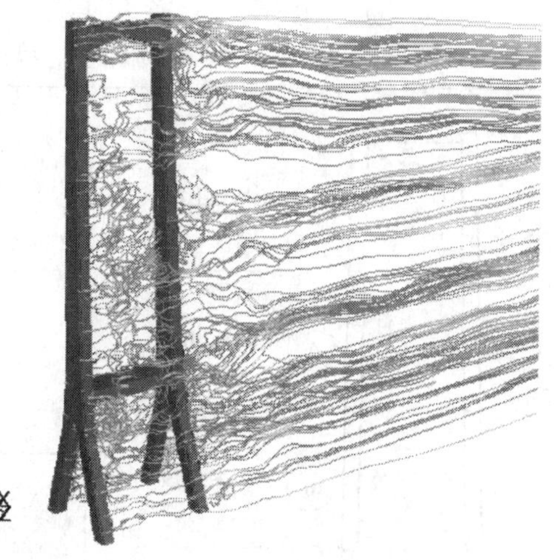

图 4.17　桥塔区绕流场显示(90°风偏角)

5)试验结果对比

为方便进行数值风洞和物理风洞结果的对比,先把数值风洞试验的结果按照分段的原则处理成每个分段在不同风偏角下的体型系数,左塔和右塔的结果对应该分段的 ±90°。数值分段结果的加权平均与试验分段的一致,即数值结果也处理成试验一致的 4 个分段,比较结果如图 4.18 所示。由对比结果可知,数值风洞结果与试验结果整体趋势吻合较好,尤其是 $C_x$ 阻力系数,相比较而言 $C_y$ 系数数值模拟偏小。

由于中间塔的阻力系数在风荷载计算过程中,需要考虑不利风偏角的影响,因此最终确定的风阻系数是根据不利风偏角中最大值确定。同时由于数值模拟结果偏小,因此偏安全地选用风洞试验结果。最终确定的风阻系数如表 4.9 和表 4.10 所示。

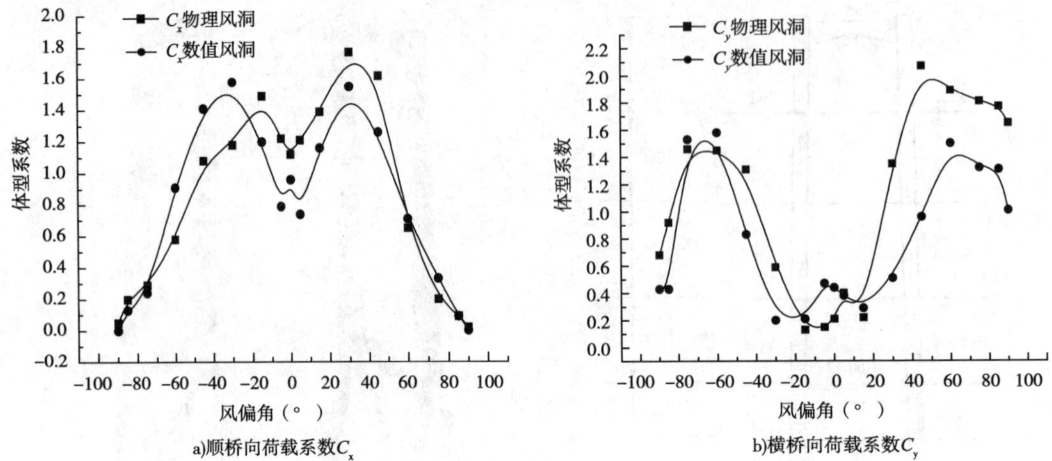

a)顺桥向荷载系数$C_x$　　b)横桥向荷载系数$C_y$

图 4.18　节段 1 风荷载系数对比曲线

**横桥向风作用下的阻力系数**　　表 4.9

| 分段 | 阻力系数的建议值 | | 参考宽度（m） | 塔柱范围（m） |
|---|---|---|---|---|
| | 迎风侧 | 背风侧 | | |
| ① ② 上塔柱上段 | 1.81 | 1.46 | 5 | 147.3 ~ 192.0 |
| ③ ④ 上塔柱中段 | 2.35 | 1.79 | 5 | 102.6 ~ 147.3 |
| ⑤ ⑥ 上塔柱下段 | 2.72 | 1.85 | 5 | 57.9 ~ 102.6 |
| ⑦ ⑧ 下塔柱 | 4.97 | 3.44 | 5 | 0 ~ 57.9 |
| 上横梁 | 0.23 | | 5 | 上横梁 |
| 下横梁 | 0.07 | | 5 | 下横梁 |

注：1. 以上阻力系数均以横桥向塔柱宽度 5m 定义。

2. 建议值取值依据为横桥向 ±15°内最大值。

3. 下塔柱为两肢合阻力系数，使用时可以按照该系数除以 2 加载到单肢上。

**顺桥向风作用下阻力系数** 表 4.10

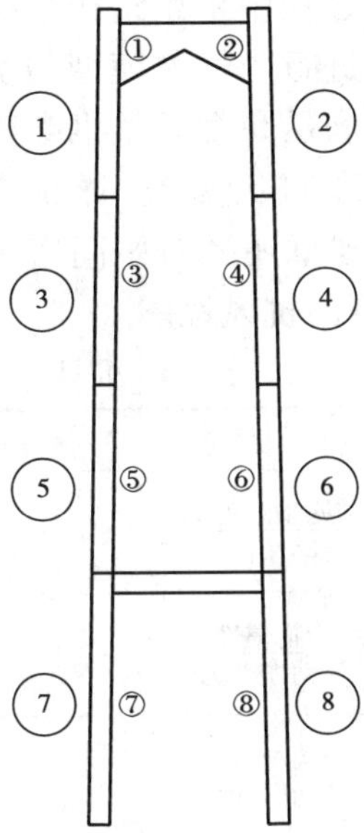

| 分段 | | 阻力系数的建议值 | | 参考宽度(m) | 塔柱范围(m) |
|---|---|---|---|---|---|
| | | 迎风侧 | 背风侧 | | |
| | 上塔柱上段 | 1.49 | 1.49 | 5 | 147.3 ~ 192.0 |
| | 上塔柱中段 | 1.51 | 1.51 | 5 | 102.6 ~ 147.3 |
| | 上塔柱下段 | 1.50 | 1.50 | 5 | 57.9 ~ 102.6 |
| | 下塔柱 | 2.31 | 2.31 | 5 | 0 ~ 57.9 |
| 上横梁 | | 1.82 | | 5 | 上横梁 |
| 下横梁 | | 1.27 | | 5 | 下横梁 |

注:1. 以上阻力系数均以横桥向塔柱宽度 5m 定义。

2. 建议值取值依据为顺桥向 ±15°内最大值。

3. 下塔柱为两肢合阻力系数,使用时可以按照该系数除以 2 加载到单肢上。

4. 顺桥向风作用时,对于上塔柱不存在迎风、背风之分,因此没有阻挡效应,为了方便与横桥向比较,仍采用迎风侧、背风侧给出阻力系数,阻力系数大小相等。

### 4.3.5 试验小结

刚体节段模型试验研究结果可以归纳为以下几方面:

(1)数值模拟与风洞试验结果趋势一致,并且 $C_x$ 阻力系数吻合较好,$C_y$ 阻力系数次之。鉴于数值模拟结果略小于物理风洞试验结果,偏安全地选用物理风洞试验结果作为建议阻力系数参考依据。

(2)横桥向阻力系数建议选取 90°风偏角附近 15°范围内阻力系数最大值作为建议值;顺桥向阻力系数建议选用 0°风偏角附近 15°范围内阻力系数最大值作为建议值;由于试验不对横梁进行气动力测试,因此横梁的阻力系数建议选用数值模拟结果。

## 4.4 桥塔气弹模型试验

为了考察中间钢塔自立状态下的风致振动特性,研究过程中设计了 1:100 的桥塔气弹模型,并开展了桥塔自立状态与桥塔的关键施工状态下的风洞试验。本节主要针对中间钢塔的涡激振动试验进行介绍。

### 4.4.1 气弹模型试验原理

气动弹性模型试验则是考虑了风致结构振动中惯性力、气动力和弹性力相互作用的影响，试验结果更接近真实情况，一般用以详细地研究全桥及施工全过程中桥梁结构的抗风性能。气弹模型试验需在均匀流场及模拟大气边界层的紊流场中进行。气弹模型与实桥原型间的相似条件要求更为严格，除应满足几何相似条件外，还应满足5个无量纲参数的一致性条件，分别是弹性参数、惯性参数、重力参数、黏性参数和阻尼参数，详见表4.11。而考虑到如泰州大桥中间塔等局部结构的特殊性和重要性，本章还针对中间塔单独进行了气弹模型试验，以研究中间塔在桥塔自立状态及施工状态下的抗风性能。

**桥梁抗风试验模型相似参数及其物理意义** 表4.11

| 无量纲参数 | 表达式 | 力学意义 |
|---|---|---|
| 弹性参数（Cauchy 数） | $\frac{E}{\rho U^2}$ | $\frac{\text{结构物理性力}}{\text{气动惯性力}}$ |
| 惯性参数（密度比） | $\frac{\rho_s}{\rho}$ | $\frac{\text{结构物惯性力}}{\text{气动惯性力}}$ |
| 重力参数（Fraude 数） | $\frac{gB}{U^2}$ | $\frac{\text{结构物重力}}{\text{气动惯性力}}$ |
| 黏性参数（Reynolds 数） | $\frac{\rho UB}{\mu}$ | $\frac{\text{气动弹性力}}{\text{空气黏性力}}$ |
| 阻尼参数（对数衰减率） | $\delta$ | $\frac{\text{单周期耗散能量}}{\text{振动总能量}}$ |

### 4.4.2 气弹模型动力特性测定

在风致振动试验前，也必须测定模型的动力特性。通过布置在桥塔关键节点的激光位移计，利用初始激励的方法进行了模型动力特性的测试，测试结果如表4.12所示，表中给出了桥塔第一阶横弯、第一阶顺弯、第一阶扭转频率和前两个基本振型的阻尼比，从表中数据可知，实测频率和有限元模型的结果吻合较好，误差都在5%之内。

**桥塔气弹模型自立状态动力特性测试** 表4.12

| 振型特征 | 有限元模型计算频率（Hz） | 试验模型目标频率（Hz） | 试验模型实测频率（Hz） | 阻尼比（%） |
|---|---|---|---|---|
| 一阶横弯 | 0.329 3 | 3.293 | 3.42 | 0.20 |
| 一阶顺弯 | 0.467 9 | 4.679 | 4.79 | 0.22 |
| 一阶扭转 | 0.983 3 | 9.833 | 9.72 | 0.35 |

1）均匀流场涡激共振试验

为了研究桥塔在均匀流场下发生涡激振动的可能性，在试验阶段进行了桥塔自立状态、桥塔施工完成状态（含施工塔吊）、桥塔施工状态（上横梁架设之前）三个不同阶段在不同的风偏角时的桥塔涡激共振试验研究。

通过试验发现,桥塔自立状态时在80°、85°、90°风偏角下桥塔发生了第一阶顺桥向的涡激振动;桥塔施工完成状态(含施工塔吊)时在90°风偏角下桥塔发生了第一阶顺桥向的涡激振动,并且施工塔吊的方向对桥塔的振动、振幅等有一定的影响;桥塔施工状态(上横梁架设之前)时在不同的风偏角下均没有观测到桥塔有明显的涡激振动现象。80°风偏角下桥塔涡激振动锁定区和涡激振动响应方差如图4.19所示,实际桥塔涡激振动发生风速为22.5~29.3m/s之间,涡激振动最大振幅为57cm。

在将桥塔阻尼比增大到0.5%后,桥塔自立状态在85°和90°风偏角下桥塔还有较小的涡激振动现象,桥塔施工完成状态(含施工塔吊)已无明显的涡激振动现象。85°风偏角下桥塔涡激振动锁定区和涡激振动响应方差如图4.20所示,实际桥塔涡激振动发生风速为19.5~29.3m/s之间,涡激振动最大振幅为37cm。但如果再将桥塔的阻尼比增大到0.8%后,桥塔自立状态已观测不到明显的涡激振动现象。这也说明如果中间钢塔阻尼比达到0.8%之后,发生涡激振动的可能性很小。

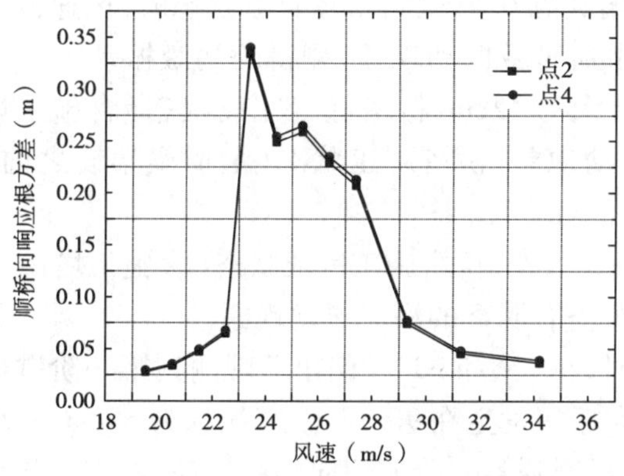


图4.19　桥塔自立状态涡激振动响应根方差变化曲线(均匀流场、风偏角$\beta=80°$)

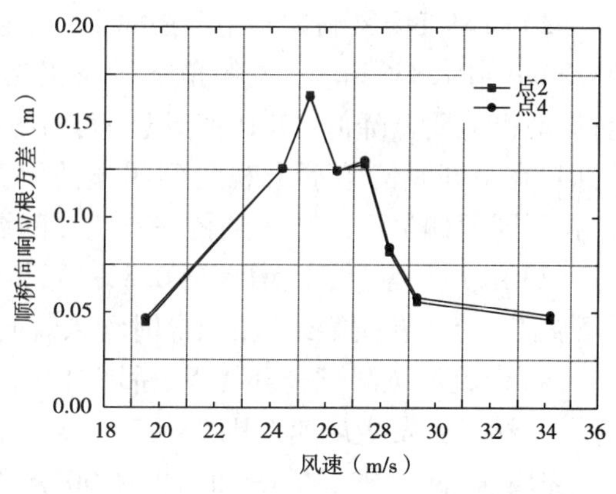


图4.20　桥塔自立状态涡激振动响应根方差变化曲线(均匀流场、阻尼比0.5%、风偏角$\beta=85°$)

2)紊流场涡激共振试验

为了研究桥塔在紊流场下自施工至自立状态发生涡激振动的可能性,在试验阶段进行了桥塔自立状态、桥塔施工完成状态(含施工塔吊)、桥塔施工状态(上横梁架设之前)三个不同阶段均匀流场下,不同风偏角时,桥塔的涡激共振试验研究。

通过试验发现,桥塔自立状态时在85°和90°风偏角下桥塔发生了第一阶顺桥向的涡激振动,桥塔施工完成状态(含施工塔吊)中施工塔吊短臂迎风时在90°风偏角下桥塔发生了第一阶顺桥向的涡激振动,桥塔施工状态(上横梁架设之前)时在不同的风偏角下均没有观测到桥塔有明显的涡激振动现象。85°风偏角下桥塔涡激振动锁定区和涡激振动响应方差如图4.21所

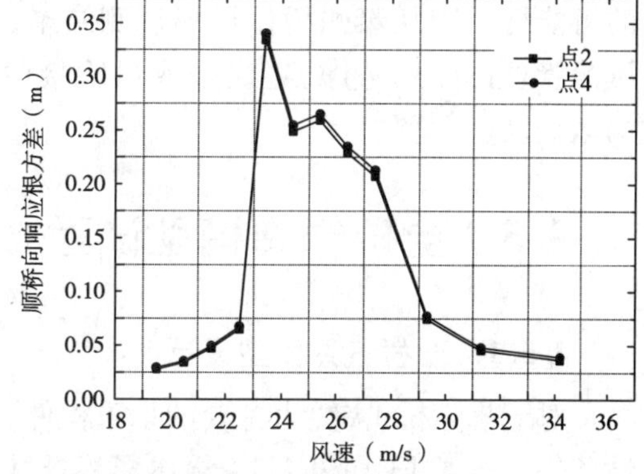


图4.21　桥塔自立状态涡激振动响应根方差变化曲线(紊流场、风偏角$\beta=85°$)

示，实际桥塔涡激振动发生风速为 28 ~37m/s 之间，涡激振动最大振幅为 37cm。

在将桥塔阻尼比增大到 0.5% 后，再次进行了风偏角 $\beta = 85°$ 和 90° 的涡激振动试验。试验均没有观测到明显的涡激振动现象。这说明，在紊流场条件，阻尼比达到 0.5% 时，中间塔结构发生涡激振动的可能性就很低了。

### 4.4.3 试验小结

桥塔气弹模型试验研究结果可以归纳为以下几方面：

(1) 均匀流场风洞试验下，桥塔自立状态时，在风速范围 22 ~34m/s 内，80°、85°和 90°风偏角下桥塔发生了第一阶顺桥向的涡激振动，最大振幅发生在 90°风偏角，塔顶振幅 146cm；桥塔施工完成状态(含施工塔吊)时，在 90°风偏角下桥塔发生了第一阶顺桥向的涡激振动，并且施工塔吊的方向对桥塔的振动、振幅等有一定的影响，最大振幅 79cm，相应风速范围 23 ~29m/s；桥塔施工状态(上横梁架设之前)时，在不同的风偏角下均没有观测到桥塔有明显的涡激振动现象。

(2) 均匀流场风洞试验下，在将桥塔阻尼比增大到 0.5% 后，桥塔自立状态时，风速范围 19 ~29m/s 内，85°和 90°风偏角下桥塔仍然观测到涡激振动现象，测得的涡激振动不太稳定，振动幅值明显降低，其中 90°风偏角时振幅最大为 42cm；桥塔施工完成状态(含施工塔吊)时，在不同风偏角下未观测到明显的涡激振动现象；桥塔施工状态(上横梁架设之前)时，在不同风偏角下未观测到桥塔有明显的涡流振动现象。

(3) 在将桥塔阻尼比增大到 0.8% 后，桥塔自立状态、桥塔施工完成状态(含施工塔吊)、桥塔施工状态(上横梁架设之前)时均未观测到桥塔有明显的涡流振动现象。

(4) 紊流场风洞试验环境下，桥塔自立状态时，在 85°和 90°风偏角下观测到第一阶顺桥向的涡激振动，发生风速范围 28 ~37m/s 内，最大振幅发生在 90°风偏角，振幅为 59cm；桥塔施工完成状态(含施工塔吊)时，也在 90°风偏角观测到第一阶顺桥向涡激振动，发生风速范围 20 ~30m/s 内，最大振幅 39cm。

(5) 在紊流场中，当桥塔阻尼比增大到 0.5%，各个结构工况、各个风偏角下均未观测到明显的涡激振动。

(6) 风洞试验结果表明，大桥桥塔自立状态以及带吊机的施工状态，有发生涡激振动的可能性。但从泰州桥位风场观测结果、结构阻尼比、实际桥位紊流度等几个方面以及从风险管理的角度考虑，建议采取风险接收的对策，不采取特定措施(如外加阻尼器)降低涡激振动。

## 4.5 全桥气弹模型试验

### 4.5.1 全桥气弹模型设计

对于悬索桥，主缆为主要的承重构件，其气弹模型的设计必须严格满足傅汝德数的一致性条件。表 4.13 和表 4.14 给出了泰州大桥全桥气弹模型设计时的各部分构件的相似要求。其中，几何缩尺比例考虑到 J-3 边界层风洞的实际尺寸，确定模型缩尺比例为 $C_L = 1:200$，其余参数的相似关系如表 4.15 所示。

**全桥气弹模型设计时各部件的相似要求** 表 4.13

| 构件 | | 形状相似 | 刚度相似 | | | | 气动力相似 | 不考虑 |
|---|---|---|---|---|---|---|---|---|
| | | | $EA$ | $EI_x$ | $EI_y$ | $GJ$ | | |
| 加劲梁 | 加劲梁 | √ | | √ | √ | √ | √ | |
| | 护栏 | √ | | | | | √ | |
| | 照明柱 | | | | | | | √ |
| 主缆及吊杆 | | | √ | | | | √ | |
| 桥塔 | 塔柱 | √ | √ | √ | √ | | √ | |
| | 横梁 | √ | | √ | √ | | √ | |

**全桥模型与实桥的相似关系**($n=200$) 表 4.14

| 相似参数 | 符号 | 相似关系 | 相似参数 | 符号 | 相似关系 |
|---|---|---|---|---|---|
| 长度 | $C_L$ | $1/n$ | 弯曲刚度 | $C_{EJ}$ | $1/n^5$ |
| 面积 | $C_F$ | $1/n^2$ | 自由扭转刚度 | $G_{GJ_d}$ | $1/n^5$ |
| 密度 | $C_\rho$ | 1 | 风速 | $C_v$ | $1/\sqrt{n}$ |
| 单位质量 | $C_M$ | $1/n^2$ | 频率 | $C_f$ | $\sqrt{n}$ |
| 单位质量惯矩 | $C_{I_m}$ | $1/n^4$ | 时间 | $C_t$ | $1/\sqrt{n}$ |
| 拉伸刚度 | $C_{EF}$ | $1/n^3$ | 对数衰减率 | $C_\delta$ | 1 |

**全桥模型主要参数**($n=200$) 表 4.15

| 名称 | | 单位 | 实桥值 | 缩尺比 | 模型要求值 |
|---|---|---|---|---|---|
| 总体 | 加劲梁长 | m | 2 160 | $1/n$ | 10.80 |
| 加劲梁 | 梁高 | m | 3.5 | $1/n$ | 0.017 5 |
| | 梁宽 | m | 39.1 | $1/n$ | 0.195 5 |
| | 质量 | kg/m | 22 547 | $1/n^2$ | 0.563 7 |
| 主缆 | 拉伸刚度 | N | $6.53\times10^{10}$ | $1/n^3$ | 8 165 |

主缆模拟的基本原则是根据气动力相似、质量相似和拉伸刚度相似。经过计算确定的主缆钢丝直径为0.22mm,配重铝块直径为14.2mm(每个配重长26mm),这些铝块均匀分布于主缆当中,以保证主缆的质量和气动力满足相似关系。吊杆采用应力水平较低的康铜丝模拟拉伸刚度以保持其拉伸状态,其质量分别置于吊杆两端作为集中质量模拟。加劲梁模拟采用铝芯棒与泡沫外衣组成,铝芯梁采用槽型结构,能够模拟加劲梁三个方向的刚度(横桥向弯曲、竖向弯曲、绕桥轴扭转)。泡沫外衣模拟了加劲梁的气动外形,同时加劲梁的模拟还考虑了栏杆以及检修车轨道的影响。加劲梁的气弹模型设计横截面如图4.22所示。

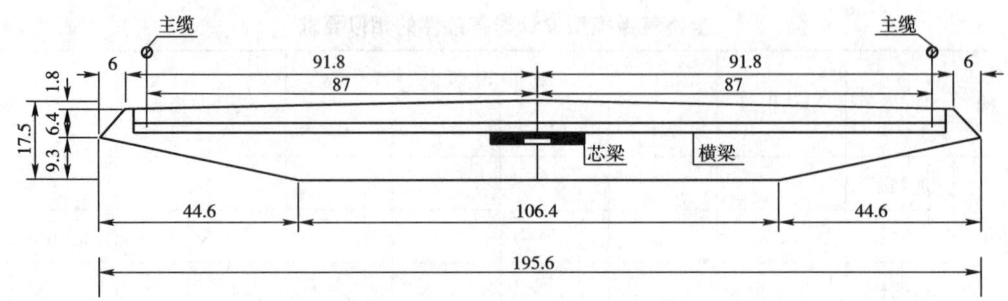


图 4.22　加劲梁的气弹模型设计横截面(尺寸单位:mm)

桥塔采用矩形截面的铝芯棒模拟顺桥向、横桥向的抗弯刚度及抗扭刚度。塔柱截面主要考虑抗弯刚度的模拟,自身轴向刚度和抗扭刚度模拟不需要完全一致,其影响可在整个桥塔模型中进行刚度调整。桥塔横梁截面自身抗扭刚度可以忽略,但轴向刚度和抗弯刚度对桥塔横桥向和扭转整体刚度的影响非常显著,一般难以同时满足,需在桥塔整体刚度中综合考虑两者的刚度分配。桥塔外衣采用木质外衣制作,每一段外衣分为左右两块,用螺丝固定于桥塔芯梁中,不足的质量用铜块补足。中间钢塔与边塔的芯梁设计如图 4.23 所示。

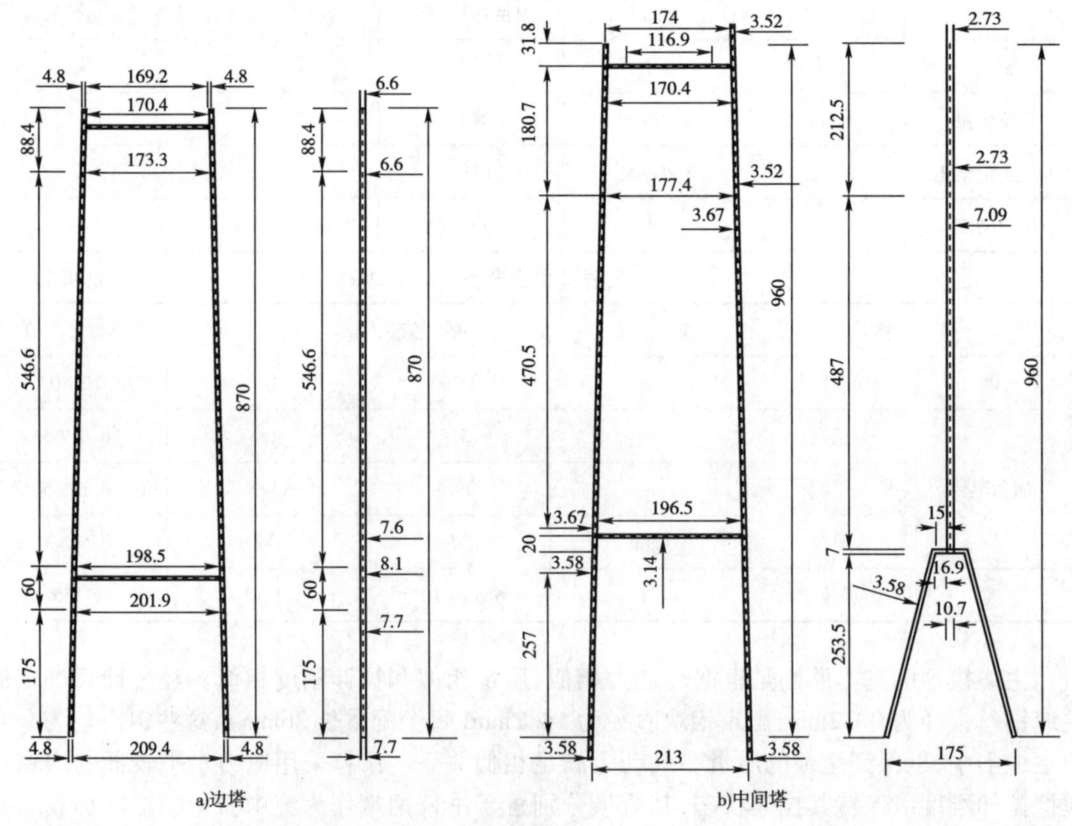


图 4.23　桥塔芯梁设计图(尺寸单位:mm)

气弹模型试验在同济大学 TJ－3 边界层风洞中进行。TJ－3 风洞封闭试验段长 14m,采用矩形截面,宽 15m,高 2m。空风洞可控风速范围为 1～17.6m/s。试验中,将施工过程简化成5个主要施工状态,施工状态根据拼装率定义,相应的拼装率分别为20%、40%、60%、80%以及100%,施工进程示意如图4.24所示。

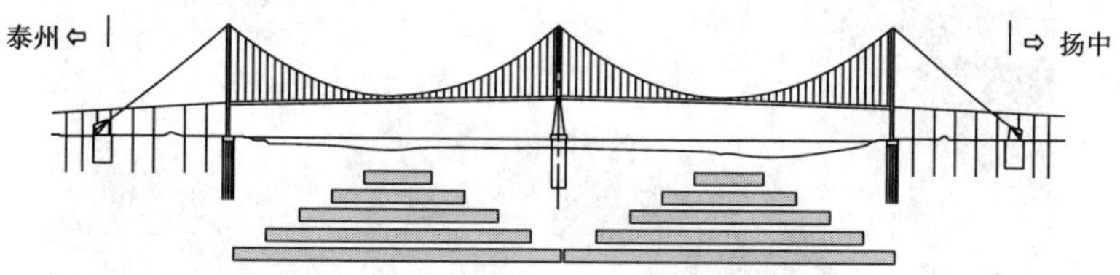


图4.24　对称拼装情况下施工状态定义

### 4.5.2　动力特性测定

试验共布置27个测点,其中加劲梁在4个四分点和两个跨中各设有3个测点,计18个测点,以及三个桥塔每个有3个测点,计9个测点,测点布置如图4.25所示。

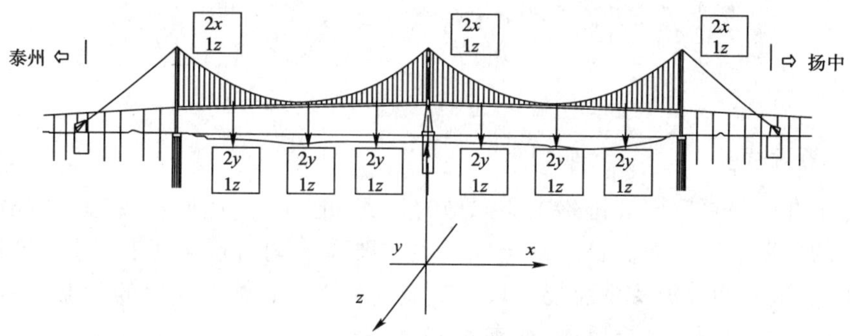


图4.25　动力特性测试测点布置图

由于悬索桥在发生颤振时,主要是低阶频率起控制作用。因此在调试模型动力特性过程中,优先考虑了侧向、竖向和扭转三个方向上的基频以及相应的阻尼比。详细测试结果见表4.16,模型试验情况如图4.26和图4.27所示。

**成桥状态动力特性测试结果**　　表4.16

| 振　型 | 特　征 | 目标频率(Hz) | 实测频率(Hz) | 误差(%) | 阻尼比(%) |
|---|---|---|---|---|---|
| 正对称侧弯 | 两跨反对称 | 1.090 4 | 1.14 | 4.55 | 0.94 |
| 正对称竖弯 | 两跨反对称 | 1.108 7 | 1.119 99 | 1.02 | 0.41 |
| 正对称侧弯 | 两跨正对称 | 1.325 1 | 1.399 98 | 5.65 | 0.56 |
| 反对称竖弯 | 两跨正对称 | 1.651 8 | 1.859 98 | 12.60 | 0.45 |
| 正对称竖弯 | 两跨正对称 | 2.124 1 | 2.419 97 | 13.93 | 0.52 |
| 正对称扭转 | 两跨反对称 | 3.763 2 | 3.879 95 | 3.10 | 0.30 |
| 正对称扭转 | 两跨正对称 | 5.044 5 | 4.979 94 | -1.28 | 0.48 |

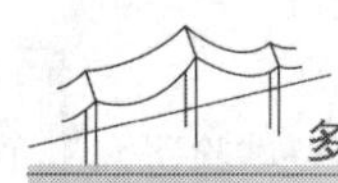

图4.26 成桥状态气弹模型试验

图4.27 施工状态气弹模型照片(60%拼装率)

### 4.5.3 颤振试验

颤振稳定性试验直接模拟桥梁主要振型的频率和阻尼比,由此再现颤振发散状态,并直接获得结构的颤振临界风速。颤振稳定性试验主要在均匀流场下进行,对于+3°以及-3°风攻角的情况,采用调坡板实现流场的攻角效应。利用风洞试验获得的颤振临界风速,通过换算可以得到实桥的颤振临界风速,如表4.17所示。

**成桥状态各个风攻角下的颤振临界风速** 表4.17

| 风攻角(°) | 试验风速(m/s) | 风速比 | 实桥风速(m/s) | 颤振检验风速(m/s) |
|---|---|---|---|---|
| 0 | 4.90 | 14.14 | 69.30 | 56.7 |
| 3 | 4.03 | 14.14 | 56.99 | |
| -3 | 5.50 | 14.14 | 77.78 | |

试验结果表明,泰州大桥成桥状态最不利颤振状态为+3°,相应颤振临界风速为56.99m/s,大于颤振检验风速56.7m/s的要求,说明泰州大桥成桥状态能够满足颤振稳定性要求。

同样,针对不同的施工状态也进行了颤振临界风速的测试,测试结果进行了频率的修正,得到试验结果如表4.18和图4.28所示。

**施工各个状态各个风攻角下的颤振临界风速列表** 表4.18

| 结构状态 | 风攻角(°) | 试验风速(m/s) | 风速比 | 实桥风速(m/s) | 修正之后实桥风速(m/s) | 颤振检验风速(m/s) |
|---|---|---|---|---|---|---|
| 施工状态100%拼装率 | 0 | 5.50 | 14.14 | 77.78 | 68.92 | 50.0 |
| | 3 | 5.15 | 14.14 | 72.83 | 64.54 | |
| | -3 | 5.35 | 14.14 | 75.66 | 67.04 | |

续上表

| 结构状态 | 风攻角(°) | 试验风速(m/s) | 风速比 | 实桥风速(m/s) | 修正之后实桥风速(m/s) | 颤振检验风速(m/s) |
|---|---|---|---|---|---|---|
| 施工状态80%拼装率 | 0 | 4.25 | 14.14 | 60.10 | 54.58 | 50.0 |
| | 3 | 4.00 | 14.14 | 56.57 | 51.37 | |
| | -3 | 4.61 | 14.14 | 65.20 | 59.21 | |
| 施工状态60%拼装率 | 0 | 3.95 | 14.14 | 55.86 | 51.13 | 50.0 |
| | 3 | 3.80 | 14.14 | 53.74 | 49.19 | |
| | -3 | 4.30 | 14.14 | 60.81 | 55.66 | |
| 施工状态40%拼装率 | 0 | 4.20 | 14.14 | 59.40 | 56.29 | 50.0 |
| | 3 | 3.40 | 14.14 | 48.08 | 45.57 | |
| | -3 | 4.40 | 14.14 | 62.23 | 58.98 | |
| 施工状态20%拼装率 | 0 | 4.10 | 14.14 | 57.98 | 42.77 | 50.0 |
| | 3 | 4.25 | 14.14 | 60.10 | 44.34 | |
| | -3 | 3.75 | 14.14 | 53.03 | 39.12 | |

由上述试验结果不难发现，在整个施工过程中，在拼装率60%以上的时候，结构能够满足颤振检验风速的要求，当拼装率低于60%的时候，最不利+3°会出现低于检验风速的失稳状态，这一点需要值得注意。

### 4.5.4 抖振试验

抖振响应试验在紊流场中进行，因此首先需要模拟出符合实桥桥址的边界层流场。模拟方式采用尖劈和粗糙元进行，试验之前对紊流场进行了测试，用热线探头在模型安装位置沿高度处分别测量了设计风速时平均风速剖面，紊流场风洞布置如图4.29所示，试验风参数及其剖面分布特性如图4.30和图4.31所示，可以看出模拟的平均风速剖面较好地模拟了风场指数为0.11的紊流场。

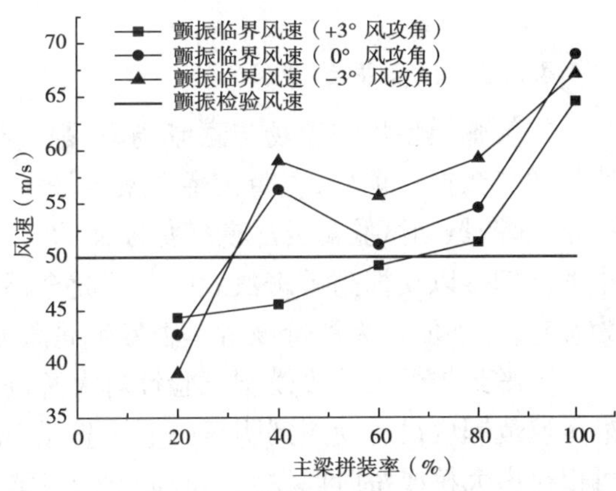

图4.28 颤振临界风速随拼装率变化曲线

通过观测紊流场中各个测点的平均响应与脉动响应，可计算得到加劲梁断面在竖向、侧向以及扭转方向上的抖振位移响应。试验仅针对来流攻角0°进行，并考虑了成桥状态与几个主要的施工状态，相应的响应曲线见图4.32。试验结果表明，在成桥状态设计基准风速下0°风攻角时，左跨跨中竖向挠度平均值为0.727m，方差为0.233m，侧向位移平均值为0.494m，方差为0.346m；左跨1/4位置处竖向挠度平均值为0.627m，方差为0.198m，侧向位移平均值为0.289m，方差为0.488m。

图 4.29　紊流场抖振试验布置图

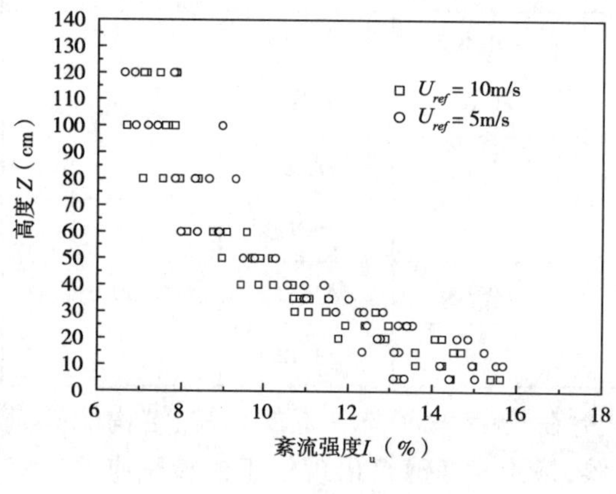


图 4.30　紊流强度剖面

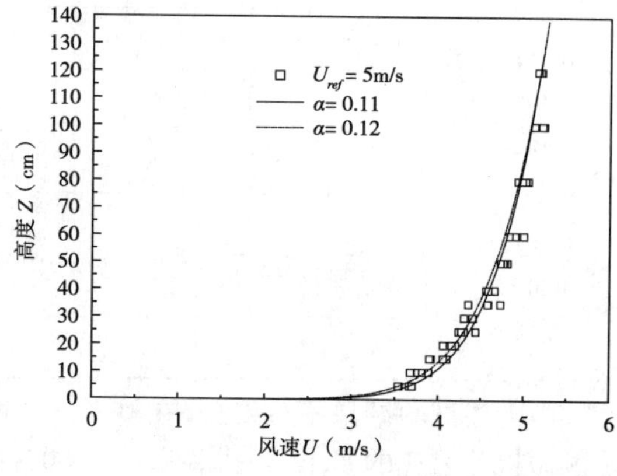


图 4.31　平均风速剖面

### 4.5.5　涡激振动试验

在气弹模型均匀流场与紊流场下，都进行了涡激振动试验的观察。通过试验未观测到明显的涡激振动现象，说明大桥在紊流场中发生涡激振动的可能性很小。然而需值得一提的是，涡激振动试验需要尽量模拟断面的雷诺数效应，全桥气弹模型试验的比例为 1∶200，很小的比例难以模拟高雷诺数效应。因此全桥气弹模型试验所得出的涡激振动试验结论仅作为参考，并不能作为评价该桥是否发生涡激振动的有力依据。

考虑到加劲梁节段模型试验针对大桥进行了 1∶70 的节段模型试验，研究表明在设计基准风速范围内没有观测到明显的涡激振动现象。结合节段模型试验与全桥气弹模型试验，可以得出大桥成桥阶段发生涡激振动的可能性很小。

### 4.5.6　试验小结

全桥气弹模型试验研究结果可以归纳为以下几方面：

(1)全桥气弹模型试验之前进行了动力特性调试，通过主要振型频率和阻尼比的比较表明，该气弹模型能够很好地反映成桥结构状态的动力性能。

(2)通过颤振稳定性试验表明，大桥成桥状态颤振最不利攻角为 +3°，相应的颤振临界风速为 56.99m/s，满足颤振稳定性的要求。

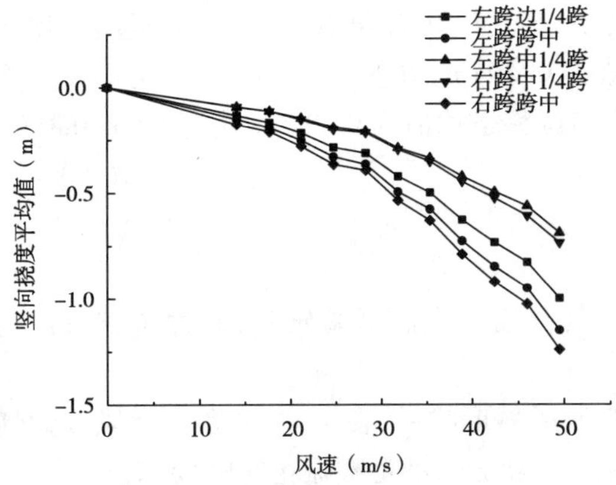

a)竖向挠度平均值

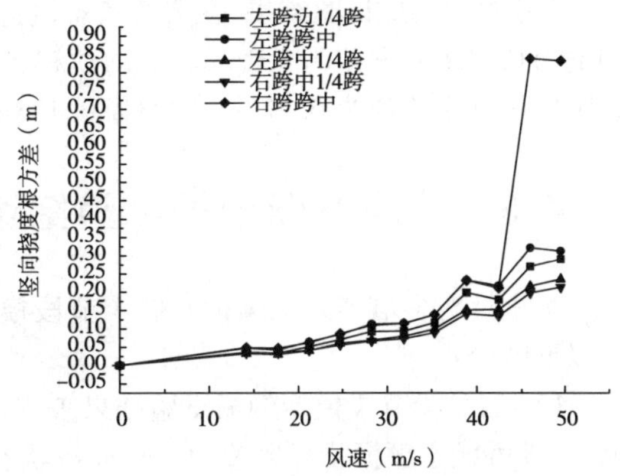

b)竖向挠度根方差

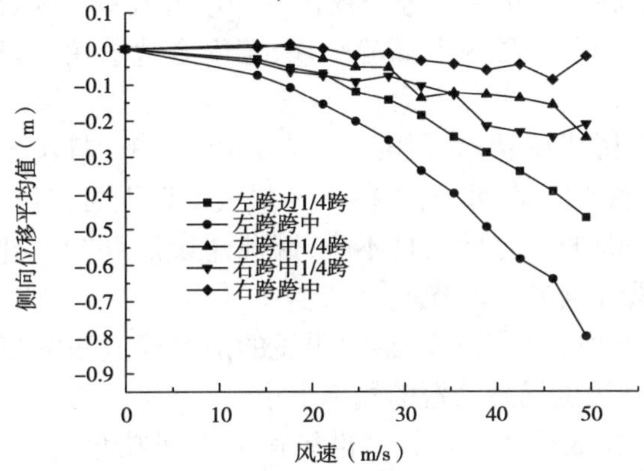

c)侧向位移平均值

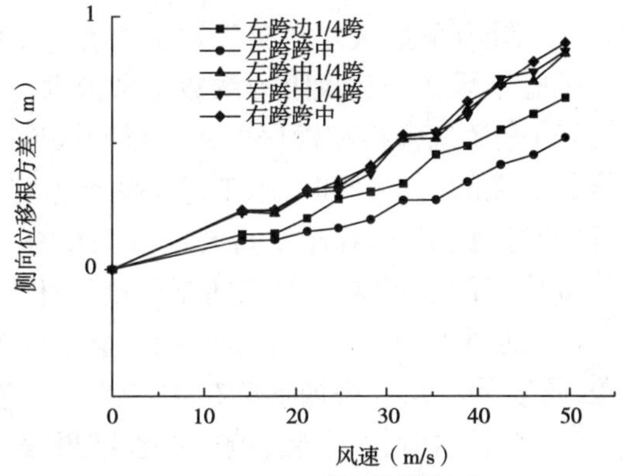

d)侧向位移根方差

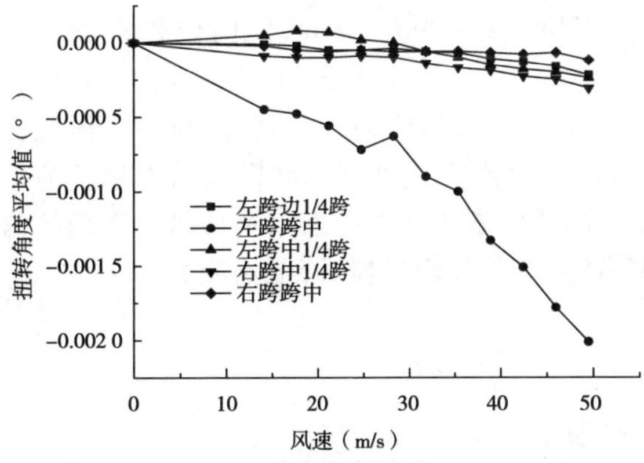

e)扭转位移平均值

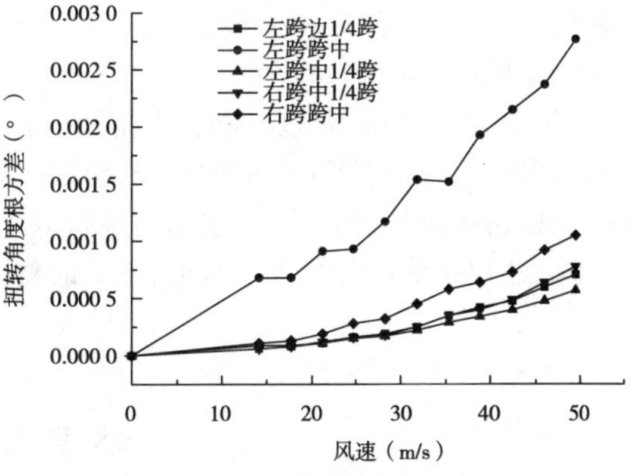

f)扭转位移根方差

图 4.32 成桥状态紊流场下结构响应(风攻角 $\alpha=0°$)

(3)通过施工过程颤振稳定性试验表明,大桥在60%拼装率以上时,具有较好的颤振稳定性,在施工拼装率低于60%时,颤振稳定性略显不足,因此建议加劲梁上部结构拼装率低于60%的施工期要尽量避开大风台风多发季节。

(4)利用全桥气弹模型试验也可以进行涡激振动试验,通过成桥与施工状态的涡激振动试验,未发现明显的涡激振动现象;结合节段模型研究成果表明,大桥实桥状态发生涡激振动的可能性很小。

(5)根据抖振试验结果,在成桥状态设计基准风速下0°风攻角时,左跨跨中竖向挠度平均值为0.727m,方差为0.233m,侧向位移平均值为0.494m,方差为0.346m;左跨1/4位置处竖向挠度平均值为0.627m,方差为0.198m,侧向位移平均值为0.289m,方差为0.488m。

## 4.6 抗风性能模型试验结论

本章针对多塔连跨悬索桥开展了节段模型与气弹模型风洞试验研究,通过研究可以得到以下结论:

(1)加劲梁节段模型颤振试验结果表明,在修改风嘴形状后,在-3°、0°和+3°风攻角情况下,成桥状态颤振临界风速均高于成桥状态颤振检验风速,满足颤振稳定性要求。

(2)在中间塔的测力试验中,数值模拟与风洞试验结果趋势一致,并且 $C_x$ 阻力系数吻合较好,$C_y$ 阻力系数次之。鉴于数值模拟结果略小于物理风洞试验结果,偏安全地选用物理风洞试验结果作为建议阻力系数参考依据。

(3)全桥气弹模型颤振稳定性试验表明,大桥成桥状态颤振最不利攻角为+3°,且满足颤振稳定性的要求;同时,施工过程的颤振稳定性试验表明,大桥在60%拼装率以上时,具有较好的颤振稳定性,在施工拼装率低于60%时,颤振稳定性略显不足,因此建议加劲梁上部结构拼装率低于60%的施工期要尽量避开大风台风多发季节。

(4)通过加劲梁节段模型试验与全桥气弹模型试验均未观察到明显的加劲梁涡激共振现象,这表明泰州大桥加劲梁结构在常遇风速下发生涡激共振的概率很小。

(5)全桥气弹模型抖振响应试验结果表明,在成桥状态设计基准风速下0°风攻角时,左跨跨中竖向挠度平均值为0.727m,方差为0.233m,侧向位移平均值为0.494m,方差为0.346m;左跨1/4位置处竖向挠度平均值为0.627m,方差为0.198m,侧向位移平均值为0.289m,方差为0.488m。

(6)桥塔气弹模型试验表明,大桥桥塔自立状态以及带吊机的施工状态,有发生涡激振动的可能性,而提高结构阻尼比以及紊流场风环境均会降低或抑制涡激振动的发生。但从泰州大桥桥位风场观测结果、实际结构阻尼比、实际桥位紊流度等因素以及从风险管理的角度考虑,建议采取风险接收的对策,不采取特定措施(如外加阻尼器)降低涡激振动。

## 本章参考文献

[1] 陈艾荣,马如进. 泰州长江公路大桥结构抗风性能研究[R]. 上海:同济大学,2011.

[2] 王达磊,马如进,陈艾荣. 泰州长江公路大桥三塔悬索桥的颤振稳定性[J]. 桥梁建设,2011(1):26-29.

[3] 阮静,马如进. 三塔两跨悬索桥动力特性分析[J]. 中国工程科学. 2010,12(8):83-87

# 5 泰州长江公路大桥实桥试验

## 5.1 引言

多塔连跨悬索桥作为一种新桥型,如何进行实桥交(竣)工验收是大桥建设过程中必须解决的问题之一。国家科技支撑计划项目“多塔连跨悬索结构及工程示范”的依托工程——泰州长江公路大桥悬索桥主桥(见图5.1)于2012年7~9月进行了静动载试验,其主要目的如下:

(1)通过测定成桥线形、主缆空间几何状态、成桥索力等结构特征参数,调查大桥现有技术状况,以达到对试验结构的全面了解。

(2)直接掌握三塔两跨悬索桥的实际结构体系与受力状况,验证设计计算结果。

(3)测定主桥的桥跨结构的自振特性以及在试验动荷载作用下桥跨结构的动力反应,评定实际结构的动力性能,为大桥抗风抗震设计中的参数取值和抗风抗震性能评估提供重要实测数据。

图5.1 泰州长江公路大桥主桥

本章通过测定三塔两跨悬索桥初始成桥状态、静、动载响应以及自振特性。除了评价实际结构设计指标符合性,还可检验桥梁结构的施工质量。测试工作除依据设计文件外,还执行如下标准:

(1)《公路工程质量检验评定标准》(第一册 土建工程)(JTG F80/1—2004);

(2)《大跨径混凝土桥梁的试验方法》(“铁组”YC 4—4/1978);

(3)《公路钢筋混凝土及预应力混凝土桥涵设计规范》(JTG D62—2004);

(4)《公路桥涵设计通用规范》(JTG D60—2004);

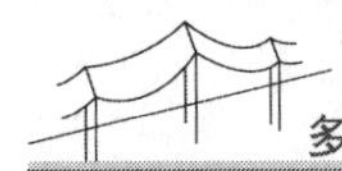



(5)《国家一、二等水准测量规范》(GB/T 12897—2006)。

## 5.2 成桥状态的测试

### 5.2.1 内容及方法

成桥状态测量检验桥梁总体质量的设计符合性。其目的是通过调查大桥现有技术状况,以达到对试验结构的全面了解,以便试验过程有的放矢、正确解释试验现象、合理评定测试结果。检测内容包括结构几何形态、缆索系统内力状态两方面。

1)结构几何形态测量

包括桥梁跨径、加劲梁纵桥向线形、主缆成桥线性、主塔塔顶偏位等,主要采用高精度全站仪(见图5.2)、三维激光扫描系统(见图5.3)等光学仪器进行量测。

图5.2 三维激光扫描系统

图5.3 高精度全站仪

2)主缆及吊索成桥索力

包括恒载状态下的全部吊杆和主缆锚室内索股可及部分。采用振动频率法进行测试。测试系统见图5.4。

图5.4 DH5906索力测试系统

### 5.2.2 几何状态测量

试验采用桥轴坐标系统，测量控制点基本数据如表 5.1 所列，控制点平面布置如图 5.5 所示。

测 量 控 制 点(单位:m)　　表 5.1

| 点号 | 北京 54 坐标系 | | 桥轴坐标系 | | 高程(m) | |
|---|---|---|---|---|---|---|
| | $x$ | $y$ | $x$ | $y$ | 水准点 | 标面柱 |
| TZ02 | 3 570 299. 348 4 | 503 371. 570 9 | 7 296. 593 1 | 4 305. 242 3 | 9. 030 9 | 7. 743 4 |
| TZ03 | 3 569 182. 975 9 | 501 131. 790 4 | 4 819. 063 1 | 4 658. 440 7 | 9. 243 3 | 7. 963 7 |
| TZ04 | 3 569 909. 721 3 | 503 707. 058 8 | 7 492. 113 8 | 4 780. 776 8 | 8. 884 2 | 7. 635 7 |
| TZ05 | 3 568 983. 845 0 | 501 195. 748 4 | 4 816. 970 4 | 4 867. 580 2 | 9. 066 4 | 7. 790 4 |
| TZ06 | 3 569 697. 461 7 | 503 588. 786 8 | 7 312. 947 3 | 4 944. 916 3 | 8. 655 8 | 7. 404 6 |
| TZ07 | 3 568 772. 156 5 | 501 283. 391 4 | 4 833. 395 0 | 5 096. 105 0 | 8. 617 5 | 7. 365 3 |
| TZ08 | 3 569 526. 167 2 | 503 809. 986 8 | 7 468. 852 7 | 5 177. 219 5 | 9. 026 4 | 7. 769 5 |
| TZ09 | 3 568 435. 086 3 | 501 399. 515 6 | 4 837. 313 8 | 5 452. 595 9 | 8. 828 4 | 7. 564 8 |

注:1. 坐标系统为北京 54 坐标系，中央子午线 119°51′。

2. 高程系统为 1985 国家高程基准。

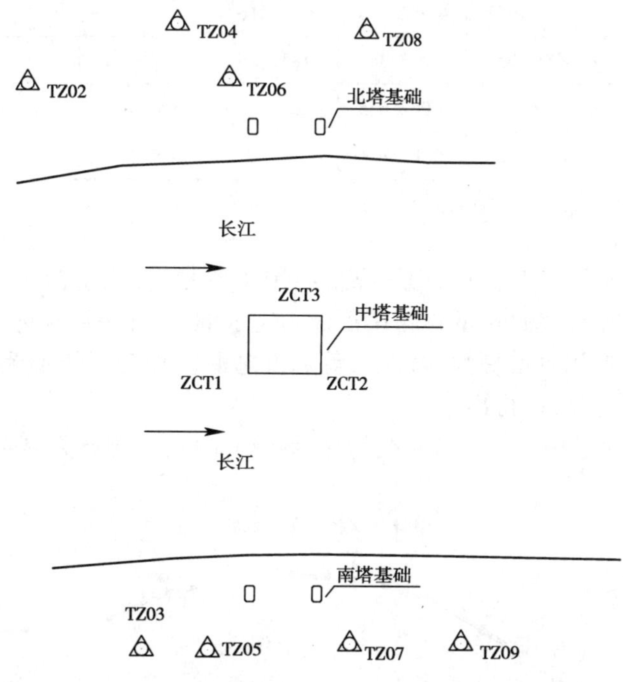


图 5.5 平面控制点位示意图

跨径测量结果由塔顶等处布置棱镜测点获得，采用全站仪按照极坐标法施测，塔顶测点布置如图 5.6 所示。测量结果如表 5.2 所列，可知：

(1)边跨跨径偏差 -9.4 ~ 0.1cm，主跨跨径偏差 -3.4 ~ -2.7cm，符合《公路工程质量检验评定标准》要求。

(2)各点高程偏差范围 -2.8 ~2.6cm。

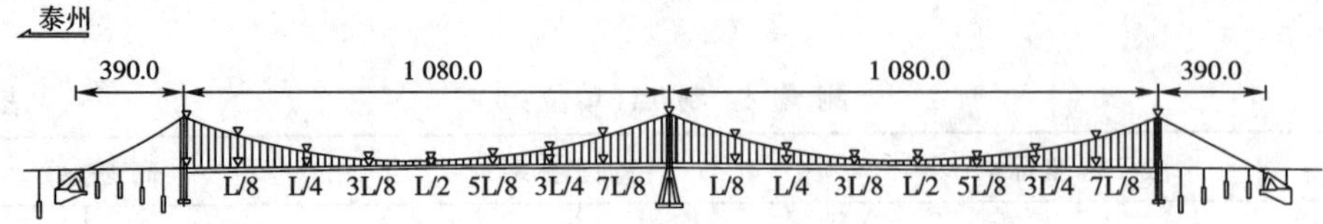


图 5.6　测点布置图(单位:m)

**几何尺寸测量结果**　　表 5.2

| 测点位置 | | 实测坐标 | | | 实测跨径(m) | 跨径偏差(m) | 高程偏差(m) |
|---|---|---|---|---|---|---|---|
| | | x(m) | y(m) | H(m) | | | |
| 北散索鞍 | 上游 | 7 550.004 | 4 982.682 | 26.476 | 389.995 | -0.005 | -0.024 |
| | 下游 | 7 549.934 | 5 017.395 | 26.487 | 389.906 | -0.094 | -0.013 |
| 北塔 | 上游 | 7 160.009 | 4 982.597 | 183.019 | — | — | 0.019 |
| | 下游 | 7 160.028 | 5 017.381 | 183.031 | — | — | 0.031 |
| 中间塔 | 上游 | 6 080.043 | 4 982.657 | 203.011 | 1 079.966 | -0.034 | 0.011 |
| | 下游 | 6 080.055 | 5 017.39 | 203.023 | 1 079.973 | -0.027 | 0.023 |
| 南塔 | 上游 | 4 999.957 | 4 982.603 | 183.016 | — | — | 0.016 |
| | 下游 | 4 999.954 | 5 017.341 | 183.026 | — | — | 0.026 |
| 南散索鞍 | 上游 | 4 609.956 | 4 982.645 | 26.516 | 390.001 | 0.001 | 0.016 |
| | 下游 | 4610.011 | 5017.408 | 26.472 | 389.943 | -0.057 | -0.028 |

注:1. 测量温度 17 ~19℃,气压 101.8kPa,微风。

2. 表中测点已换算至 IP 点。

加劲梁线形测点沿跨径 8 分点布置,纵桥向按 4 条测线(由上游至下游依次为:S1、S2、X2、X1)。距护栏底座内边缘 50cm 钢箱梁顶面固定水准钉,并喷涂标记,成桥状态桥面线形采用电子水准仪及条形码水准标尺,按照二等水准施测。加劲梁线形测量结果如图 5.7 及表 5.3 所示,从图中数据可以得出:

(1)桥面纵向高程平顺,上、下游测线均显示线形流畅,各测点无突变。

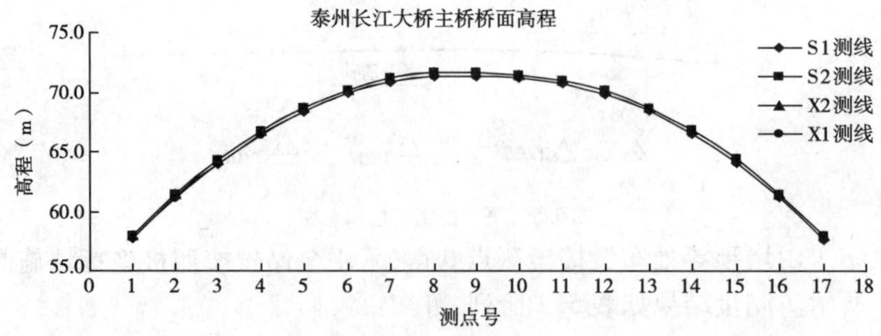


图 5.7　泰州长江大桥加劲梁线形图

(2)桥面横向上、下游对应测点具有良好的对称性,边测线(S1/X1)最大高程差4.3cm,中测线(S2/X2)最大高程差1.1cm。

(3)桥面纵向1、2跨对称性良好,第1、2跨最大高程偏差6.0cm。

**成桥状态桥面线形测量结果**　　表5.3

| 测点编号 | | 实测桥面高程(m) | | | | | |
|---|---|---|---|---|---|---|---|
| | | S1测线 | X1测线 | 设计(20℃) | S2测线 | X2测线 | 设计(20℃) |
| | | 实测 | 实测 | | 实测 | 实测 | |
| 1 | 1-0$L$ | 57.718 | 57.714 | 57.751 | 58.014 | 58.003 | 58.036 |
| 2 | 1-$L$/8 | 61.156 | 61.134 | 60.917 | 61.422 | 61.427 | 61.202 |
| 3 | 1-$L$/4 | 64.019 | 63.998 | 63.659 | 64.293 | 64.296 | 63.944 |
| 4 | 1-3$L$/8 | 66.444 | 66.432 | 65.980 | 66.726 | 66.727 | 66.265 |
| 5 | 1-$L$/2 | 68.370 | 68.364 | 67.878 | 68.647 | 68.651 | 68.163 |
| 6 | 1-5$L$/8 | 69.915 | 69.911 | 69.355 | 70.194 | 70.195 | 69.640 |
| 7 | 1-3$L$/4 | 70.906 | 70.895 | 70.409 | 71.176 | 71.182 | 70.694 |
| 8 | 1-7$L$/8 | 71.340 | 71.341 | 71.042 | 71.618 | 71.627 | 71.327 |
| 9 | 1-1$L$ | 71.365 | 71.340 | 71.253 | 71.620 | 71.625 | 71.538 |
| 10 | 2-$L$/8 | 71.205 | 71.179 | 71.042 | 71.472 | 71.480 | 71.327 |
| 11 | 2-$L$/4 | 70.761 | 70.718 | 70.409 | 71.021 | 71.022 | 70.694 |
| 12 | 2-3$L$/8 | 69.852 | 69.818 | 69.355 | 70.130 | 70.123 | 69.640 |
| 13 | 2-$L$/2 | 68.430 | 68.398 | 67.878 | 68.698 | 68.699 | 68.163 |
| 14 | 2-5$L$/8 | 66.528 | 66.490 | 65.980 | 66.799 | 66.796 | 66.265 |
| 15 | 2-3$L$/4 | 64.116 | 64.088 | 63.659 | 64.386 | 64.390 | 63.944 |
| 16 | 2-7$L$/8 | 61.200 | 61.197 | 60.917 | 61.476 | 61.475 | 61.202 |
| 17 | 2-2$L$ | 57.696 | 57.696 | 57.751 | 58.000 | 57.992 | 58.036 |

注:1.4条测线:S-上游、X-下游、1-边线、2-中线。

2.泰州至扬中方向依次为1~17点。

3.测量温度16~18℃,风力三级,气压101.5kPa。

4.高程均为预埋水准测点表面高程。

成桥主缆线性测点沿跨径8分点布置。采用全站仪,极坐标法观测施测,棱镜固定在主缆指定位置,主缆线形测试完成后根据设计图纸通过换算得到主缆中心或IP点高程。测量结果如图5.8及表5.4所示,从图中数据可以得出:

(1)主缆线形流畅,上、下游,第1、2跨对应测点对称性良好。

(2)主缆横桥向上下游对应测点最大偏差5.6cm,第1、2跨跨中对应测点最大偏差10.2cm。

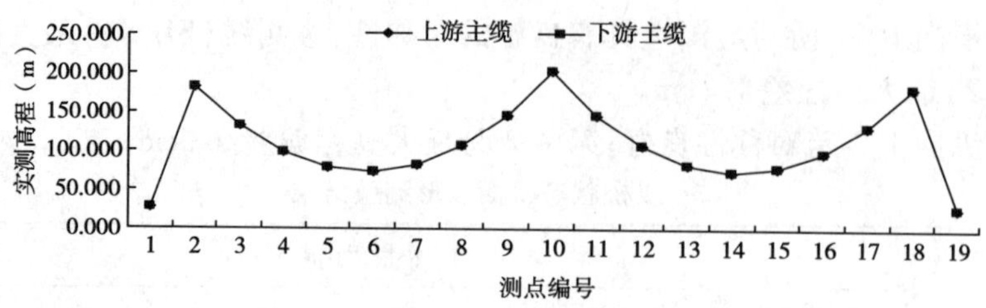


图 5.8　泰州长江大桥主缆线形

**成桥状态主缆线形测量结果**　　表 5.4

| 测点 | | 实测高程(m) | | 设计高程(m) |
|---|---|---|---|---|
| 编号 | 位置 | 上游 | 下游 | 20℃ |
| 1 | 北散索点 | 26.463 | 26.449 | 26.500 |
| 2 | 1－0/L 北塔 | 183.017 | 183.004 | 183.000 |
| 3 | 1－L/8 | 132.601 | 132.629 | |
| 4 | 1－L/4 | 97.946 | 97.930 | |
| 5 | 1－3L/8 | 77.981 | 78.005 | |
| 6 | 1－L/2 | 73.013 | 72.990 | 73.000 |
| 7 | 1－5L/8 | 83.004 | 82.982 | |
| 8 | 1－3L/4 | 107.604 | 107.585 | |
| 9 | 1－7L/8 | 147.252 | 147.308 | |
| 10 | 1－1L | 203.011 | 203.023 | 203.000 |
| 11 | 2－L/8 | 147.254 | 147.275 | |
| 12 | 2－L/4 | 107.609 | 107.589 | |
| 13 | 2－3L/8 | 82.973 | 83.002 | |
| 14 | 2－L/2 | 73.115 | 73.086 | 73.000 |
| 15 | 2－5L/8 | 78.041 | 78.025 | |
| 16 | 2－3L/4 | 97.772 | 97.760 | |
| 17 | 2－7L/8 | 132.547 | 132.521 | |
| 18 | 2－2L 南塔 | 182.995 | 183.010 | 183.000 |
| 19 | 南散索点 | 26.433 | 26.442 | 26.500 |

注：1. 测点从泰州至扬中方向依次为 1～19 点。

2. 换算至 IP 点或主缆中心点。

3. 测量温度 21～22℃，风力三级，气压 101.8kPa。

成桥状态下桥塔偏位利用全站仪测量。通过计算塔顶、塔底中心坐标得出最终偏位。测量结果如表 5.5 所示。表中偏位值为塔柱顶、底形心的差值。该测量时段最大纵向偏位为中间塔 3.7cm。

**成桥状态下桥塔偏位测量结果**　　　　表 5.5

| 桥塔编号 | 塔顶中心坐标 | | 塔底中心坐标 | | 偏位值 | |
|---|---|---|---|---|---|---|
| | $x$(m) | $y$(m) | $x$(m) | $y$(m) | $\Delta x$(m) | $\Delta y$(m) |
| 北塔 | 7 159.993 | 5 000.026 | 7 160.008 | 5 000.016 | -0.015 | 0.010 |
| 中间塔 | 6 080.024 | 4 999.974 | 6 079.988 | 4 999.967 | 0.037 | 0.007 |
| 南塔 | 4 999.972 | 5 000.014 | 4 999.968 | 4 999.998 | 0.004 | 0.016 |

注:1. 偏位值 $\Delta x$ 正方向为扬中向泰州方向,偏位值 $\Delta y$ 正方向为上游侧向下游侧。

2. 温度 21 ~ 23℃,天气晴,微风,气压 101.8kPa。

### 5.2.3　主缆锚跨索力测试

成桥状态锚跨索股索力采用人工激励振动法测试。测试时使用高灵敏度传感器—放大器—数据采集分析装置获得索的随机振动信号,通过频谱分析确定索的横向振动频率,修正换算后得到索力。主缆索股编号如图 5.9 所示。

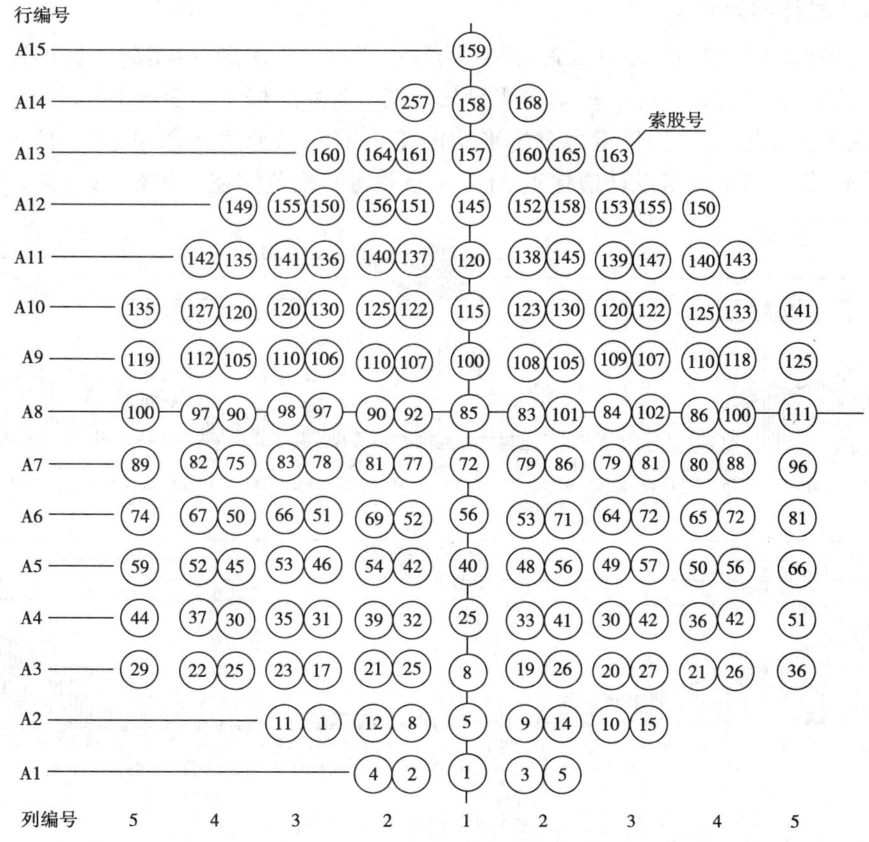


图 5.9　主缆索股前锚面编号示意图(图左为上游方向)

分别选取南北锚碇上下游室内 15% 索股进行测试(如图 5.10 和图 5.11 所示),现场测试主缆锚跨索力表明:

(1)主缆实测索股索力偏差均匀,上游侧主缆平均索股索力 1 066kN,平均偏差 1.6%;下游侧主缆平均索股索力 1 057kN,平均偏差 2.2%。

(2)成桥状态索股索力实测值与设计索力 1 089kN 接近,表明主缆索力设计符合性良好。

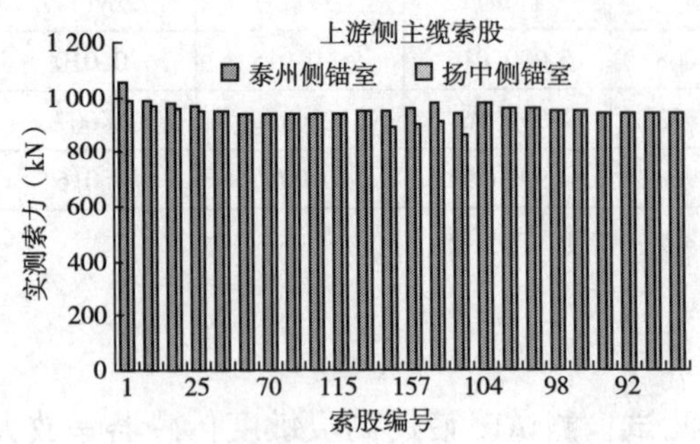


图 5.10 上游侧主缆索股索力测试结果

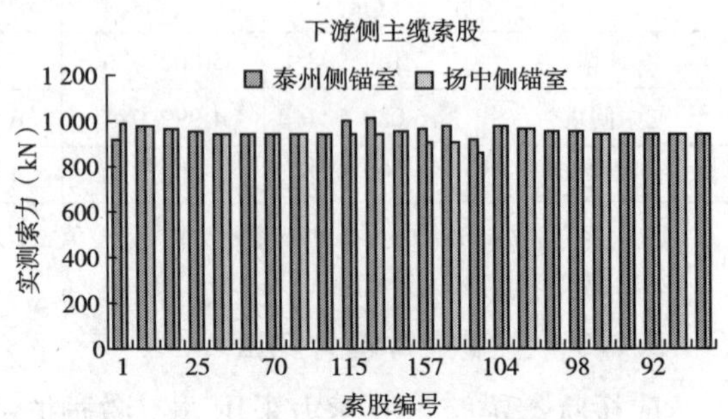


图 5.11 下游侧主缆索股索力测试结果

### 5.2.4 吊杆索力测试

吊索编号如图 5.12 所示,吊索索力测试结果如图 5.13 所列,由实测数据可知:

(1)除靠近中间塔的 1 号吊杆索力明显较大外,全桥吊杆索力分布均匀,第 1、2 跨对应相同索夹的 2 根(或 3 根)吊杆索力全桥平均偏差 9.8%,偏差值在合理范围内。

(2)吊杆索力实测值与设计值接近,上、下游平均偏差范围在 1.3% ~2.3%。

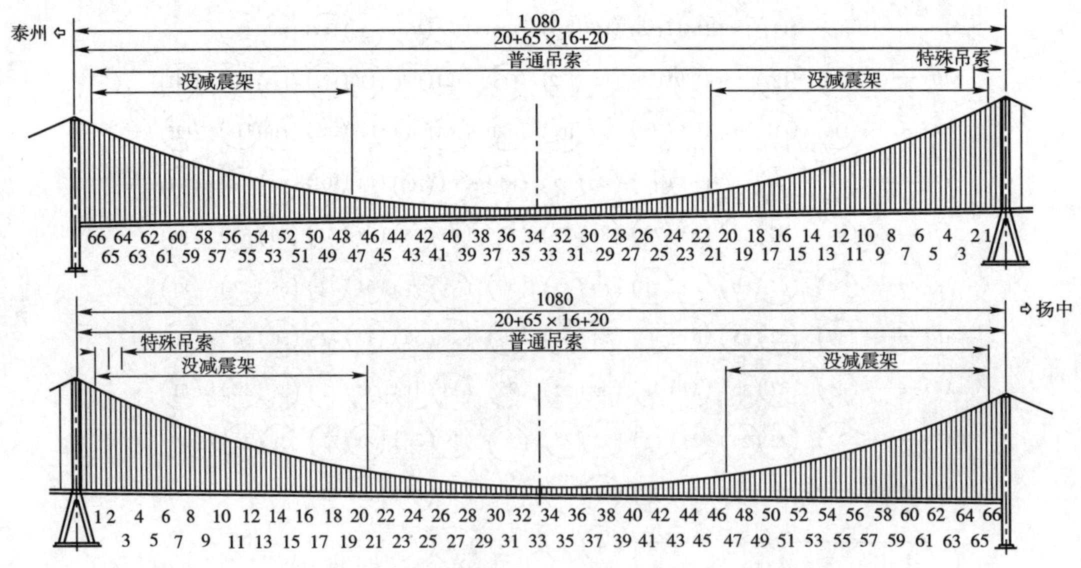


图 5.12 吊索编号示意图(尺寸单位:m)

### 5.2.5 结构成桥状态测试的结论

(1)泰州长江公路大桥的主缆成桥状态线形设计符合性良好,实测跨径,以及散索鞍、塔顶各点高程偏差在规范允许范围内。

(2)桥面成桥状态高程平顺,上、下游测线均显示线形流畅,各测点无突变,桥面横向上下游,纵向 1、2 跨对称性良好,北塔、中间塔、南塔成桥状态良好。

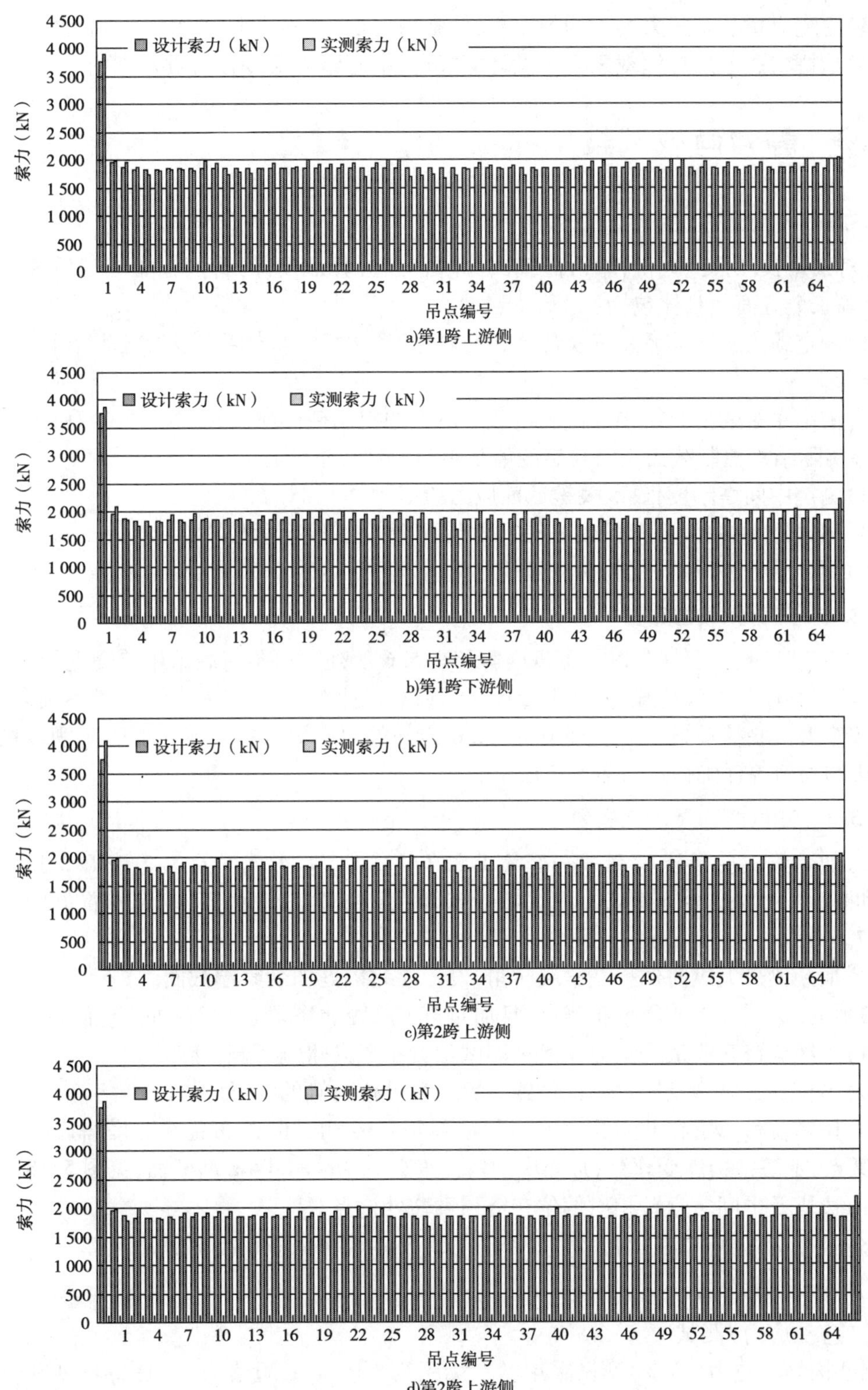


图 5.13　吊点索力实测与设计对比图

(3)主缆成桥状态索力偏差均匀,与设计索力接近,表明主缆索力设计符合性良好。

(4)成桥状态下吊杆恒载索力与设计值接近,吊杆索力偏差在合理范围内。

## 5.3 静力荷载试验

### 5.3.1 内容及方法

针对泰州长江公路大桥,静力荷载试验内容涵盖验证设计指标、检验施工质量、校核科研成果等三个方面。具体包括:

(1)测定缆索支撑体系刚度及位移,检验悬索桥主桥结构体系受力状态与设计技术指标的符合性。

(2)测定主桥的桥跨结构在试验荷载作用下的控制截面应力和挠度,并与理论计算值比较,检验实际结构控制截面应力与挠度值是否与设计要求相符。

(3)测定中间塔刚度指标、关键截面应力验证。

(4)测定边塔、中间塔索鞍在试验荷载作用下偏位,检验索鞍的稳定性。

(5)测定悬索桥锚碇、沉井在试验荷载作用下的稳定性。

### 5.3.2 工况和载位布置

静力荷载试验工况划分以及测试内容如表 5.6 所列。试验荷载采用单辆重约 300kN 的三轴载重汽车作为等效荷载,根据设计标准活荷载产生的在该项目(截面)最不利内力或位移值,按静力试验荷载效率 $\eta$ 介于 0.8 ~ 1.0 之间的原则等效换算确定所需车辆数量、加载位置、观测项目等详细信息如表 5.7 所示。

### 5.3.3 测试断面及测点布置

(1)加劲梁应变及挠度测试选择第 1 跨 $L/4$、$L/2$、$3L/4$ 截面及第 2 跨 $L/2$ 截面,见图 5.14 和图 5.15,加劲梁局部应力测试断面布置在第 1 跨 $L/2$ 截面,测点布置见图 5.16 及图 5.17。

(2)加劲梁最大纵向位移及梁端转角,设置在北塔处加劲梁端截面。

(3)加劲梁挠度按 8 等分布测点,且加布第 1 跨距北塔中心 548m 处主缆测点。

(4)主缆锚跨索股最大索力及增量测试位置布置泰州侧两侧锚碇处。

(5)吊杆最大索力及增量测试位置布置在第 1 跨两侧的 32 号吊杆。

(6)桥塔位移布置在北塔顶、中间塔顶,桥塔应变测试断面布置在北塔塔底、中间塔塔底、分叉点、上塔柱板厚变化处,加布中间塔高度 78.79m、80.04m 两断面,见图 5.18。

(7)边塔及中间塔索鞍相对偏位在塔顶索鞍处设点。

(8)基础沉降测点,在承台、沉井四角设点,锚碇水平位移在上下游设测点。

### 5.3.4 测试方法

1)应变(应力)测试

钢结构静态应力(应变)测试采用粘贴标距为 2 × 3mm、阻值为 120Ω 的应变片,混凝土结构静态应力(应变),采用粘贴标距为 3 × 100mm、阻值为 120Ω 的应变片。数据采集匹配应变测试分析系统进行测量。

**泰州长江公路大桥静力荷载试验测试内容** 表5.6

| 载位序号 | 目标 | 工况 | 试验项目 | 测试内容 | 试验荷载 | 设计荷载 | 荷载效率 |
|---|---|---|---|---|---|---|---|
| Ⅰ | 加劲梁弯矩 | 工况1 | A－A断面(1－L/4)<br>(中载) | 正弯矩效应<br>挠度效应 | 59 697.7kN·m<br>－1.385m | 70 643.6kN·m<br>－2.095m | 0.85<br>0.66 |
| Ⅱ | | 工况2 | B－B断面(1－L/2)<br>(中载) | 正弯矩效应<br>挠度效应 | 62 004.8kN·m<br>－1.622m | 72 852.1kN·m<br>－2.502m | 0.85<br>0.65 |
| Ⅲ | | 工况3 | B－B断面(1－L/2)<br>(偏载) | 正弯矩效应<br>挠度效应 | 60 632.9kN·m<br>－1.939m | 72 852.1kN·m<br>－2.502m | 0.83<br>0.78 |
| Ⅳ | | 工况4 | C－C断面(1－3L/4)<br>(中载) | 正弯矩效应<br>挠度效应 | 62 397.9kN·m<br>－1.568m | 74 513kN·m<br>－2.572m | 0.84<br>0.61 |
| Ⅴ | | 工况5 | D－D断面(2－L/2)<br>(中载) | 正弯矩效应<br>挠度效应 | 62 004.8kN·m<br>－1.622m | 72 852.1kN·m<br>－2.502m | 0.85<br>0.65 |
| Ⅵ | | 工况6 | D－D断面(2－L/2)<br>(偏载) | 正弯矩效应<br>挠度效应 | 60 632.9kN·m<br>－1.939m | 72 852.1kN·m<br>－2.502m | 0.83<br>0.78 |
| Ⅶ | 加劲梁 | 工况20 | B－B断面 | 局部应力 | — | — | — |
| Ⅷ | 主缆最大拉力 | 工况7 | 主缆(1－L/2)断面附近 | 最大挠度效应 | －2.734m | －4.108m | 0.67 |
| | | 工况8 | 锚跨索股最大索力<br>(中载) | 最大索力 | 11 005kN | 23 430.7 kN | 0.47 |
| | | 工况9 | 32号吊杆 | 最大索力 | 482.6kN | 572.2kN | 0.84 |
| | | 工况10 | 北塔 | 塔底最大弯矩 | 82 647.3kN·m | 180 332kN·m | 0.46 |

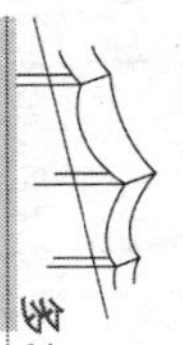



续上表

| 载位序号 | 目　标 | 工　况 | 试验项目 | 测试内容 | 试验荷载 | 设计荷载 | 荷载效率 |
|---|---|---|---|---|---|---|---|
| Ⅷ | 主缆最大拉力 | 工况 12 | 锚碇 | 锚碇位移 | — | — | — |
| | | | 散索鞍 | 散索鞍转角 | — | — | — |
| | | 工况 16 | 北塔承台 | 沉降位移 | — | — | — |
| | | | 北塔索鞍 | 相对滑移 | — | — | — |
| | | | 北塔 | 塔顶最大纵向位移 | -0.085m | 0.167 9m | 0.47 |
| Ⅸ | 加劲梁转角 | 工况 15 | 梁端 | 最大转角 | 0.008 4rad | 0.017 5rad | 0.48 |
| Ⅹ | 加劲梁纵向位移 | 工况 14 | 加劲梁 | 加劲梁最大纵向位移 | -0.030 2m | -0.061 8m | 0.49 |
| | | 工况 19 | 弹性索 | 弹性索伸长效应 | 708.41kN | 157 4.24kN | 0.49 |
| Ⅺ | 中间塔纵向位移 | 工况 11 | 塔身 | 塔底最大弯矩效应 | -79 834.4kN·m | -157 161kN·m | 0.51 |
| | | | 塔顶 | 塔顶最大纵向位移 | -0.868m | -1.729 6m | 0.44 |
| | | 工况 17 | 中间塔沉井 | 位移 | — | — | — |
| | | | 中间塔索鞍 | 索鞍相对滑移 | — | — | — |
| | | 工况 21 | 中间塔塔身 | 中间塔局部应力 | — | — | — |
| Ⅻ | 中间塔扭转 | 工况 18 | 塔身 | 塔底最大扭矩效应 | -49 085.1kN·m | -74 790.41kN·m | 0.66 |
| | | | 塔顶 | 中间塔扭转位移下位移 | -0.086m | -0.177m | 0.49 |
| | | | 中间塔沉井 | 位移 | — | — | — |

**泰州长江公路大桥静力荷载试验加载位置示意图** 表 5.7

| 载位编号 | 加 载 位 置(尺寸单位:cm) | 观 测 项 目 | 车数 |
|---|---|---|---|
| Ⅰ | 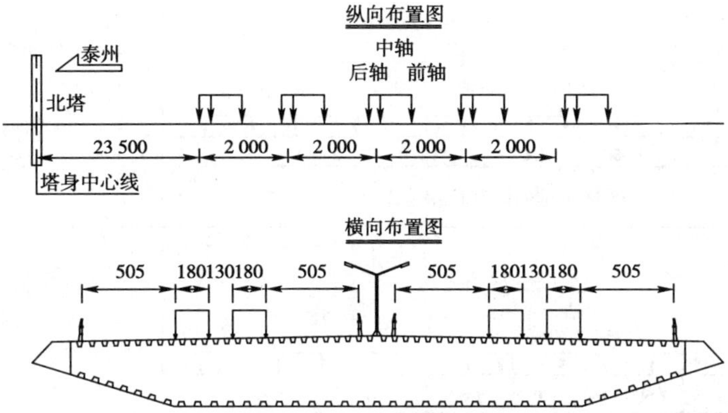 纵向布置图<br>中轴<br>后轴 前轴<br>泰州<br>北塔<br>23 500 2 000 2 000 2 000 2 000<br>塔身中心线<br>横向布置图<br>505 180130180 505 505 180130180 505 | 1. $A-A$ 断面(1 - $L/4$)正弯矩(中载);<br>2. $A-A$ 断面(1 - $L/4$)挠度(中载) | 20 |
| Ⅱ | 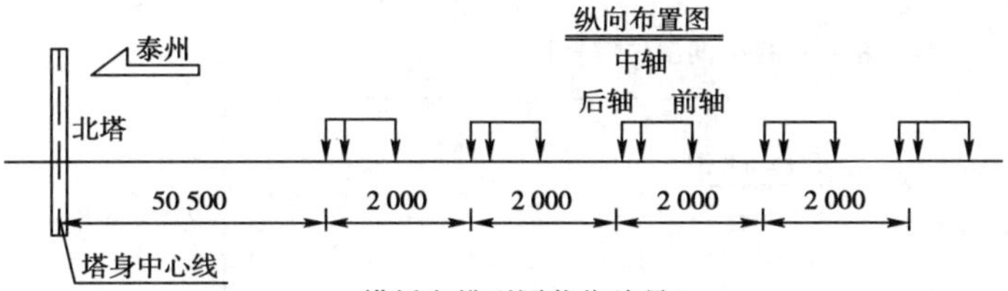 纵向布置图<br>中轴<br>后轴 前轴<br>泰州<br>北塔<br>50 500 2 000 2 000 2 000 2 000<br>塔身中心线<br>横桥向排列同载位编号Ⅰ | 1. $B-B$ 断面(1 - $L/2$)正弯矩(中载);<br>2. $B-B$ 断面(1 - $L/2$)挠度(中载) | 20 |
| Ⅲ | 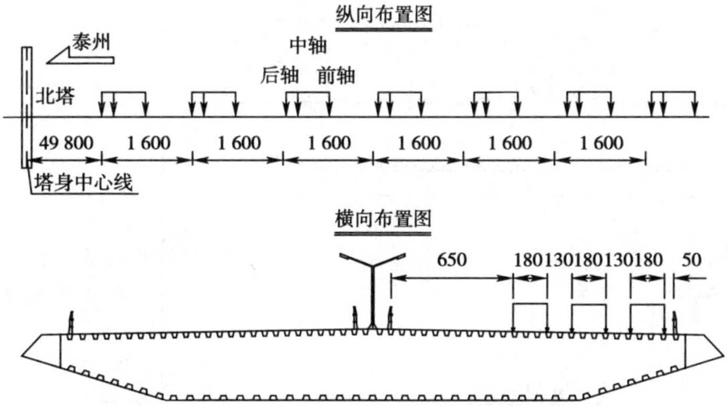 纵向布置图<br>中轴<br>后轴 前轴<br>泰州<br>北塔<br>49 800 1 600 1 600 1 600 1 600 1 600 1 600<br>塔身中心线<br>横向布置图<br>650 180130180130180 50 | 1. $B-B$ 断面(1 - $L/2$)正弯矩(偏载);<br>2. $B-B$ 断面(1 - $L/2$)挠度(偏载) | 21 |
| Ⅳ | 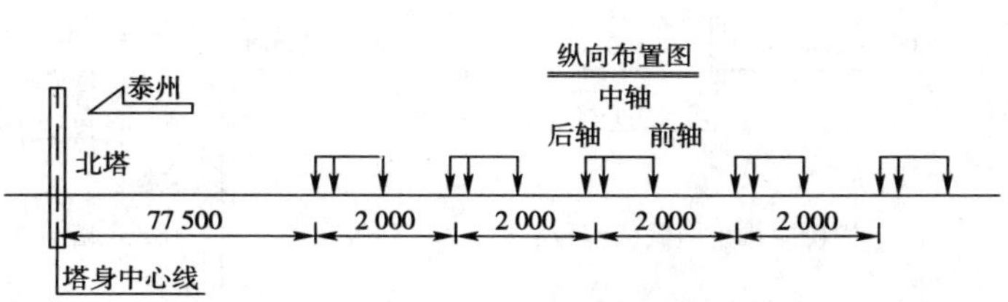 纵向布置图<br>中轴<br>后轴 前轴<br>泰州<br>北塔<br>77 500 2 000 2 000 2 000 2 000<br>塔身中心线<br>横桥向排列同载位编号Ⅰ | 1. $C-C$ 断面(1 - $3L/4$)正弯矩(中载);<br>2. $C-C$ 断面(1 - $3L/4$)挠度(中载) | 20 |

续上表

| 载位编号 | 加载位置(尺寸单位:cm) | 观测项目 | 车数 |
|---|---|---|---|
| Ⅴ | 纵向布置图<br>扬中 南塔 中轴 后轴 前轴<br>50 500 2 000 2 000 2 000 2 000<br>塔身中心线<br>横桥向排列同载位编号Ⅰ | 1. $D-D$ 断面(2-$L/2$)正弯矩(中载);<br>2. $D-D$ 断面(2-$L/2$)挠度(中载) | 20 |
| Ⅵ | 纵向布置图<br>扬中 南塔 中轴 后轴 前轴<br>49 800 1 600 1 600 1 600 1 600 1 600 1 600<br>塔身中心线<br>横桥向排列同载位编号Ⅲ | 1. $D-D$ 断面(2-$L/2$)正弯矩(偏载);<br>2. $D-D$ 断面(2-$L/2$)挠度(偏载) | 21 |
| Ⅶ | 纵向布置图<br>泰州 北塔 中轴 后轴 前轴<br>54 000<br>塔身中心线<br>横向布置图<br>260 180 130 180 130 180 260 | 局部应力 | 3 |
| Ⅷ | 纵向布置图<br>泰州 北塔 中轴 后轴 前轴 …… 中塔 ……<br>44 500 2 000×11=22 000 48 500 2 000×5=10 000<br>塔身中心线 塔身中心线<br>横桥向排列同载位编号Ⅰ | 1. 主缆(1-$L/2$)断面最大挠度效应;<br>2. 锚跨索股最大索力;<br>3. 32 号吊杆最大索力;<br>4. 北塔塔底最大弯矩;<br>5. 锚碇位移;<br>6. 散索鞍转角;<br>7. 北塔承台沉降位移;<br>8. 北塔索鞍相对滑移;<br>9. 北塔塔顶最大纵向位移 | 72 |

续上表

| 载位编号 | 加载位置(尺寸单位:cm) | 观测项目 | 车数 |
|---|---|---|---|
| IX | 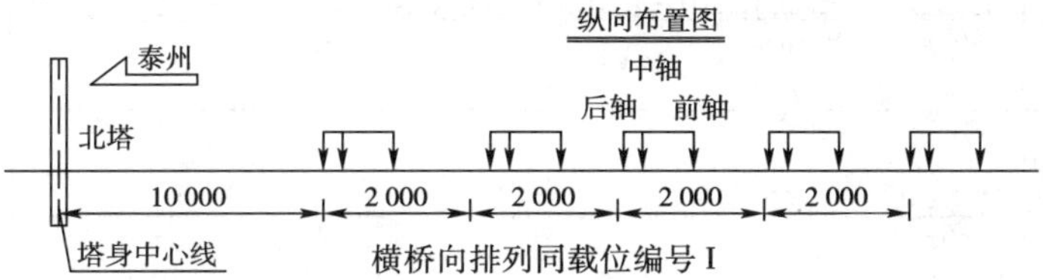 纵向布置图<br>泰州 北塔 中轴 后轴 前轴<br>10 000　2 000　2 000　2 000　2 000<br>塔身中心线<br>横桥向排列同载位编号 I | 梁端最大转角 | 20 |
| X | 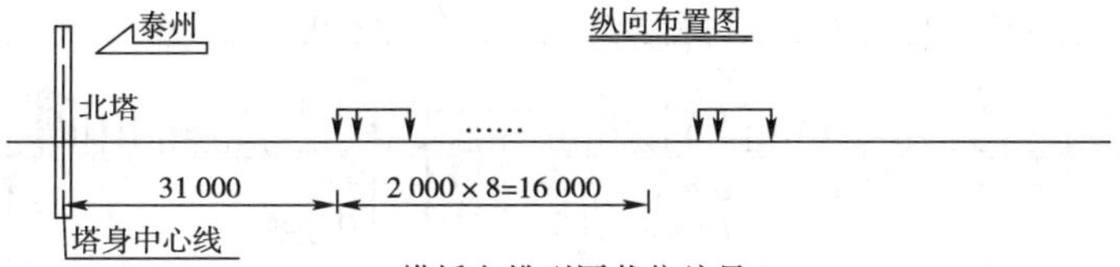 纵向布置图<br>泰州 北塔 ……<br>31 000　2 000×8=16 000<br>塔身中心线<br>横桥向排列同载位编号 I | 1. 加劲梁最大纵向位移；<br>2. 弹性索伸长效应 | 36 |
| XI | 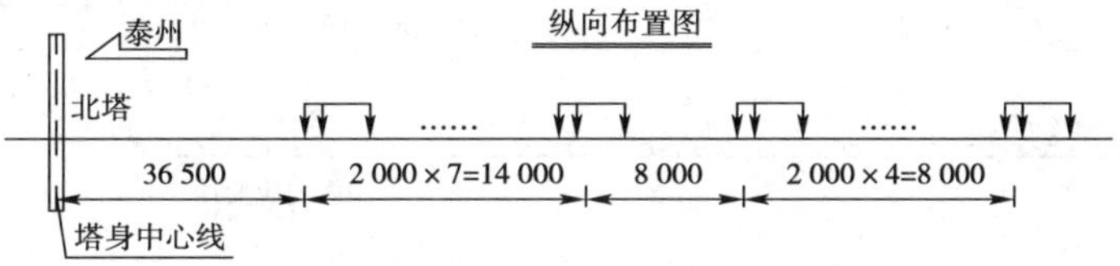 纵向布置图<br>泰州 北塔 …… ……<br>36 500　2 000×7=14 000　8 000　2 000×4=8 000<br>塔身中心线<br>横桥向排列同载位编号 I | 1. 中间塔塔底最大弯矩；<br>2. 中间塔塔顶最大纵向位移；<br>3. 中间塔沉井位移；<br>4. 中间塔索鞍相对滑移；<br>5. 中间塔塔身局部应力 | 52 |
| XII | 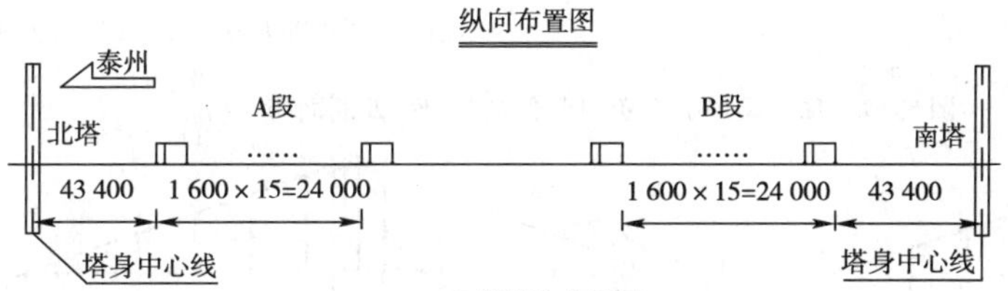 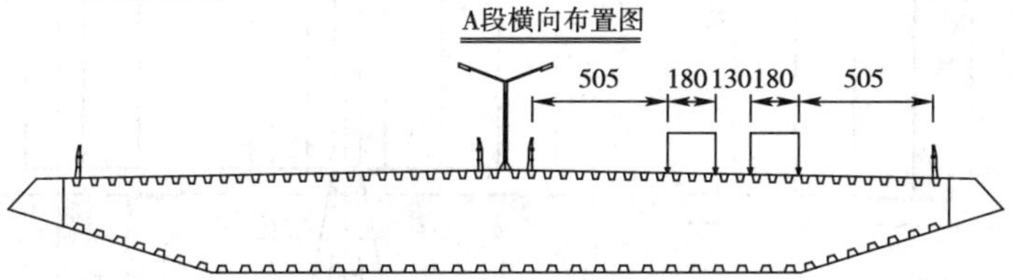 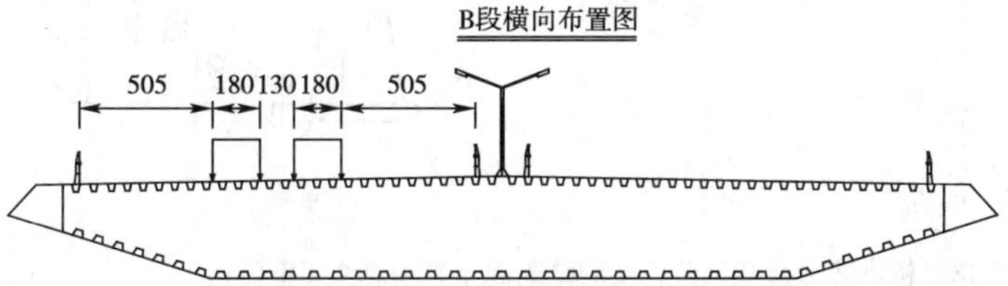 纵向布置图<br>泰州 北塔 A段 …… B段 …… 南塔<br>43 400　1 600×15=24 000　1 600×15=24 000　43 400<br>塔身中心线　塔身中心线<br>A段横向布置图<br>505　180 130 180　505<br>B段横向布置图<br>505　180 130 180　505 | 1. 中间塔塔底最大扭转效应；<br>2. 中间塔扭转位移；<br>3. 中间塔沉井位移 | 72 |

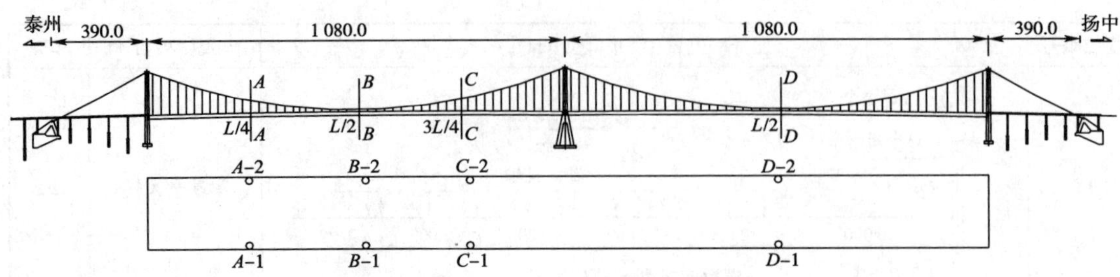


图 5.14　主桥加劲梁挠度测试断面及测点布置图(单位:m)

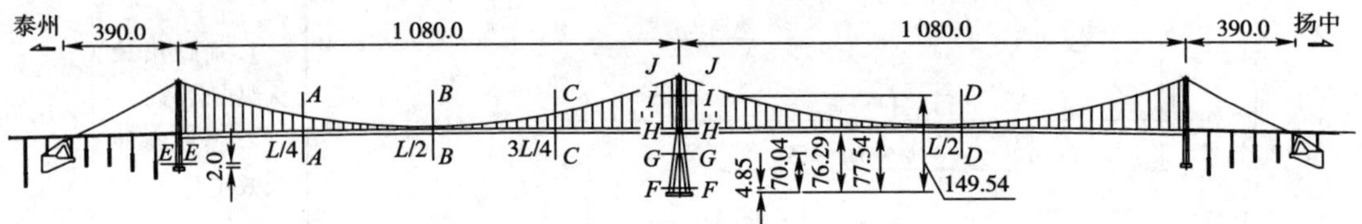


图 5.15　加劲梁静力荷载试验应变测试断面布置示意图(单位:m)

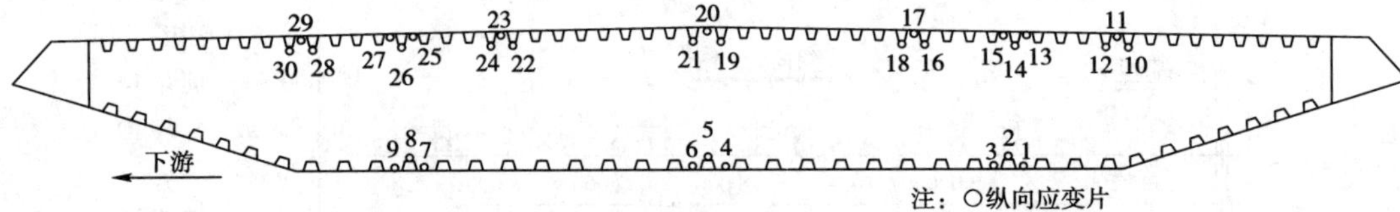


图 5.16　加劲梁应变测点布置图(A－A、B－B、C－C、D－D 断面)

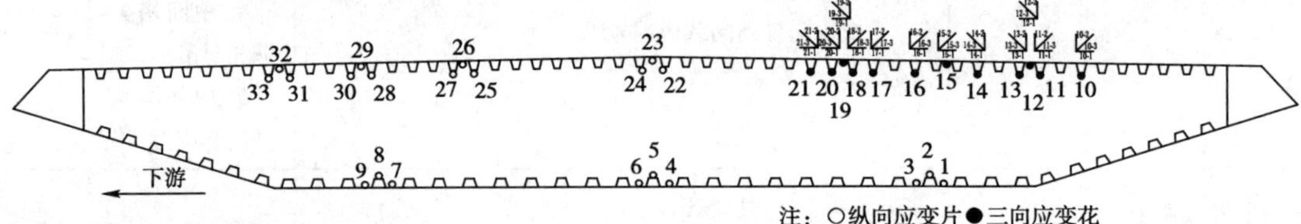


图 5.17　加劲梁局部应变测点布置图(B－B 断面)

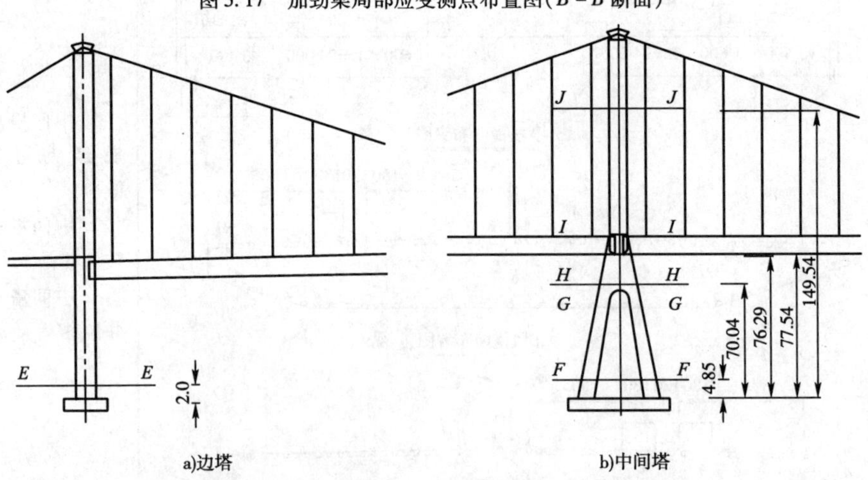


图 5.18　桥塔静力荷载试验应变测试断面布置示意图（单位:m)

2)加劲梁及主缆挠度、挠曲线、索塔塔顶偏位

加劲梁挠度沿主跨 8 等分点布置测点,采用电子水准仪配合铟钢尺按照《国家一、二等水准测量规范》(GB/T 12897—2006)施测。加劲梁动挠度采用光电挠度仪进行观测。主缆挠度测点采用沿主跨 8 等分点布置,采用高精度全站仪极坐标法施测。索塔塔顶/底设置棱镜,采用全站仪进行极坐标和三角高程四测回观测。

3)梁端纵向位移及最大转角测量

加劲梁梁端转角采用全站仪测量测点空间位置变化,换算梁端位移、转角。

4)基础沉降测量

南北桥塔承台四角布设水准点,采用水准仪按二等水准测量进行。中间塔沉井基础四角布设水准点,采用全站仪前方交汇测量配合二等水准测量进行。

5)锚碇水平位移、散索鞍转角测量

锚碇水平位移、散索鞍转角采用收敛计测量。

6)索鞍相对滑移量测

索鞍相对滑移采用百分表量测。

### 5.3.5 加载过程控制

1)在进行正式加载试验前,用两辆加载车分别对测试对象各跨跨中进行横桥向对称的预加载,预加载试验每一加载载位的持荷时间为 15min。预加载的目的在于,一方面是使结构进入正常工作状态,另一方面是检查测试系统和试验组织是否工作正常。

2)预加载卸至零荷载,并在结构得到充分的零荷恢复后,才可进入正式加载试验。正式加载试验分别按加载载位序号逐一进行,完成一个序号的加载后,应使结构得到充分的零荷恢复,方可进入下一序号的加载。结构零荷充分恢复的标志是,加载试验实测的结构最大位移测点在卸零荷后最后 10min 内的位移增量小于前一个 10min 内位移增量的 15%,即认为结构零荷充分恢复。

### 5.3.6 静力荷载试验测试结果

1)加劲梁

工况 1、4 测试加劲梁 1 - $L$/4、1 - 3$L$/4 截面的正弯矩及挠度,图 5.19 和图 5.20 分别为截面顶底板弯曲正应力分布。试验结果表明:①1 - $L$/4 截面中载工况满载作用下,主缆 1 - $L$/4截面最大挠度为 1.289m,小于理论计算值 1.389m,加劲梁 1 - $L$/4 截面最大挠度为 1.327m,小于理论计算值 1.405m;1 - 3$L$/4 截面中载工况满载作用下,主缆 1 - 3$L$/4 截面最大挠度为 1.493m,小于理论计算值 1.571m,加劲梁 1 - 3$L$/4 截面最大挠度为 1.543m,小于理论计算值 1.588m;1 - $L$/4、1 - 3$L$/4 截面中载工况满载作用下,校验系数 0.92 ~ 0.97,实测挠度均小于计算值,卸载后,相对残余变形均小于 1%,表明加劲梁竖向刚度满足设计要求,且弹性恢复良好。②1 - $L$/4 截面中载工况满载作用下,1 - $L$/4 截面顶板最大实测压应力为 26.0MPa,顶板肋最大实测压应力为 24.0MPa,底板最大实测拉应力为 39.1MPa,底板肋最大实测拉应力为 40.7MPa;1 - 3$L$/4 截面中载工况满载作用下,1 - 3$L$/4 截面顶板最大实测压应力为 27.5MPa,顶板肋最大实测压应力为 20.4MPa,底板最大实测拉应力为 47.0MPa,底板肋最大实测拉应力为 30.5MPa;1 - $L$/4、1 - 3$L$/4 截面实测钢箱梁顶、底板的

弯曲正应力沿中心线基本对称,平均校验系数为:顶板 0. 94,顶板肋 0. 85,底板 0. 90,底板肋 0. 82,实测值小于计算值,卸载后,各测点相对残余的绝对值平均为 3. 4%,截面强度符合设计要求,弹性工作状态良好。

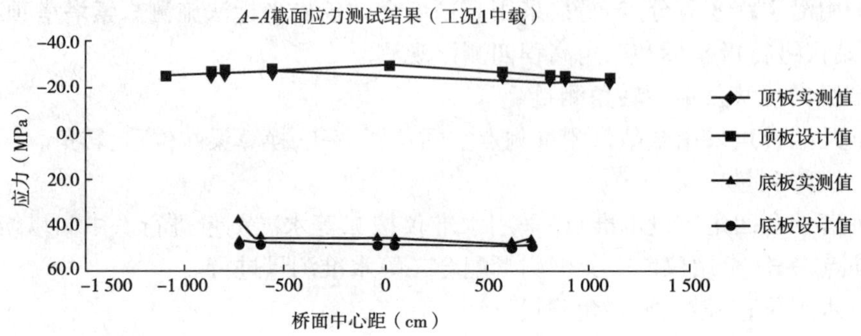


图 5. 19　加劲梁 A - A（1 - L/4）截面顶底板应力测试结果(工况 1)

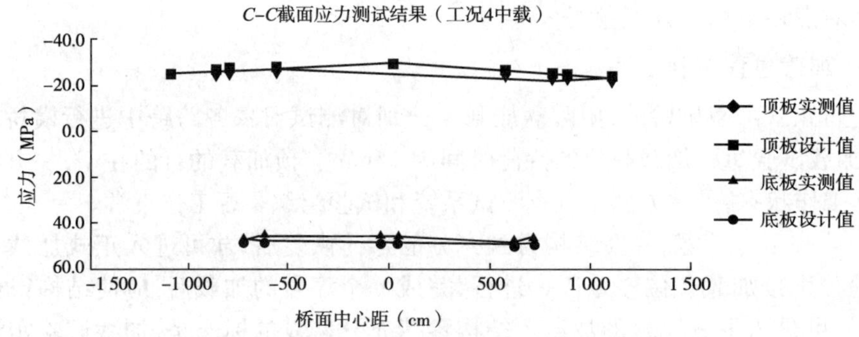


图 5. 20　加劲梁 C - C（1 - 3L/4）截面顶底板应力测试结果(工况 4)

工况 2、5 测试加劲梁 1 - L/2、2 - L/2 截面的正弯矩及挠度,图 5. 21 和图 5. 22 分别为截面顶底板弯曲正应力分布。试验结果表明:①1 - L/2 截面中载工况满载作用下,主缆 1 - L/2 截面最大挠度为 1. 631m,小于理论计算值 1. 634m,加劲梁 1 - L/2 截面最大挠度为 1. 605m,小于理论计算值 1. 643m;2 - L/2 截面中载工况满载作用下,主缆 2 - L/2 截面最大挠度为 1. 643m,与理论计算值 1. 634m 接近,加劲梁 2 - L/2 截面最大挠度为 1. 605m,小于理论计算值 1. 643m;1 - L/2、2 - L/2 截面中载工况满载作用下,校验系数 0. 98 ~ 1. 00,实测挠度小于计算值,卸载后,最大相对残余变形 - 1. 42%,表明加劲梁竖向刚度满足设计要求,且弹性恢复良好。②1 - L/2 截面中载工况满载作用下,1 - L/2 截面顶板最大实测压应力为 25. 6MPa,顶板肋最大实测压应力为 25. 0MPa,底板最大实测拉应力为 47. 5MPa,底板肋最大实测拉应力为 40. 8MPa;2 - L/2 截面中载工况满载作用下,2 - L/2截面顶板最大实测压应力为 26. 5MPa,顶板肋最大实测压应力为 25. 1MPa,底板最大实测拉应力为 46. 8MPa,底板肋最大实测拉应力为 46. 0MPa;1 - L/2、2 - L/2 截面实测钢箱梁顶、底板的弯曲正应力沿中心线基本对称,平均校验系数为:顶板 0. 87,顶板肋 0. 94,底板 0. 92,底板肋 0. 95,实测值小于计算值,卸载后,各测点相对残余的绝对值平均为 4. 4%,截面强度符合设计要求,且弹性工作状态良好。③全桥挠度曲线流畅,符合结构受力特点；加劲梁及主缆挠曲形态基本相同，跨中最大挠度差4.4cm；上下游两条测线对称测点挠度变化至基本一致；1、2跨挠曲形态对称，结构受力对称性良好。

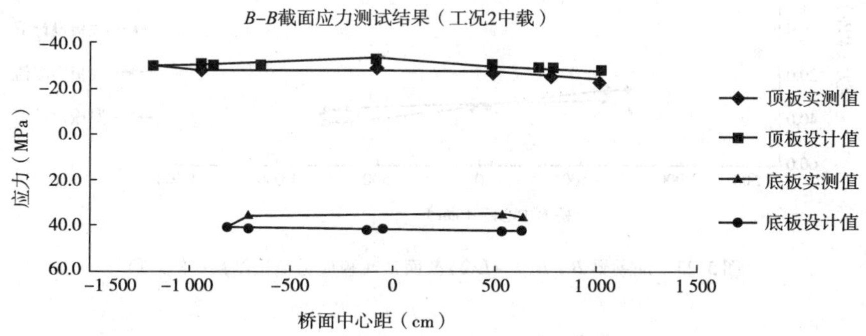


图5.21　加劲梁 $B-B(1-L/2)$ 截面顶底板应力测试结果（工况2）

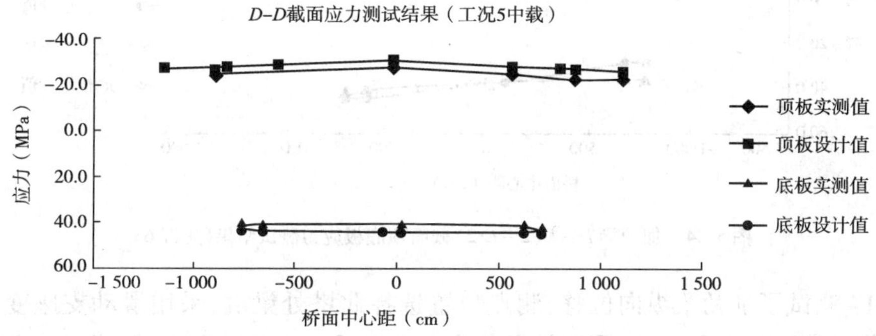


图5.22　加劲梁 $D-D(2-L/2)$ 截面顶底板应力测试结果（工况5）

工况3、6测试加劲梁 $1-L/2$、$2-L/2$ 截面偏载情况下的正弯矩及挠度，图5.23和图5.24分别为截面顶底板弯曲正应力分布。试验结果表明：①$1-L/2$ 截面偏载工况满载作用下，主缆 $1-L/2$ 截面最大挠度为1.841m，小于理论计算值1.879m，加劲梁 $1-L/2$ 截面最大挠度为1.854m，小于理论计算值1.889m；$2-L/2$ 截面偏载工况满载作用下，主缆 $2-L/2$ 截面最大挠度为1.842m，小于理论计算值1.879m，加劲梁 $2-L/2$ 截面最大挠度为1.842m，小于理论计算值1.889m；$1-L/2$、$2-L/2$ 截面偏载工况满载作用下，校验系数均为0.98，实测挠度小于计算值，卸载后，最大相对残余变形均小于1%，表明加劲梁竖向刚度满足设计要求，且弹性恢复良好。②$1-L/2$、$2-L/2$ 截面偏载工况下，钢箱梁应力：顶板偏载侧实测值-24.4MPa、计算值-29.4MPa，底板偏载侧实测值38.8MPa、计算值42.4MPa。截面实测偏载效应小于计算值，显示加劲梁良好的抗扭刚度；各应变测点卸载后，相对残余的绝对值平均为5.1%，显示加劲梁弹性工作状态良好。③工况20-加劲梁 $B-B$ 截面局部应力测试。④钢箱梁顶板实测主应力值介于7.8～11.9MPa之间，平均校验系数0.39，实测值小于计算值。顶板肋实测主应力值介于8.6～18.5MPa之间，平均校验系数0.76，实测值小于计算值。

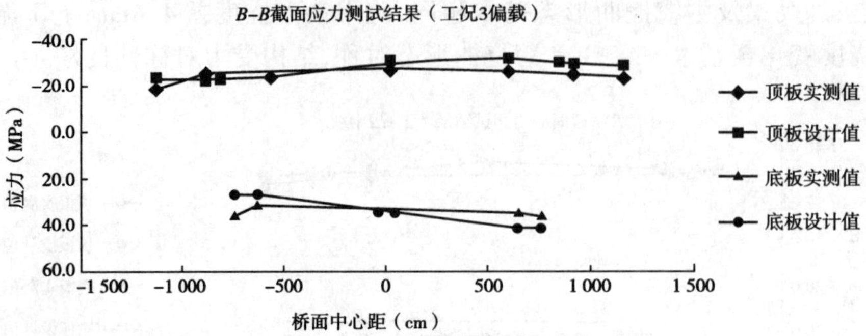


图 5.23 加劲梁 $B-B(1-L/2)$ 截面顶底板应力测试结果(工况 3)

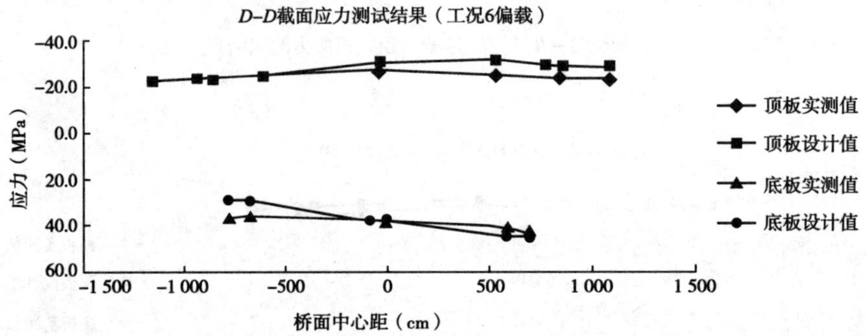


图 5.24 加劲梁 $D-D(2-L/2)$ 截面顶底板应力测试结果(工况 6)

工况 14 测试了加劲梁纵向位移,测点位置选择北塔处梁端,采用滑动支座变形间接测量和全站仪直接测量两种方式,测试结果如表 5.8 所示。试验结果表明:纵向位移两种方式测得结果接近,实测最大纵向位移 -15.5mm,校验系数介于 0.46 ~0.51。

加劲梁纵向位移测试结果(工况 14) 表 5.8

| 测 试 项 目 | | 实测值(mm) | 计算值(mm) | 校验系数 |
|---|---|---|---|---|
| 加劲梁纵向位移 | 支座测点 1 | -15.0 | -30.2 | 0.50 |
| | 支座测点 2 | -15.5 | -30.2 | 0.51 |
| | 全站仪测点 1 | -14.0 | -30.2 | 0.46 |
| | 全站仪测点 2 | -15.3 | -30.2 | 0.51 |

注:正向为泰州向扬中移动。

工况 15 测试了加劲梁梁端转角,测点布置在北塔处梁端,采用全站仪量测梁端截面两点及梁底一点的空间相对位置变化,并换算转角。试验结果表明:实测梁端转角 0.008 3rad,理论计算值为 0.008 4rad,校验系数为 0.99。

2)主缆及吊杆

主缆挠度最大值测点分别布置在 $1-L/2$、距北塔中心 548m 两处,以期找到主缆最大下挠点。实测主缆最大挠度结果如表 5.9 所列。试验结果表明:①主缆实测最大挠度在距北塔中心 548m 处,挠度平均值为 -2.482m,大于 $1-L/2$ 测点最大挠度平均值 -2.458m;②挠度校验系数介于0.89~0.91之间,卸载后最大相对残余变形-2.02%,表明主缆刚度情况良好,且处于弹性工作状态。

主缆最大挠度测试结果(工况7) 表5.9

| 主缆测点 | | 一级(m) | 二级(m) | 三级(m) | 满载(m) | 残余值(m) | 残余变形(%) | 计算值(m) | 校验系数 |
|---|---|---|---|---|---|---|---|---|---|
| 1-L/2 | 缆-1 | 0.074 | -1.212 | -1.225 | -2.423 | 0.040 | -1.65 | -2.734 | 0.89 |
| | 缆-2 | 0.059 | -1.251 | -1.232 | -2.492 | 0.031 | -1.24 | -2.734 | 0.91 |
| 距北塔548m | 缆-1 | 0.088 | -1.232 | -1.212 | -2.476 | 0.050 | -2.02 | -2.734 | 0.91 |
| | 缆-2 | 0.041 | -1.231 | -1.237 | -2.488 | 0.033 | -1.33 | -2.734 | 0.91 |

注:1.挠度方向"-"为向下。
2.缆-1表示上游侧主缆测线,缆-2表示上游侧主缆测线。
3.高程基准点TZ07水准标芯=7.365 3m。

主缆索力增量利用布设在中间塔索鞍两侧主缆上的应变测点测得,在工况8满载作用下,索力增量测试结果如表5.10所列。试验结果表明:实测索力增量校验系数0.92~1.01,主缆工作性能符合设计要求。

主缆最大索力增量测试结果(工况8) 表5.10

| 主缆位置 | | 实测增量(kN) | 实测平均(kN) | 计算增量(kN) | 校验系数 |
|---|---|---|---|---|---|
| 泰州侧 | 上游 | 10 219.5 | 10 776.8 | 10 704.2 | 1.01 |
| | 下游 | 11 334.1 | | | |
| 扬中侧 | 上游 | 7 115.9 | 7 098.8 | 7 706.1 | 0.92 |
| | 下游 | 7 081.6 | | | |

注:正值表示索力增加。

32号吊杆索力增量利用振动法测试,测试结果见表5.11。试验结果表明:32号吊杆最大实测索力为141.92kN,小于理论计算值230.46kN,测试校验系数介于0.50~0.61之间,实测值小于计算值,吊杆的工作状况满足设计要求。

32号吊杆最大索力增量测试结果(工况9) 表5.11

| 吊杆编号 | 空载实测索力值(kN) | 满载实测索力值(kN) | 吊杆实测索力增量(kN) | 吊杆计算索力增量(kN) | 校验系数 |
|---|---|---|---|---|---|
| 上游32B | 855.87 | 971.33 | 115.46 | 230.46 | 0.50 |
| 上游32Z | 852.80 | 967.85 | 115.05 | 230.46 | 0.50 |
| 下游32B | 838.66 | 980.59 | 141.92 | 230.46 | 0.62 |
| 下游32Z | 835.66 | 977.07 | 141.41 | 230.46 | 0.61 |

注:正值表示索力增加。

主缆最大索力增量情况下,散索鞍转角利用上、下测点空间相对位置变化进行测量,散索鞍转角测量结果如表5.12所列。试验结果表明:散索鞍转角非常小,最大值0.026°。

3)桥塔

在边塔(本次试验中为北塔)塔底最大弯矩工况下(工况10),通过布设在塔底*E*-*E*断面的应变测点进行测试。从测试结果可知,实测塔底受拉侧最大应力0.8MPa,受压侧最大

实测应力 -1.6MPa。各个测点实测应力校验系数介于 0.58 ~0.98 之间,实测值小于计算值,北塔测试截面强度满足设计要求。

散索鞍转角测试结果(工况 12)　　表 5.12

| 散索鞍测点 | | 初始(mm) | 满载(mm) | 卸零(mm) | 实测差值(mm) | 测点半径 | 转角(°) |
|---|---|---|---|---|---|---|---|
| 南锚碇 | 上游 | 0.00 | 1.17 | 0.75 | 0.42 | 2.38 | 0.010 |
| | 下游 | 4.51 | 5.89 | 5.02 | 0.87 | 2.33 | 0.021 |
| 北锚碇 | 上游 | -6.40 | -5.39 | -6.38 | 0.99 | 2.39 | 0.024 |
| | 下游 | -20.73 | -19.67 | -20.73 | 1.06 | 2.35 | 0.026 |

在北塔塔顶最大纵向位移工况下(工况 16),实测得到塔顶平均纵向位移 8.4cm,平均校验系数 0.98,实测值接近计算值,北塔纵向刚度满足设计要求。在北塔设置百分表观测索鞍与主缆钢丝间相对变形,实测索鞍与主缆相对变形平均值为 0.67mm,考虑到测点位置主缆钢丝在拉力增量下的伸长量 0.55mm,以及主缆测点相对索鞍的转动,可以认为主缆稳定,无滑动。

在中间塔塔底最大弯矩情况下(工况 11),塔身应力通过 $F-F$、$G-G$、$H-H$、$I-I$、$J-J$ 等 5 个沿高度布设断面进行测试。试验结果表明:①中间塔分叉点实测应力最大,压应力介于 -82.7 ~ -84.3MPa,拉应力介于 79.5 ~82.3MPa,拉压应力基本相等,截面受力较有利;②中间塔下塔肢最大压应力 -50.4MPa,最大拉应力 50.7MPa,泰州、扬中两侧塔肢拉压应力基本相等,截面受力较有利;③中间塔塔身实测应力校验系数平均 0.87,卸载后相对残余变形绝对平均值 2.2%,中间塔控制截面刚度满足设计要求,且处于弹性工作状态。

在中间塔塔顶最大纵向位移、扭转位移工况下(工况 11、工况 18),测试结果见表 5.13 和表 5.14。试验结果表明:最大纵向位移工况 11 塔顶纵向位移平均校验系数为 0.69,扭转工况 18 塔顶扭转平均校验系数为 1.04,实测值小于或接近计算值。位移测试结果显示中间塔刚度满足设计要求。

中间塔塔顶纵向位移测试结果(工况 11)　　表 5.13

| 编号 | 测点位置 | 残余值$\Delta x$(m) | 相对残余(%) | 弹性值$\Delta x$(m) | 计算值$\Delta x$(m) | 校验系数 |
|---|---|---|---|---|---|---|
| ZT1 | 上游北侧 | 0.024 | 4.0 | 0.572 | 0.868 | 0.66 |
| ZT3 | 上游南侧 | -0.027 | -4.6 | 0.613 | 0.868 | 0.71 |
| ZT2 | 下游北侧 | 0.001 | 0.2 | 0.602 | 0.868 | 0.69 |
| ZT4 | 下游南侧 | -0.013 | -2.1 | 0.621 | 0.868 | 0.72 |

注:位移值$\Delta x$正方向为扬中向泰州方向。

中间塔刚度推算,需测定主缆在中间塔两侧的拉力变化。测试结果如表 5.15 所列。根据主缆在中间塔索鞍处的拉力变化以及中间塔位移,推算中间塔实测抗推刚度 15 922kN/m,大于设计指标 13 860kN/m。推算中间塔实测抗扭刚度 29 969MN · m/rad,大于计算值 23 740MN · m/rad。

中间塔塔顶扭转位移测试结果(工况 18)　　表 5.14

| 编号 | 测点位置 | 残余值Δx (m) | 相对残余 (%) | 弹性值Δx (m) | 实测转角 (rad) | 计算值 (rad) | 校验系数 |
|---|---|---|---|---|---|---|---|
| ZT1 | 上游北侧 | -0.001 | -1.4 | 0.072 | 0.005 158 | 0.004 971 | 1.04 |
| ZT3 | 上游南侧 | -0.01 | -13.7 | 0.083 | | | |
| ZT2 | 下游北侧 | -0.004 | 3.9 | -0.099 | | | |
| ZT4 | 下游南侧 | -0.01 | 8.7 | -0.105 | | | |

注:位移值Δx 正方向为扬中向泰州方向。

中间塔主缆拉力测试结果(工况 11、18)　　表 5.15

| 主缆位置 | | 实测拉力(kN) | 计算拉力(kN) | 实测/计算 |
|---|---|---|---|---|
| 泰州侧 | 上游 | 8 779.2 | 9 159.6 | 0.96 |
| | 下游 | 9 396.5 | 9 159.6 | 1.03 |
| 扬中侧 | 上游 | 3 223.6 | 3 098.1 | 1.04 |
| | 下游 | 2 743.5 | 3 098.1 | 0.89 |
| 泰州侧 | 上游 | 12 688.7 | 11 144.2 | 1.14 |
| | 下游 | 7 698.9 | 7 346.1 | 1.05 |
| 扬中侧 | 上游 | 7 356.0 | 7 346.1 | 1.00 |
| | 下游 | 12 002.8 | 11 144.2 | 1.08 |

注:正值表示主缆拉力增加。

中间塔塔顶最大纵向位移工况下(工况 17),在中间塔设置百分表观测索鞍与主缆钢丝间相对变形。试验结果表明:泰州侧 0.39mm、扬中侧 -0.088mm。考虑到测点位置主缆钢丝在拉力下的伸长量以及主缆索鞍的相对转动,可以认为主缆稳定,无滑动。

4)弹性索

在加劲梁纵向位移情况下(工况 19),弹性索工作状态利用振动法进行测试。利用振动法实测弹性索索力变化,并换算弹性索伸长量。试验结果表明:①空载状态下,弹性索索力平均值 1 678.6 kN,与设计弹性索初张力接近;②弹性索泰州侧索力平均增加 1 565.2kN,扬中侧上部索力平均减少 118.3kN,下部索力平均增加 2 459.6kN,上、下游对应位置实测索力增量几乎一致;③从索力变化规律上看,此工况下,弹性索除了抵抗加劲梁的平动,还参与抵抗了加劲梁锚固点的转动。

5)基础、承台稳定性测试结果

在主缆最大拉力、中间塔最大塔顶纵向位移、中间塔最大扭转等工况下,对锚碇、基础稳定性进行了测试。试验结果表明:锚碇实测最大水平位移 -0.19mm,北承台实测沉降最大值 -1.2mm,南承台实测沉降最大值 -0.5mm;中间塔沉井最大沉降 -2.1mm。可以认为测量误差范围内基础稳定性良好。

## 5.4 动力荷载试验

### 5.4.1 内容及方法

动力荷载试验包括：脉动试验、行车试验（无障碍行车试验、有障碍行车试验）等试验测试内容。具体如下：

（1）脉动试验，在桥面无任何交通荷载以及桥址附近无规则振源的情况下，测定桥跨结构由于桥址处风荷载、地脉动、水流等随机荷载激振而引起的桥跨结构微小振动响应。

（2）无障碍行车试验，在桥面无任何障碍的情况下，用2辆载重汽车（总重约300KN）按对称情形分别以20km/h、30km/h、40km/h的速度驶过桥跨结构，测定桥跨结构在运行车辆荷载作用下的动力反应。

（3）有障碍行车试验，在桥跨中跨跨中截面处设置障碍物（横截面底宽为40cm、矢高为3.5cm的弓形木板，长3.0m左右，如图5.25所示），模拟桥面铺装局部损伤状态，用1辆载重汽车（总重约300kN）分别以20km/h、30km/h、40km/h的速度驶过桥跨结构，测定桥跨结构在桥面不良状态时运营车辆荷载作用下的动力反应。

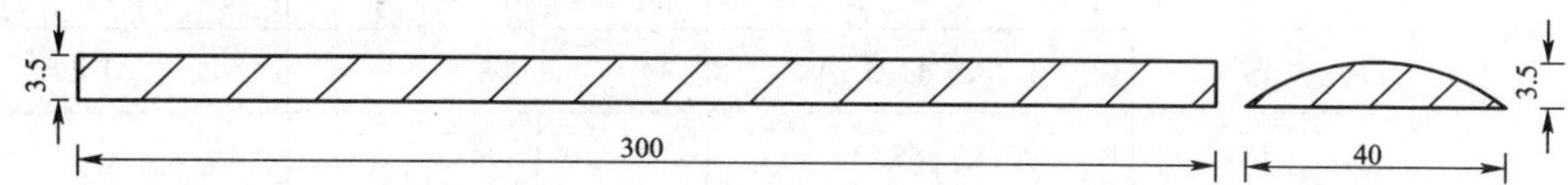


图5.25 有障碍行车试验的障碍物示意图（单位：cm）

根据上述试验内容，结合泰州长江公路大桥的现场特点，确定试验方法如下。

1）脉动试验

主要项目为桥跨结构的自振频率、振型和阻尼比，采用DH5907无线测试系统进行测试和分析（图5.26）。测试断面布置在桥面及塔顶上，其中桥面按每跨16等分点布置，共计33个测试断面，分左、右侧两条测线布置测点，塔顶测点则分别布置在每个塔上、下横梁顶部的左、右两侧，共计12个测点，详细测点布置见图5.27。

图5.26 DH5908无线遥测动态应变测试分析系统

2）有（无）障碍行车试验

主要通过测试桥跨结构在动荷载作用下的时程应变曲线，并通过分析得出桥跨结构的最大动应变、最大动挠度及冲击系数。其中，动挠度采用IBIS－S雷达系统测试（图5.28），测试截面布置在中跨跨中截面上，详细测点布置见图5.29。动态应力（应变）采用DH5908无线遥测动态应变测试分析系统测试，测点布置在加劲梁钢结构上，采用粘贴标距为2×3mm、阻值为120Ω的应变片，详细测点布置见图5.30。在测记桥跨结构振动响应要注意保证信号完整，信号测记长度应足够，并需照顾到各测记通道的动态范围，小信号足够灵敏，大信号不饱和，测记时应监视振动响应信号的质量。

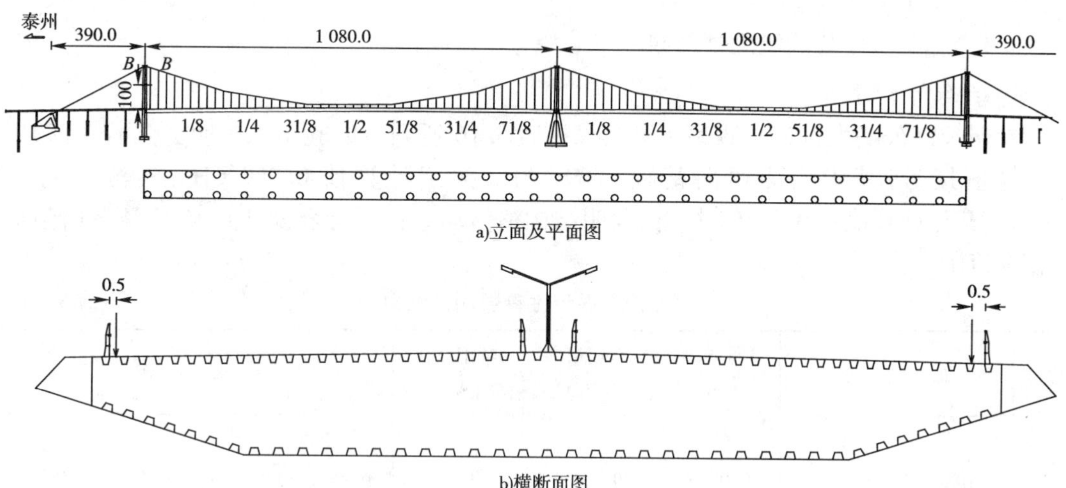


图 5.27　主桥脉动测试断面及测点布置图(单位:m)

图 5.28　IBIS-S 雷达系统

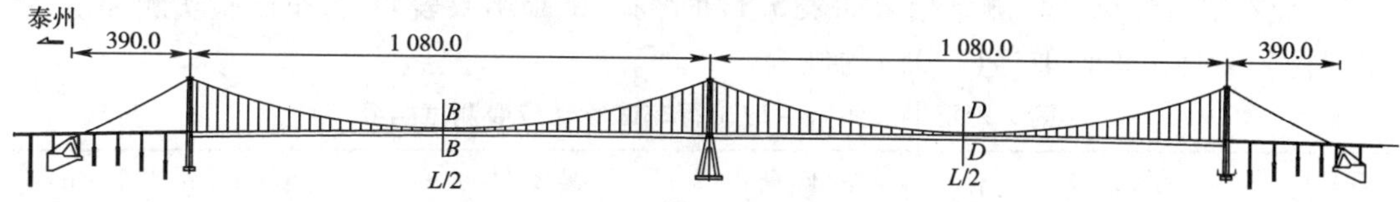


图 5.29　主桥有(无)障碍行车试验测试断面布置图(单位:m)

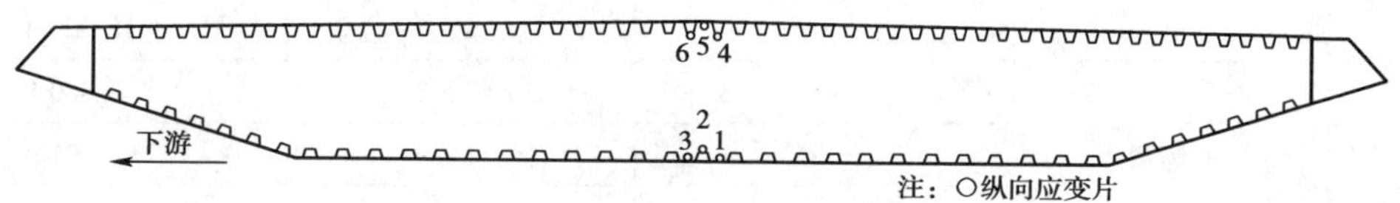


图 5.30　动应变测点布置示意图

### 5.4.2 动力荷载试验测试结果

1)结构自振特性

泰州长江公路大桥各阶频率实测结果见表5.16所列。试验结果表明:实测各阶频率均与计算值接近,其中实测横向基频0.091 5Hz大于计算值0.079 6Hz,实测竖向基频0.080 8Hz与计算值0.088 9Hz接近,表明结构整体动力特性符合设计要求,实测各阶阻尼比在正常范围之内。

**结构自振特性参数测试结果** 表5.16

| 序号 | 振型描述 | 计算频率(Hz) | 实测频率(Hz) | 实测阻尼比(%) | 振型 |
|---|---|---|---|---|---|
| 1 | 加劲梁一阶反对称侧弯 | 0.079 6 | 0.091 5 | 3.07 | |
| 2 | 加劲梁一阶反对称竖弯 | 0.088 9 | 0.080 8 | 0.01 | |
| 3 | 加劲梁一阶正对称侧弯 | 0.103 2 | 0.105 3 | 4.74 | |
| 4 | 加劲梁二阶反对称竖弯 | 0.125 6 | 0.119 0 | 0.02 | |
| 5 | 加劲梁一阶正对称竖弯 | 0.128 3 | 0.120 2 | 0.02 | |

2)动应变测试结果

1-L/2截面行车试验测试结果如表5.17所列。试验结果表明:行车试验实测冲击系数满足现行公路规范设计取值(1.05)的规定。

**第1跨跨中截面(1-L/2)行车试验动应变测试结果** 表5.17

| 序号 | 行车试验 | 车速(km/h) | 最大动应变($\mu\varepsilon$) | 冲击系数($1+\mu$) |
|---|---|---|---|---|
| 1 | 无障碍 | 20 | 19.7 | 1.000 4 |
| 2 | | 30 | 19.9 | 1.000 4 |
| 3 | | 40 | 21.6 | 1.000 4 |
| 4 | 有障碍 | 20 | 12.0 | 1.000 8 |
| 5 | | 30 | 11.9 | 1.001 0 |
| 6 | | 40 | 11.3 | 1.000 8 |

注:1.拉应变为正。

2.无障碍行车2辆重车,有障碍行车1辆重车。

2－L/2 截面行车试验测试结果如表 5.18 所列。试验结果表明:行车试验实测冲击系数满足现行公路规范设计取值(1.05)的规定。

**第 2 跨跨中截面(2－L/2)行车试验动应变测试结果**　　表 5.18

| 序号 | 行车试验 | 车速(km/h) | 最大动应变 (με) | 冲击系数 (1+μ) |
|---|---|---|---|---|
| 1 | 无障碍 | 20 | －19.6 | 1.000 4 |
| 2 | | 30 | －20.7 | 1.000 4 |
| 3 | | 40 | －19.7 | 1.000 4 |
| 4 | 有障碍 | 20 | 10.9 | 1.000 6 |
| 5 | | 30 | 11.6 | 1.000 4 |
| 6 | | 40 | 11.9 | 1.000 4 |

注明:1. 拉应变为正,压应变为负。

2. 无障碍行车 2 辆重车,有障碍行车 1 辆重车。

3)动挠度测试结果

1－L/2 截面动挠度测试结果如表 5.19 所列。试验结果表明:行车试验实测冲击系数满足现行公路规范设计取值(1.05)的规定。

**第 1 跨跨中截面(1－L/2)行车试验动挠度测试结果**　　表 5.19

| 序号 | 行车试验 | 车速(km/h) | 最大动挠度 (mm) | 冲击系数 (1+μ) |
|---|---|---|---|---|
| 1 | 无障碍 | 20 | －192.9 | 1.000 8 |
| 2 | | 30 | －221.6 | 1.000 8 |
| 3 | | 40 | －282.3 | 1.000 4 |
| 4 | 有障碍 | 20 | －100.6 | 1.000 4 |
| 5 | | 30 | －132.2 | 1.000 4 |
| 6 | | 40 | －132.4 | 1.000 2 |

注:1. 向上为正,向下为负。

2. 无障碍行车 2 辆重车,有障碍行车 1 辆重车。

2－L/2 截面动挠度测试结果如表 5.20 所列。试验结果表明:行车试验实测冲击系数满足现行公路规范设计取值(1.05)的规定。

**第 2 跨跨中截面(2－L/2)行车试验动挠度测试结果**　　表 5.20

| 序号 | 行车试验 | 车速(km/h) | 最大动挠度 (mm) | 冲击系数 (1+μ) |
|---|---|---|---|---|
| 1 | 无障碍 | 20 | －210.0 | 1.000 4 |
| 2 | | 30 | －202.2 | 1.000 4 |
| 3 | | 40 | －356.0 | 1.000 4 |
| 4 | 有障碍 | 20 | — | 1.000 4 |
| 5 | | 30 | －116.4 | 1.000 4 |
| 6 | | 40 | — | 1.000 2 |

注:1. 向上为正,向下为负。

2. 无障碍行车 2 辆重车,有障碍行车 1 辆重车。

# 本章参考文献

[1] 江苏省交通规划设计院有限公司，中铁大桥勘测设计院有限公司，同济大学简述设计研究院．泰州长江公路大桥 跨江大桥工程施工图设计 [R]. 2007.

[2] 交通部公路科学研究所，交通部公路技术处，交通部公路规划设计院．大跨径混凝土桥梁的试验方法 [R]. 1982.

# 索　引



注:按首字汉语拼音排序。